ダニエル・ディック 著
ラトガース大学教授／心理学博士

竹内 薫 監訳

THE CHILD CODE

「遺伝が9割」そして、親にできること

三笠書房

愛するエイダンへ

CONTENTS

CHAPTER 4

子どもの「外向性」に応じた〝好きなこと〟を見つける
――自分でグングン伸びていく環境づくり

CHAPTER 5

子どもの「情動性」を成長につなげる

——「困難を感じていること」を知る

CHAPTER 6

子どもの「自制心」を育む

——親が子どもに教える「重要なライフスキル」

CHAPTER 7

子どもの〝世界〟を広げるために
——人との関わりで〝遺伝子の相乗効果〟を生む

CHAPTER 8

子どもの行動や心の問題とどう向き合う？
──「SOSのサイン」に気づくために知っておきたいこと

CHAPTER 9

わが子に与えられる「最高の贈り物」
――「親とはこうあるべき」から自由になる

解説

本文イラストレーション 野本雄一郎（killdisco）
図版作成 株式会社デジカル

この本を手に取った方へ

私が行なっている研究をより親しみやすいものにするため、本書では複雑な科学文献を簡略化して記述している箇所があります。専門家から見れば簡潔にしすぎていると感じるかもしれませんが、内容とその正確さ、読みやすさ、応用のしやすさのバランスを取るために最善を尽くしたつもりです。さらに詳しい情報を知りたい方は、私のウェブサイト（danielledick.com）をご覧ください。

本書に掲載されている質問リストは、子どもへの理解を深めていただくためのものです。これらの質問は、研究者が気質や性格を評価するために使用する項目をもとにしています。しかし、正式な診断を意図したものではありません。本書のいかなる情報も、専門家による臨床的アドバイスの代わりとなるものではありません。メンタルヘルスの専門家を探すための手引きは、8章に記載しています。

序章

子どもの「気質」をきちんと受け止めていますか

結婚する前、私は子どもの養育について六つの理論を持っていた。
だが今は六人の子どもを持ち、理論はゼロである。

――ジョン・ウィルモット（十七世紀のイギリスの詩人、劇作家）

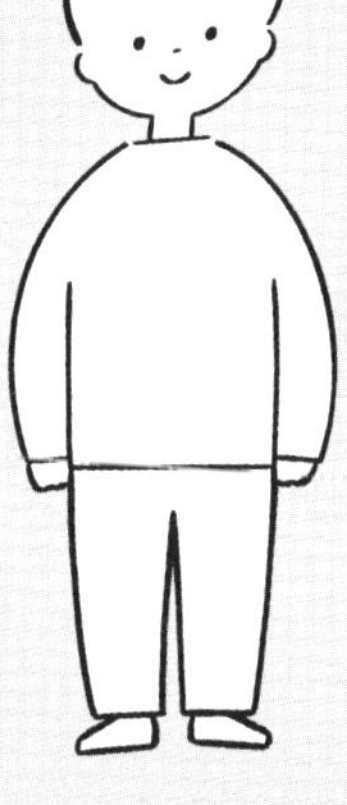

「自分の子どもにはこうあってほしい」という願望

目を閉じて、あなたの子どもの姿を思い浮かべてみてください。宿題を嫌がる小さな子ではありません。晩ごはんのマカロニが好みの形ではないといって、食卓でかんしゃくを起こしている子でもありません。

あなたがあなたのお子さんを授かる前に心に思い描いていた子どもの姿です。

その子はおそらく、腕の中にすっぽりと収まった、かわいくて穏やかな赤ちゃんだったでしょう。愛くるしい幼児は、ブランコに乗せて背中を押してあげると、頭を反《そ》らして楽しそうに笑っています。

運動部のスター選手になるかしら、学級委員長になるかもしれないと想像したり、大学の卒業式での晴れ姿や、結婚式の日の、頬を紅潮させた花嫁やハンサムな花婿の姿を夢見たりしたかもしれませんね。

このように、私たちは皆、**「自分の子どもにはこうあってほしい」という願望**を持っているのです。

ところが現実の子育ての毎日は、夢を見るどころか、日々戦いの連続です。子どもは靴を履《は》くのを嫌がり、公園に行くのもひと苦労です。夕食の席でぐずることもあります。楽しい家族旅行を思い描いていたのに、車で移動中の四時間ずっと、座席の背もたれを蹴飛《けと》ばして、「行きたくない」と言い続けることもあるでしょう。

なぜ、子どもを自分たちが思い描いていた〝理想の子ども〟に育て上げるのは難しいのでしょうか。

確かに、世の中には親へのアドバイスがあふれています。育児教室、育児ブログ、育児ポッドキャスト、育児雑誌、育児書、育児ワークショップ等々。しつけの方法について義母の意見を、寝かしつけのコツについて親友のアイデアを聞かされることもあるでしょう。驚くほどの情報量にも圧倒されますが、さらに頭の痛いことに、その多くが矛盾《むじゅん》しているのです。人類は何千年も前から子どもを育ててきたのに、どうしてきちんとした育て方が導き出されなかったのでしょうか。

親として何より重要なのは、矛盾しがちなアドバイスをどのように整理し、何が子どもにとってベストかを判断することです。

「わが子にぴったりの子育て法」を導き出すには

なぜ、子育てはこんなにも難しいのでしょう。

この問いには、実はシンプルな答えがあることがわかりました。

子育てが難しいのは、祖父母世代や友人、小児科医などがよかれと思ってしてくれるアドバイスが、子どもの成長に影響を与える最大の要因の一つである**遺伝子（DNA）**を無視しているからです。

高校で学ぶ生物の授業では、DNAについてその全貌《ぜんぼう》を知ることはできませんでした。DNAは単に目が茶色いか青いか、髪がくせ毛か直毛かということだけでなく、私たちの脳の仕組みや人生に対する最も基本的な向き合い方までも規定しています。

DNAは、私たちの気質や生まれ持った性質、そして社会との関わり方を決める土台となるものなのです。

遺伝子情報が個人の行動や発達に大きく影響することを考えると、子育てに「正しい方法」など存在しません。

そして、子どもの遺伝的な特性を理解して初めて、その子が「最高の自分」になれるよう導くことができ、日々の衝突を減らすことができるのです。

本書は、**あなたの子どもに特有の遺伝的な特性に基づき、その子だけの「正しい育児法」を導き出す方法**を説いた本です。たくさんの情報の中から、自分の子どもにとって本当に重要なのは何か（そして何が重要でないのか）を見極めることで、子育てにおけるストレスを軽減することができます。

私は遺伝子と子どもの行動を研究する科学者ですが、それ以前に何よりも一人の親なのです。

「人の行動に本当に影響を与えるものは何か」を研究する中から得た知識が、私の心を救ってくれました。

本書は、その知識を共有し、あなたの人生をより豊かにするために執筆しました。

「子育ての大変さ」は増すばかり!?

人類の歴史上、現代ほど多くの時間を費やして熱心に子育てをした時代はありません。今では、子育てに没頭するあまり、夫婦の幸福度は著《いちじる》しく低下し、子どもたちは大きなプレッシャーを感じ、最悪の場合には、絶えず責《せ》められているような気がして不安を募《つの》らせるようになっています。

子どもが夕方まで野山を探検したり近所を自由に歩き回ったりできた時代は、とうに過ぎ去りました。アメリカでは、子どもを一人で公園に行かせたりすれば警察に通報されることもあります。親が宿題を見てあげなかったり、ろくに受験勉強をさせないまま大学受験のための統一試験を受けさせたりすれば、「ネグレクト（放置）」と見なされることさえあるのです。

〝世間〟が親たちに信じられないほどたくさんの要求をするようになり、皆がそれを当たり前のように感じるようになってしまいました。親たちは常にこう言われています。

親としてのあなたの決断が子どもの運命を握《にぎ》っているのですよ！　子どもが社会性を身につけてたくましく成長できるかどうか、それとも情けない駄々《だだ》っ子のまま大人になるのかは、あなたの一挙手一投足が重要な鍵を握っているのですよ。子どもを愛しているのなら、立派な大人に育てるためにボランティア活動には進んで参加し、サッカーチームの送迎や監督の役目を引き受け、PTA会長を務め、教会に通う家族であれば日曜学校の先生になりましょう（本当に子どもを愛しているならば、これらすべてを引き受けることが理想ですよ）……などと。

時として、親同士でもお互いを厳しい目で見てしまうことがあります。

実は、私もやってしまったことがあります。皆さんもあるのではないでしょうか。スーパーで駄々をこねる子や教会でミサの最中に走り回る子、親に口答えする生意気なティーンエイジャーを見かけたときなど、親に非難の目を向けたことが。そして、ちゃんとしつけなさいよ、とか、子どもをちゃんとさせてほしいわ、とか、「〇〇〇（あなたのお気に入りの育児アドバイス）」をすればいいのに、などと心の中でつぶやいたことが。

子育ては「よくも悪くも親がすべて」？

私のことを申し上げると、息子が生まれてから十五カ月間、子育てを完璧にこなしているつもりでいました。

息子はよく眠る子でした。泣くのは何かが必要なときだけなので、すぐになだめることができました。新生児の育児はとても大変だと聞いていたのに、なぜだろうと不思議でした。十分な睡眠を取ることにこだわっていた私には、夜中に一度だけ授乳のために起きるのさえ煩《わずら》わしく感じられたものですが、よその新米パパやママが睡眠不足だと愚痴《ぐち》をこぼすほどのことでもないと思っていました。

育児書を読み、育児教室に通い、楽しく子育てをしていました。本当に、「何がそんなに大変なのだろう」と思っていました。

当時は気づかなかったのですが、息子がよく眠ったのは私の育児が優れていたからではありませんでした。単に運がよかっただけなのです。乳児期に私が楽な思いができたのは、この子のおかげだったのです。

遺伝子と子どもの行動の研究者である私でさえも、**「子育てはよくも悪くも親がすべて」という神話**の罠《わな》にはまっていました。これは、特に子どもが順調に育っているときに陥《おちい》りがちな妄想です。

よいことは自分の手柄にしがちですし、自分の子どもが素晴らしいのは自分の努力の賜物《たまもの》だと思い込みがちです。

しかし、お子さんが夜泣きがひどくて眠れない子だったらどうでしょう。あるいは、「魔の二歳児」が生後六カ月で始まったら（そして十六歳まで続いたら）どうでしょう。それもあなたの責任なのでしょうか。もっと育児書を読んだり、義母のアドバイスを受けたりする必要があったのでしょうか。

子どもが問題を抱えているとき、親は苛立《いらだ》ちを募らせ、しばしば自分を責めたり、自分のどこが間違っているのかと悩んだりします。

しかし、子どもの行動は親に左右されるものではなく、もっと内面から生まれるものであることを示す研究結果があるのです。

一九三〇年代初頭、メアリー・シャーリーという研究者が、乳幼児二十五人を生後二年間にわたり集中的に観察しました。彼女は乳幼児の「運動機能」と「認知機能」の発達に興味を持って研究を始めたのですが、その中で最も印象的だったのは、彼女が**「個性の核」**と呼ぶものでした。

時間をかけて観察した結果、**赤ちゃんの性格の違いは生後早い時期に現われ、イライラしやすさ、泣き声、活動の度合い、新しい人や状況に対する反応などに系統立った違いがある**ことがわかったのです。

さらに、こうした違いは異なる環境や異なる時間帯においても一貫していることが示されました。よく泣く子どもは家庭でも研究所でも泣きましたし、活発な子どもは家庭でも研究所のようななじみのない環境でも活発だったのです。

そして何よりも注目すべきは、**子どもたちの行動に見られる違いは、親（当時は主に母親）がどんな行動を取るかとは、ほとんど関係なかった**という点です。

子どもの「遺伝的気質」に寄り添える親、気づけない親

母親と父親の遺伝子が出合い、混ざり合って、世界にただ一人の人間が生まれます。現実には、子どもの行動に関して驚くほど多くのことが受胎の瞬間に決まります。

複数の子どもを持つ親御さんはご存じのように、赤ちゃんの性格は一人ひとり異なり、それも誕生したその日から違っているのです。もちろん共通点もたくさんあります。どの赤ちゃんも眠り（あなたが望むほどではないにしても）、うんちをし（あなたが思う以上に）、泣き、お乳を飲みます。しかし、それ以上に、すべての子どもはそれぞれの個性を持って生まれてきており、その違いは生まれながらにして明らかです。

発達心理学者は、こうした行動の特徴を**「気質」**（temperament）と呼びます。

気質は「遺伝子」に刻み込まれているのです。遺伝子は細胞の核にある情報の小さな束《たば》で、両親から子どもへと受け継がれます。だからといって、子どもの行動に親が影響を与えられないというわけではありません。ただ、**その影響力には限界があること、つまり何をするにしても、与えられた条件のもとでうまくやっていかなければならない**ことを理解する必要があります。

さらに重要なのは、もしあなたが自分の子どもに、ある行動を取らせ、別の行動を取らせないようにしたいと考えるなら、必ず子どもの遺伝的な気質を考慮に入れなければならないとい

うことです。

子どもたちは、遺伝子によって、世の中に対する**反応の度合い**（遭遇した物事に対して、どれだけ驚きや喜びを表現するか）や、その反応をどのように**コントロールするか**に、生まれつき違いがあります。

例えば、すりつぶしたグリーンピースが嫌いな場合、お皿を放り投げるでしょうか。それとも、本当は食べたくないのにしかめっ面をしながら、我慢して食べるでしょうか。お散歩中にかわいい子犬を見つけたとき、興奮して声をあげ、立ち止まって子犬と遊ばせないと気が済まないでしょうか。それとも、怖がってあなたの後ろに隠れてしまうでしょうか。


親にとって特に重要なのは、**子どもの気質は生涯にわたり一貫している**という事実です。

子どもを長期にわたって追跡した調査からわかるのは、生後わずか三カ月の頃に臆病《おくびょう》だった赤ちゃんは、七歳になっても変わらず臆病だし、乳児期に怒りっぽかった子どもは、幼児期でも怒りやすいのです。社交性の高い赤ちゃんは、社交性の高い子どもへ、ひいては青年に成長します。

また、一卵性双生児は、出生時に引き離されて別々の家庭で育てられても、性格が非常によく似ることがわかっています。遺伝は、私たちが世の中を生きていく上で、とても大きな役割を担《にな》っているのです。

誰もが予想する通り、気質的な特徴は生涯を通じて変わらないものですが、成長と共に現われ方はさまざまに変化します。社交性の高い赤ちゃんは、他の赤ちゃんと遊んだり、大人を見ると微笑《ほほえ》んだりします。思春期になると、家で本を読んだり、親友と二人きりで映画を見たりするより、大勢の集まりに参加したがるティーンエイジャーになります。臆病で心配性な幼児は、大人が働きかけないと新しいおもちゃを試したり、ブランコに乗ったりしようとしませんし、青年期になると、背中を押してあげなければ学校の演劇に出たり、卒業旅行に行ったりしません。

私の息子は衝動的で、小さい頃から高い木のてっぺんから飛び降りたり、「いつになったらオートバイに乗れるの？　いつからビールを飲めるの？」と聞いたりしていました（そのときはまだ十一歳だったので、ため息が出ましたが）。父親が戦闘機のパイロットなので、こうした嗜好《しこう》は遺伝なのです。実際に研究でも、冒険好きなところやリスクをいとわないところは、遺伝に強く影響されることがわかっています。

社交的な子ども、臆病な子ども

ここまで読んで、明るく社交的なお子さんをお持ちの方は、うちの子は大丈夫と安心しているかもしれませんし、非常に臆病なお子さんやイライラしやすいお子さんをお持ちの方は、心細くなったかもしれませんね。

でも、ちょっと待ってください。気質的な特徴は、それ自体が「よい」とか「悪い」とかいうものではないのです。社交的でにこやかで幸せそうな赤ちゃんは、とても魅力的に思えるかもしれません。にこにこ笑って新しいおもちゃや初対面の人、新しい状況にも物怖《ものお》じしない赤ちゃんは、私たちがイメージする肯定的な意味合いでの外向的な青年や大人になる可能性が高くなります。

しかし、そういうお子さんは、成長してから自制心を失ったり、衝動的になったり、思い通りにならないとイライラしたりする傾向が強くなることもあります。また、思春期にアルコール使用障害（アルコール依存症、および依存症まではいかないが飲酒によって精神的・身体的な障害や社会生活に著しい障害が出ている状態）になったり、友人と一緒に無謀な行動に出ることも少なくないようです。

これとは対照的に、臆病な赤ちゃんは、小さいうちこそ親に心配をかけるかもしれませんが（時には少し恥ずかしい思いをさせることさえありますが）、臆病さは衝動性や攻撃性が低いことに通じています。臆病な子どもは、けんかをしたり、一人で行動できる年齢になったときに無謀なことをしたりする可能性が低いのです。ただし、落ち込んだり、抑うつ状態に陥りやすくなります。

要は**「よい」気質や「悪い」気質というものは存在しない**のです。ただ単に遺伝的な違いがあるだけで、それぞれに長所と短所があるのです。

また、子どもの発達段階によって、それぞれの気質が親にとってどれだけ楽か、あるいはもどかしく感じるかは変わってきます。幼児期にさんざん手を焼かされた強情な性格は、十代になってその子が理不尽な状況に立ち向かうとき、親を誇らしい気持ちにさせてくれるはずです。気質的な特徴は生涯を通じて変わらないだけでなく、人生におけるさまざまな課題や成果にも影響を及ぼすため、**わが子の遺伝的な影響を理解することは極めて重要**です。それぞれの子どもの遺伝的な気質に合わせた子育てを心がける必要があります。つまり、「どんな子どもにも通用する万能な子育て」はないということなのです。

私が「ペアレンティング（子育て）」という言葉が嫌いなワケ

また、**育てるのに手がかかる子どもがいる**ことも、前もって認識しておく必要があります。自閉症やダウン症の子どもを育てる場合は、この純然たる事実を改めて思い知ることになります。しかし、そうでなくても、ある種の気質を持って生まれた子どもは、思いもよらないところで困難を抱え、親が本当につらい思いをすることがあります。

この基本的な現実を理解していれば、親の心の負担は軽くなるでしょうし、育てるのが難しい子どもを持つ親をよりよい形でサポートすることができるのではないでしょうか。

現在、医学の分野では、「遺伝子を考慮した一人ひとりに合った治療法」が進められています。これは、「精密医療」（プレシジョン医療）とか「個別化医療」（テーラーメイド医療またはオーダーメイド医療）と呼ばれています。
がんになりやすい人、心臓病になりやすい人、薬物乱用やメンタルヘルスの問題が起こりやすい人など、健康上の特性は一人ひとり異なります。また、ある人にはよく効く薬が別の人には有害な場合もあります。**個々の遺伝子に書き込まれたコード（暗号）を理解すること**で、医師はその人に合った予防法や治療法を見つけることができるのです。

子育てでも同じことが言えます。子どもには生まれついての長所と短所があります。自分の子どもは何が好きか、何が得意か、何が問題か、何がリスクになるかを知ることで、親としてどこに力を注ぐべきか、どんな子育て法が最も効果的か、逆にどんな方法が有害かを知ることができるのです。

第一子でうまくいったことが第二子ではうまくいかないこともありますし、友人のお子さんには有効だった方法も自分の子どもには無効なこともあるのです。

だから私は「子育て《ペアレンティング》」という言葉が嫌いなのです。発達心理学者の私が言うのも変ですが、私たちが親として行なうことを「子育て《ペアレンティング》」と呼ぶことの問題点は、子育てがすべて親《ペアレント》の責任であるかのように思われてしまうことなのです。

これでは、もう一つの重要な要素である「子ども」を無視することになります。よい子育てについて考えるときは、親と同じくらい、子どもについても考える必要があるのです。**医療が個別化に移行しているのと同じように、子育てにも個別的なアプローチを取り入れるべきときが来ている**のです。

「子どもの反応」に目を向けていますか？

実は私自身も、子育てにこのアプローチを取り入れるのには時間がかかりました。特にそれが明白になったのは、息子のトイレトレーニングでした。

息子が通っていた保育園では、三歳児クラスに上がるには、トイレトレーニングが完了できていることが条件でした。三歳の誕生日を迎えてもなお、息子は「おおきいおにいちゃん」になることに興味がなく、おむつをしたまま二歳児と一緒に過ごすことに満足しているようでした。

「チョコレートよ！」と友人たちは私に教えてくれました。「トイレに行ったごほうびにチョコをあげなきゃダメよ」と言うのです。そこでこの方法を試してみたところ、確かに息子はチョコレートをほしがりましたが、トイレは相変わらず完全拒否でした。そのため、戸棚にチョコレートがあるのになぜもらえないんだ、というバトルを繰り広げるはめになっただけでした。

別の親切な友人は、「子どもの『物差し』を見つけることよ。息子くんが好きなものを見つけて、それをごほうびにすればいいの」とアドバイスしてくれました。

彼女の娘さんの場合、それは着る服を自分で選ぶことでした。トイレを使うことは、おしゃれをすること。トイレが使えなければ、特別なドレスも着られない。どうやらそれは見事に成功したようです。でも私が試してみた結果、息子はトイレを使うよりも裸で保育園に行くほうがましだと思っていることがはっきりしました。

数週間の葛藤《かっとう》と涙（ほとんどは私の涙）の末に、私は悟ったのです。うちの子が何よりも重きをおいているのは、**「勝つこと」「自分の思い通りにすること」**だと。息子は、私がトイレトレーニングを強要していると感じて頑《かたく》なに拒否していたのです。そのため、トイレトレーニングは、親子の意地の張り合いと化していたのです。

状況を理解した私は、いったん手を緩《ゆる》めることにしました。トイレトレーニングの話はせず、普段通りの生活を送ったのです。

すると、どうでしょう。二週間もしないうちに（おむつ交換にうんざりしていた厳しい保育士さんの後押しもあったのでしょうが）、息子は自分からトイレを使うようになったのです。そして、無事に三歳児クラスに進むことができました。

もし私が息子の頑固《がんこ》な性格、とりわけ「勝ちたい」という強い欲求にもっと早く気づいて、注意を払っていれば、お互いに苦労せずに済んだかもしれません。

ある研究によると、罰に対する反発心が強い子ども（息子は間違いなくそうでした）は、親の要求に対しても敏感なのだそうです。言い換えれば、あなたが強く押せば押すほど、子どもは強く反発するわけです。しかし、親が権力を誇示しない方策を取ると、そうした子どもははるかに従順になることがわかっています。

今にして思えば、息子が三歳の誕生日を二カ月過ぎてもトイレトレーニングが完了していないことを私は気にしすぎていました。そのため、息子の反応に目を向けることなく、ただ問題を解決しようと必死になっていたのです。大学教授として、トイレトレーニングを完了していない大学生など見たことがないことに気づくべきでした。いずれはどの子も、きちんとトイレが使えるようになるのですから。

遺伝の不思議――「そっくりな親子」「似ていない親子」

親の役目についてお話しする前に、**「そもそも、子どもの遺伝的な素質はどこから来るのか」**についてお話ししましょう。

まずは基礎的な生物の授業に戻りましょう。いえいえ、カエルの解剖《かいぼう》の日にではなく、卵子と精子が結合して接合子《せつごうし》（受精卵）ができ、それが分裂して成長し、小さな人間が誕生するという話をした日にです。

ＤＮＡは、コンピューターのコードが「１」と「０」の並びから構成されるように、遺伝情報を伝達する科学物質によって構成されています。その遺伝情報は、血圧から行動や反応まで、私たちの体のあらゆる機能に関係するたんぱく質をつくる設計図となっています。

誰もが母親と父親からそれぞれ五〇％ずつ遺伝物質（ＤＮＡ）を無作為に受け取り、それらが混ざり合って唯一無二の子どもになります。

ただ、どの部分を受け取るかは決まっておらず、子どもによって異なります。そのため、お子さんはあなたによく似たところと、パートナーによく似たところを持ち合わせています。子どもには両親のDNAの半分ずつが無作為に組み合わさっているため、自分のきょうだいも含め、すべての他人と異なっているのです。

きょうだいは一般に、無作為に選ばれた他人同士の二人と比べて、よく似ています。なぜなら、同じ両親から遺伝物質を受け取っているからです。そして、**きょうだいはおおよそ遺伝物質の半分が共通**しています。

ところが、ヒトのゲノム（すべての遺伝情報）は三十億個のDNAから構成されているため、さまざまな組み合わせが可能です。同じ両親から生まれたきょうだいでも、遺伝子の組み合わせによって、親にそっくりな子ができたり、逆に病院で取り違えられたのではないかと思うほど親と似ていない子ができたりします。

でも、妊娠中に遺伝子検査を受けて生まれてくる子に問題がないかを調べる以外、ほとんどの人は遺伝子のことをあまり考えないでしょう。マタニティウエアを買ったり、子ども部屋のインテリアを考えたり、ベビーベッドからチャイルドシート、ベビーカーに至るまで、決めることが山ほどありますから当然のことです。

もちろん育児教室への参加もあります。出産や授乳、新生児のお世話の仕方のクラスから、上の子が受けられるクラスもあります。妊娠中期にはマタニティ・ヨガ、出産計画の作成講座、出産教育クラス（出産準備クラスとは異なるものだそうです）と続きます。大学教授の私ですら、こうしたクラスの多さには驚きました。

私もかなりの数の育児教室を受講しましたし、何はともあれ、かなり念入りな準備ができたと感じました。私はおくるみの達人でした。うちの子は生後一年のほとんどを、メキシコ料理のブリトーよりもしっかりとくるまれて過ごしました。私はまた、生まれてくる子どもに関して決めなければならない大小さまざまなことについても徹底的に調べました。

ところが、赤ちゃんのためにいろいろな講座を受けたり、決め事をしたりしていると、まるですべての物事をコントロールできるかのような錯覚《さっかく》を起こしてしまいます。それが「育児神話」につながるのです。

寝かしつけ方、授乳の仕方、泣く赤ちゃんをあやす方法などが書かれた育児書には、ちゃんと読んで学べば、赤ちゃんを寝かせ、栄養を与え、スケジュールに従わせる方法がわかると書かれています。その方法を学んで効果的に実行すれば、ほらこの通り、幸せで健康な赤ちゃんの出来上がり！

さらに、ハイハイを始める時期、歩き始める時期、歯が生えてくる時期、トイレトレーニングを始める時期など、発達の節目節目でどのように子育てをしたらよいのか、数え切れないほど多くの情報があります。そのため、受胎から出産までのどこかで、**私たちは「子ども一人ひとりの育ち方が、どんな遺伝コードを持つかに影響を受ける」という基本的な生物学をすっかり失念してしまう**のです。

親は「子どもの発達」にどれだけ介入できる？

育児教室に参加しているあいだ、何が起こっているのか考えてみてください。基本的に、赤ちゃんは**あなたが何かの指示を出さなくても**成長し、発達していきます。赤ちゃんの腕、脚、手足の指、内臓、脳などの成長については遺伝情報が指令を出しており、そこには親は関与できません。

ベビーベッドやチャイルドシートの選定など、自分たちでコントロールできることに目が向くのは自然なことです。でも、親が子ども部屋を飾ったり、おくるみの仕方を学んだりしている間に、**子どもの発達に関わる本当に重要なことは、そのほとんどが親の介入なしで起こっている**ことを忘れてはいけません。それは、子どものDNAに刻み込まれているのです。

とはいえ、親が与える環境が重要でないとは言いません。研究室で抽出されたDNA配列から、突如《とつじょ》として人間が生まれるわけではありません。〝小さなDNAコード〟はあなたを必要とし、あなたがしてあげられることもたくさんあります。胎児が健やかに成長するためには、豊富な栄養、健康的なライフスタイル、低いストレスといったことがすべて重要です。逆に、薬物や環境有害性物質にさらされると、胎児の発育に深刻な悪影響が出る可能性があります。

もちろんあなたは親として、おなかの中の赤ちゃんの発育に最適な環境を提供するためにできる限りのことをしたいと思うはずです。母親として健康的な食事をし、ビタミンを摂取し、運動をする。もしあなたがパートナーなら、妊娠中のあなたのパートナーに愛情を注ぎ、サポートし、ストレスのない環境を提供することができるはずです。

妊娠中、私たちは自分にできることや、自分でコントロールできることは限られていることを実感します。胎児は自然と大きくなっていき、私たちはその成長ぶりに驚かされます。

しかし、赤ちゃんが〝ぽんと〟飛び出ると（出産には「飛び出る」よりも多くのプロセスがあると口を酸っぱくして言うママ友たちに対して、この表現を使うのは申し訳ないのですが）、幼少期の発達も胎児のときと同様に遺伝子の素質に導かれることをついつい忘れてしまうのですが、この素質を考慮した子育てが大切になってくるのです。

「生まれか、育ちか」――その子らしさを輝かせるには

何百年もの間、「生まれか、育ちか」つまり、人間は遺伝子によって決まるのか、それとも育った環境で決まるのかという議論が行なわれてきましたが、現在では、これは誤った二分法であることがわかっています。遺伝と環境は、人間のほぼすべての行動に関与しているため、**「どちらか一方」ではなく「両方」が混ざり合って影響している**のです。

親にとって問題なのは、「育ち」の部分にばかり焦点が当たり、「生まれ」の部分が十分に考慮されていないことです。そのせいで私たちは、子育てにより多くの関与が必要だと考え、前例のないほどのストレスを感じていますが、肝心なのは、賢明に関与することなのです。

この課題（チャンスでもありますが）をうまく言い表わしているのが進化生物学者のエドワード・O・ウィルソンです。彼は、**「遺伝子は環境的な影響にリード（首ひも）をつけるが、それは伸び縮みするリードである」**と言いました。つまり遺伝的な素質は宿命でもなければ、親にはどうすることもできないものでもないが、無視されるべきでもないということです。

子どもは、「子どものために」と行動する親がなんでも思い通りに書き込めるような〝白紙の状態〟ではありません。子どもの本当の姿、つまり、**子どもが持って生まれた唯一無二の遺伝子の「コード」を親が認識すること。**そうすれば、子どもの本来の気質に寄り添う形で影響を与えることができ、子どもが最高に輝く手助けをできるのです。

本書を効果的に活用するために

PART1では、本書でお話しする「新しい子育て法」の背景にある科学について書いています。1章では、人間の「行動」の原理を理解し、子どもの行動に遺伝が広く影響していること（そして子育ての限界）を明らかにした研究を紹介します（研究内容にはあまり興味がなく、とにかく私の言葉を信じてくださるという方は、読み飛ばしてもかまいません）。

2章の内容は、子どもの遺伝子のコードが、どのように彼らの発達、個性、行動、そして社会との関わり方に影響を与えているか、を理解する一助となるでしょう。もっと子どもにいい影響を与えられる親になりたい、そして子育てのストレスを減らしたいと望んでいるとき、子どもの遺伝的な素質を理解することがなぜ大事なのかを理解する手助けにもなるはずです。

後半のPART2では、子どもに焦点を当てます。子どもの行動や傾向に関する「質問リスト」に回答することで、子どもの遺伝的な気質を見極めることができます。そして、その情報をもとに、子どもに合わせた子育て法、子どもの可能性の引き出し方、失敗の落とし穴を避ける方法をお伝えします。

そして最も私がお話ししたいのは、心穏やかに、自信を持って、より幸せな子育てをするための方法です。では、さっそく始めるとしましょう。

ここまでのポイント

- 子どもの脳や行動は、遺伝子の影響を受けています。
- 子育てのアドバイスがしばしば矛盾するのは、子どもの行動に影響を与える遺伝子の重要な役割を無視しているからです。このため、ある子どもには当てはまっても、別の子どもには当てはまらないということが起こります。
- 子どもの遺伝子コードを理解することは、子どもの唯一無二の潜在能力を引き出し、困難を克服できるようサポートする助けとなります。さらに、子どもとの関係をよりよくし、子育てのストレスを軽減することにもつながります。

PART

1

THE CHILD CODE

行動遺伝学について、これだけは知っておきたいこと

CHAPTER

1

生まれか、育ちか

——科学からの答え

子育てはすべて「親の責任」なのか

子どもが取る行動について親が重要な役割を果たすという考え方は、そもそもどこから来たのでしょうか。

親であるあなたは、子どもの行動を理解しようと多くの時間を費やしていることでしょう。同様に研究者たちも、何百年も前から子どもを理解しようと努めてきました。親の役割が大事であるという理解（誤解）は、「児童心理学」が発達した初期の頃に生まれたようです。

一七八七年、ドイツの哲学者ディートリッヒ・ティーデマンは、自分の息子が生まれてから三十カ月間の行動を記録し、子どもの発達に関する世界初の論文を発表しました。

ティーデマンは、十七世紀の哲学者ジョン・ロックの影響を強く受けていました。イギリス経験論の代表者ロックは、「人は皆、白紙の状態で人生をスタートし、どのような人間に成長するかはすべて経験で決まる」と説いていました。

それから約百年後の一八八二年には、同じくドイツの教授であるヴィルヘルム・プライヤーが『子どもの心』（The Mind of the Child）を出版しました。この本は教授自身の娘の生後数年間の発達過程を記したもので、現代児童心理学の端緒となる本としてよく引用されています。

このような初期の児童心理学における一人の子どもの成長を観察した「赤ちゃんの伝記」は、やがて数人の子どもを広く観察する研究へと発展していきました。後に発達心理学者が親の役割に関心を持つようになると、研究には親も含まれるようになりました。

こうした変遷《へんせん》を経ても相変わらず一貫して大きな特徴となっているのは、**子どもの発達に関する研究は「観察」をベースにしている**ということです。

しかし、こうした研究手法には限界があり、それが、子どもの行動に関して親に大きなプレッシャーがかかる最大の原因ともなっているのです。

「育て方が悪い」から子どもの「問題行動」が多発する？

「親が子どもに与える影響」を理解しようとすれば、親子を研究することになるのは明白なことです。親子の研究はこれまでに何千と行なわれ、その結果は世の中にあまねく知れ渡る育児アドバイスの基礎となっています。

こうした研究では、研究者は親に子育ての実践内容を報告してもらい、子どもの発達具合を測定します。時には、子どもに自分の親と自分について報告してもらい、親には自分と子どもについて報告してもらうこともあります。また、教師や他の養育者など、別の情報源から報告してもらうこともあるでしょう。

これらの研究では、「子育ての状況」と「子どもの発達」との間に一貫した相関関係（統計的な尺度での類似性）が見出され、このような相関関係が「親の子育てが子どもの行動を決める」ことの〝証拠〟として挙げられるのです。

例えば、一貫した所見として「親が穏やかに接し、積極的に関わる子育て」と、その子どもの「感情的・行動的な問題の少なさ」には相関関係が見られます。逆に、「厳しくて一貫性のない子育て」と、その子どもに「問題行動が多発する」ことには相関関係があります。

ほら、まさに「子育ての重要性」を証明するものだと思われるでしょう？

ところが、これが確固たる事実と考えるのは早計なのです。

子どもに温かく接し、一貫性のある子育てを実践することがよいと言われる理由は山ほどあります。しかし、このような研究の問題点は、「親がどのような子育てをするかによって、子どもの行動や態度、品行が決まる」と（誤って）解釈されることなのです。

この論理には欠陥があります。それは、**二つの物事が関連しているからといって、一方が他方を引き起こしたことにはならない**（つまり、「相関関係＝因果関係」ではない）ということです。

根拠のない「子育て神話」に振り回されないために

「因果関係」を明らかにするのに最も効果的な手法は、「対照実験」（ある条件の効果を検証するために、他の条件は全く同じにして行なう実験）です。しかしながら児童心理学者は、**子ど**

もたちを彼らの親とは違う親に「実験的に割り当てる」ことができません。

例えば、子どもたちを、放任主義の親のもとで育つグループと、厳しい親のもとで育つグループとに無作為に（ランダムに）分け、育ち方を観察する実験ができれば、親の規則が多い・少ないといった育て方の違いが、子どもたちの育ちにどのような相違をもたらすかを検証することもできます。

しかし、私たちが普通に目にする「親と子どもの間に見られる相関関係」からは、「因果関係」については何も学び取れません。なぜなら、親の育て方が原因で子どもがそのように育ったのか、あるいは子どもの気質が原因で親がそういう育て方をしているのか、判断できる情報が何もないからです。

親が子どもに温かく接すれば、その子はよい子に育つかもしれません。親が子どもに厳しく接すれば、その子は攻撃的な子に育つかもしれません。

しかし、お行儀のよい子どもを持つ親は、より温かい心持ちで子育てができる、ということも同様にあり得るでしょう。私の経験からいっても、子どもが素直に服を着て、さっさと登校準備をして玄関で待っているようなときは、ベッドの中でぐずって起きようとしないときに比べると、ずっと穏やかな気持ちでいられます。かんしゃくを起こしている子どもよりも、楽しそうにふるまっている子どものほうが、ずっと愛情が湧きやすいのです！

同じ論理が、子どもの行儀が悪かったり、品行に問題があったりするときにも当てはまります。つまり、攻撃的で人にすぐつっかかっていくような子どもには、「子どものお行儀の悪さを何とかしなくては」と、親もより厳しいしつけをする可能性があるということです。子どもが感情を露《あら》わにして暴れることがなければ、親ももっと穏やかに楽しく子育てができるのかもしれません。

要するに、「子育ての方法」と「子どもの育ち方」の間に相関関係が見られたとしても、**子育ての仕方が子どもの態度や行動を決めるのか、子どもの態度や行動が子育てのやり方を決めるのか、どちらが真実なのかはわからない**のです。

そして、これらをきちんと区別することの重要性が、後に明らかになりました。「親子の相関関係」を「子育ての因果関係の証拠」だと誤って解釈した結果、深刻な事態を招いてしまったのです。

子どもの行動が「親の子育てを形づくる」

特に顕著な例は、自閉症に対する考え方の変遷に見られます。自閉症はもともと、赤ちゃんに適切な社会性を与えない冷たい母親に原因があると考えられていました。自閉症と診断された子どもの母親は、笑顔であやすなど、典型的な母親らしいやり方で赤ちゃんと接することが少ないという研究結果を受けて、医療関係者は自閉症の原因は冷たい母親にあると結論づけました。母親が赤ちゃんと触れ合わないことと自閉症の間には確かに相関があったので、「冷たい母親が子どもを自閉症にする」という誤った結論に達したのです。

しかし後に、それらの家族を長期にわたって調査した結果、自閉症と診断された子どもの母親も、多くの母親と全く同じように子育てを始めていたことがわかりました。ただ、自閉症の子どもたちは典型的な発達を示す赤ちゃんがするような反応を母親に示さなかったのです。うんともすんとも言わないし、目を合わせないし、楽しそうにも見えません。そのため、母親も次第に赤ちゃんに接する回数が減っていきました。つまり、**母親の行動が子どもに影響を与えたのではなく、むしろ逆だった**のです。

長期間にわたって親子を調査することで、母親の行動が子どもの将来の行動に影響を与えるのか、子どもの行動が母親の子育てに影響するのかを明らかにすることができます。なぜなら、もともと子どもがどのような行動を取っていたかを明らかにして初めて、その影響を調べることができるからです。

児童の発育が専門の同僚が数名で行なった大規模研究では、世界の十二の文化圏を代表する九カ国（中国、コロンビア、イタリア、ヨルダン、ケニア、フィリピン、スウェーデン、タイ、アメリカ）において、約千三百人の子どもとその親を追跡調査しました。子どもが八歳、九歳、十歳、十二歳、十三歳のときに、親の行動と子どもの感情や行動の問題は、時間の経過と共に、互いにどう影響を与え合うかを検証しました。その結果、すべての文化圏において、子どもの側がその後の親の子育てに大きな影響を与えることが明らかになりました。

ある年齢のときに子どもの感情や行動に大きな問題が見られた場合、次の調査年齢のときには親の穏やかさが減り、親による支配行動が強まることが予測されました。逆に、「子育てのスタイルを見れば、子どもの将来の行動が予測できる」ことを示す証拠はほとんど見つかりませんでした。

親が穏やかであるか支配的であるかは、子どもが将来、感情や行動の問題を抱えるかどうかにさほど影響がなかったのです。

この研究では、親が子どもの行動を形づくるというよりも、親が子どもの行動に反応することで子育てのスタイルが変わるのだということがはっきりしました。これは、どの文化圏でも共通して見られました。

「原因は一つ」という思い込み

親子の相関関係を「親の行動が子どもの行動を引き起こしている」、あるいはその逆であると解釈すると、また別の問題が起こります。子どもの行動と親の行動の両方に影響を及ぼし、両者が類似しているように見せているのは、何か別の要因である可能性があるのです。これを**「第三の変数」**と呼びます。

ここで例を挙げて考えてみましょう。

「人がアイスクリームを買うとき、サングラスをかけていることが多い」という相関関係があります。でも、アイスクリームを食べると、サングラスをかけたくなるのでしょうか。それとも、サングラスをかけると、アイスクリームを食べたくなるのでしょうか。

もちろん違いますよね。アイスクリームを食べることとサングラスをかけることが相関しているのには、**両方の行動に影響を与える何か別の要因があるはず**です。この場合、「第三の変数」は、「暖かく晴れた日」です。こういう日には、人はアイスクリームを食べる傾向が強くなり、同時に、サングラスをかける傾向も強くなるのです。

血のつながった親子の相関関係では、双方のふるまいの原因となる可能性がある「何か別の影響」とは、親子が**共有している遺伝子**です。

先ほどの話に戻ると、**子どもの行動や感情の問題には遺伝的な影響がある**ことがわかっています。ただし、親の穏やかさが子どものお行儀のよさに関係しているとした場合、三つの解釈が可能です。

(一) 親の穏やかさが子どもを行儀よくさせる
(二) 行儀のよい子どもが親を穏やかにする
(三) 親の穏やかさと子どもの行儀のよさに相関があるのは、遺伝子が情緒面や行動に影響を与えるからで、実の親子が遺伝子を共有しているからにすぎない

つまり、例えば、礼儀正しくふるまえる遺伝子を受け継いでいる親（前向きで穏やかな親に

なる可能性が高い）は、高い可能性で礼儀正しく育つ遺伝的傾向を子どもに引き継ぐ、ということです。

一方、攻撃性にも遺伝的な影響があることがわかっています。したがって、親の厳しいしつけと子どもの攻撃的な行動に相関があるとすれば、このような解釈ができます。

（一）親の厳しいしつけが子どもを攻撃的にする
（二）子どもが攻撃的であるために親が厳しくしつけるようになる
（三）しつけの厳しい親は攻撃性に関連する遺伝子を持つ可能性が高く、子どももその遺伝子を受け継いだ可能性が高い

これらの解釈は、必ずしも矛盾するものではありません。実際には、三つのプロセスのすべてが、あるいはそれらが組み合わさって働いている可能性があるのです（子どもは、父親と母親のDNAの五〇％ずつをランダムに組み合わせて生まれてきました。あなたの子どもがあなたの素晴らしい特徴、あるいは最も好ましくない特徴をすべて受け継ぐとは限らないことを忘れないでください）。

要するに、子育てのやり方と子どもの成長に相関関係がある場合、親が子どもに影響を与えていると結論づけたくなりますが（子どもの「専門家」の多くがそうしています）、**子どもが親の行動を後押ししている可能性もありますし、親と子の共通点は単に遺伝子のせいである可**

能性も同じくらいに高いのです。

もしかしたら、親が素晴らしかろうが、問題があろうが、その子どもたちは同じように素晴らしかったかもしれないし、問題行動を起こしていたかもしれません。対照実験なしには、何も解明できないのです。子育てと子どもの成長に相関関係があることはわかっていますが、どう関係するかはわからないのです。

しかし、幸いなことに、遺伝的な影響と環境的な影響を切り離し、子どもの遺伝子がどの程度まで行動を司るのか、実際に親の影響がどの程度まであるのかを研究できる自然実験があるのです（訳註：自然実験とは、多数の要因が複雑に影響する事象から特定の要因による効果を識別するための分析手法の一つ）。

養子研究――浮かび上がった遺伝子の役割

研究者が遺伝の影響と環境の影響を分けて観察できる一つ目の、そして最も理想的な「自然実験」は、**養子研究**です。

先ほど、親のしつけと子どもの行動や情緒面との相関関係（そして、その相関関係における親の育児やしつけの重要性がよくわからないということ）について触れましたが、これは「血縁関係のある親子」について述べたものです。血のつながった親子であれば、遺伝子も家庭環境も共有しています。ですから、同じような性格・気質の親子であったとしても、それが遺伝子の影響なのか、家庭環境の影響なのかはわかりません。

しかし、養子縁組をした家庭では、遺伝の影響と環境の影響を分けて考えることができます。親族以外の人間に育てられた養子は、遺伝子を「生みの親」から引き継いでいますが、その生みの親は子どもの生育環境とは無関係ですし、「育ての親」は、生育環境を提供しますが、養子と遺伝的なつながりはありません。つまり、**遺伝と環境の影響が自然のうちに完全に分離しているの**です。

そのため研究者は、養子、実の親、養親（場合によってはきょうだい）のデータを収集し、遺伝がどの程度の役割を果たし、家庭環境がどの程度重要であるかを解明することができるのです。養子は、実の親により近い行動を取るのでしょうか（遺伝が重要であることを意味します）、それとも養親により近い行動を取るのでしょうか（環境の影響のほうが重要であることを意味します）。遺伝の影響と家庭環境の影響を分離する自然実験はこのようにして行なわれるのです。

養子研究が「何が人の行動を引き起こすのか」を解明した絶好の実例の一つとして、「統合失調症」の事例があります。

統合失調症は人口の約一％が罹患《りかん》する重度の精神疾患で、罹患者は幻覚や妄想を体験します。自閉症と同様に統合失調症も、医師たちは、原因は〝ひどい母親〟にあると考えていました（母親は何かにつけて非難されますね。ため息が出ます）。統合失調症については、母親は「統合失調症原性の母親」と呼ばれ、冷淡で、子どもに十分な感情移入ができず、そのために子どもが統合失調症を発症すると考えられていたのです。

自分の子どもが現実感を消失するような重い障害を発症し、母親であるあなたは「おまえのせいだ」と言われることを想像してみてください。自分の子どもが苦しんでいるのを目のあたりにしている上に、自分のせいだと言われたら、どんなにつらいか。

残念ながら、これは統合失調症（そして自閉症）だけの話ではありません。一九五〇年代まで多くの医師は、子どもの心の健康や行動に問題があるとき、その原因の大半は親の子育ての失敗にあると考えていました。しかし、そこに養子研究が登場したのです。

一九六〇年代後半、ある研究者らが、オレゴン州の州立病院で一九一五年から一九四五年の間に統合失調症の母親から生まれた五十人の子どもを追跡調査し、その結果を発表しました。この五十人の子どもたちは全員、生後数日で母親から引き離され、統合失調症ではない両親のもとに養子に出されました。研究者らは、この子どもたちが三十代半ばになった時点で追跡調査を行ない、実母に統合失調症の既往《きおう》がない養子と比較しました。

その結果、統合失調症の母親のもとに生まれた子どもたちの一七％が、「統合失調症の母親」との接触がないにもかかわらず、同じ疾患《しっかん》を発症していたことが判明しました。言い換えれば、統合失調症を発症した実の親と遺伝子を共有した（しかし環境は共有していない）子どものほぼ五人に一人が発症したことになり、一般集団の百人に一人という割合と比較して高い割合であることが明らかになったのです。統合失調症の母親を持たない比較対照の子どもたちには一人も発症例がありませんでした。

これは統合失調症の発症には遺伝子が大きく影響し、実際には悪い子育てが病気を引き起こしているわけでは全くなかったことを示す最初の有力な証拠です。今では、統合失調症は遺伝的な影響が非常に大きい疾患であり、その遺伝率は約八〇％であることがわかっています。

養子研究によって、統合失調症については「親の育て方」ではなく「遺伝」が原因であることがはっきりしました。しかし、遺伝の影響が明らかなのは、統合失調症のような重度の疾患だけではありません。養子研究の結果は、アルコール使用障害から幼児期の内気な性格まで、ほぼすべてで、遺伝の影響を明らかに示すものとなりました。子どもたちは**たとえ実の親のもとで育っていなくても、あらゆる行動において実の親に似ています**。私たちに組み込まれた〝遺伝子のプログラミング〟は強力なのです。

子どもの運命は遺伝子だけでは決まらない

しかし皆さん、どうか落胆しないでください。**子どもの運命は、遺伝子だけでは決まらない**のです。実は養子研究は、「家庭環境の役割」を指摘する上でも、極めて重要なものでありました。

例えばスウェーデンの養子研究では、犯罪行為について調査しています。

ある子どもが犯罪に手を染めやすいのは、なぜなのでしょうか。

スウェーデンには、出生や養子縁組といった家族関係に関する情報を提供する住民登録があり、医療記録や入院歴、処方薬の登録、犯罪歴など、他の多くの情報と結びつけることが可能です。そのため、世界で最も大規模な養子研究が行なわれています（このような住民登録があることで行なえる研究の話を私がすると、アメリカ人は一様に驚きます。学術研究に貢献することに高い価値を置く北欧社会は、アメリカとは全く違った文化的メンタリティを持つのです）。

こうした国家的なデータベースがあることで、養子が実の親とどれだけ似ているか、そして養親とどれだけ似ているか、について調査研究することが可能になるのです。(＊1)

研究者たちは、「人はなぜ罪を犯すのか」をより理解するために、スウェーデンの犯罪記録から、養子として育てられた人と、その実の親と養親の犯罪歴に関する情報を収集しました。

その結果、実の親が犯罪歴を持つ養子は、その実の親に育てられていないにもかかわらず、犯罪行動を起こす割合が高いことがわかりました。犯罪行動の遺伝子は存在しないものの、攻撃性や衝動性といった特性は、遺伝的な影響を受け、冒頭でご紹介した通り、気質として人生の早い時期に現われます。当然ながらこうした特性は、法的トラブルと関係します。

重要なのは、この養子研究を行なった研究者が、養親やきょうだいに前科があるかどうか、養親の家族に離婚したり、死去したりした人、なんらかの疾患のある人がいるかどうかをもとに、これらが環境的なストレス要因になると想定して「環境リスクスコア」を作成したことです。それにより、環境リスクも養子が犯罪行動を取る確率の上昇に関連していることがわかりました。これは、**遺伝と家庭環境の双方が子どもの犯罪行動に重要な影響を及ぼしている**ことを示す証拠だといえます。

養子研究は、遺伝子の影響と環境の影響を理論的に分離する重要な方法ですが、この研究手法には限界があります。

養子縁組はますますオープンになってきており、養子は実の親とある程度継続的に接触するようになってきています。このため、実の親からは遺伝子は受け継いでいるが生育環境についての影響はなく、養親からは生育環境の影響は受けるが遺伝子は受け継いでいない、という「自然な分離」ができなくなっています。

さらに、養子の出生前の環境は実母から与えられるため、出生前の環境の影響と遺伝子の影響を切り離すことができず、出生後に養親の家に入れられたときに始まる環境の影響しか研究できないことも問題を複雑にしています。

近年、「養子研究」における最大の問題は、世界の多くの地域で養子縁組がますますめずらしくなっていることです。その理由の一つは、婚外子に対する偏見が減少していることです。そのため、前述のスウェーデンにおける大規模な住民登録から得られる情報を別にすれば、養子研究は、より困難になってきています。

双子研究――遺伝子の影響を解明する強力な手段

幸いなことに、遺伝と環境の影響がどの程度あるのかを研究できる自然実験がもう一つあります。**「双子研究」**です。養子研究は難しくなってきていますが、双子研究は一般的に行なわれるようになってきています。

双子はいろいろな意味で興味深い存在です。自分にそっくりな人がこの世に存在することを想像してみてください。あなたが一卵性双生児であれば、まさにそれが現実となります。双子には二種類あり、一般的に**「一卵性双生児」**と**「二卵性双生児」**と呼ばれています。

一卵性双生児は、一個の卵子と一個の精子が受精したとき、なぜかはまだ完全に解明されていませんが、細胞分裂のある時点で受精卵が二つに分裂するものです。つまり、**遺伝的に同じ人間が生まれる**のです。

一卵性双生児は一つの受精卵から誕生するので、**遺伝物質の一〇〇%を共有し、遺伝的に全く同じDNA配列を持っています**し、そのため、一卵性双生児は必ず同性（二人とも男の子または女の子）になるのです。

一方、二卵性双生児は普通のきょうだいと同じように、二つの卵子に二つの精子が受精したものです。ただし、受精が同時に行なわれたため、子宮内環境を共有しています。そのため普通のきょうだいと違って年齢が同じです。また、二卵性双生児は、普通のきょうだいと同じように共有している遺伝子は五〇％で、同性にも異性にもなり得ます。

一卵性双生児と二卵性双生児は共に、年齢が同じで、同一家族の中で同じ親に育てられたきょうだいです。しかし一卵性双生児と二卵性双生児とでは遺伝子の共有割合が異なるため、双子は「自然実験」の対象となるのです。双子を研究する研究者は、何千という一卵性と二卵性の双子のデータを集め、それぞれのペアがどれだけ似通っているかを比較します。

もしも、家庭環境が強い影響を及ぼしているのであれば、一卵性双生児でも、二卵性双生児でも、前者のほうが共通の遺伝子が多いこととは関係なく、同じような観察結果となるはずです。

例えば、親がアルコール使用障害である場合、家庭内のストレス要因が増したり、アルコールに触れる機会が増えたりするという環境的な理由でアルコール問題が大きくなるのであれば、アルコール使用障害の親を持つきょうだいは、遺伝的な違いの多い少ないにかかわらずアルコール問題を抱える確率が高まるはずです。

つまり、環境要因がすべてであれば、無作為に二人の子どもをペアにしてアルコール使用障害の親のもとで育てた場合、どの子どももアルコールの問題が大きくなるはずです。

もちろん倫理的にそんなことはできませんが、子どもの生育に環境がどれくらい影響するのかについて考えるとき、双子というのは、遺伝的に共通点がより少ない子どもたち（二卵性双生児）と、遺伝的な共通点がより多い子どもたち（一卵性双生児）が、同じ親に同じ環境で一緒に育てられると、どのような違いが生まれるかという知見を提供してくれるのです。

一方、環境だけでなく、例えば遺伝がアルコール使用障害のリスクに影響するのであれば、一卵性双生児は二卵性双生児よりも共通の遺伝子が多いので、アルコールに関する状況もより類似するはずです。もし、何かが遺伝によって一〇〇％決まるのであれば、一卵性双生児は遺伝情報をすべて共有しているので、一〇〇％一致しているはずであり（相関係数一・〇）、二卵性双生児は遺伝子を半分だけ共有しているので、半分だけ似ているはず（相関係数〇・五）、という予測が立つでしょう。

ちなみに、双子の行動の類似性は相関係数で測定され、そのスコアは「〇」（全く異なる）から「一・〇」（一致している）の範囲で表わされ、その数値が一・〇に近いほど、行動がより似通っていることを意味します。

話を元に戻すと、研究の対象となるどんな行動についても、一卵性双生児のほうが二卵性双生児よりもよく似ているということは、**行動が遺伝子の影響を受けている**ことを物語っているのです。

さらに、一卵性双生児であってもあまり似ていないのであれば、私たちの興味・関心のあり方といった特性の形成に影響を与える、**何かしらの環境的な要因がある**と言えるわけです。

例えば、双子の片方だけが交通事故や失恋など、人生を変えるようなストレスを経験する可能性があります。あるいは、つきあっている友人のグループが異なっているかもしれません。

要するに、慎重な調査を行なった結果、一卵性双生児の気質が似ていなかった場合、遺伝的には全く同じ彼ら双子に、なぜそうした差異が生まれたのか、はっきりした理由はわからないものの、何らかの環境の影響があったのだろうということがわかるのです。

「私たちは白紙では生まれない」

現在、想像し得るほぼすべての行動について、何千という双子研究と養子研究が世界中の研究者によって行なわれています。フィンランドやノルウェー、デンマーク、スウェーデンの大規模研究をはじめ、多くの国で出生記録をもとに双子の研究が行なわれています。

私はフィンランドで十年間に生まれた双子のうち一万人以上を対象とした研究に取り組んでおり、十二歳から成人期半ばまで追跡して、アルコールの使用問題の発生を解明しようとしています。

オランダでは約十二万人の双子を対象にした大規模な研究が行なわれていて、子どもが三歳、五歳、七歳、十歳、十二歳になった時点で両親も含めて調査し、幼少期の行動発達に関する情報を集めています。

また、アメリカでは複数の州で運転免許証や出生記録などから情報を集め、双子を対象にした大規模な研究が行なわれています。バージニア・コモンウェルス大学にも、アメリカ中部大西洋岸地域に住む双子を登録する施設があります。この登録された情報を使って、薬物使用と精神障害、性格と知能、離婚、幸福度、投票行動、宗教性、社会的態度など、ありとあらゆる研究が行なわれてきました。

遺伝と環境が人の行動に与える影響を調べるための研究のほとんどには双子もしくは養子（またはその双方）が組み込まれています。

これらの研究から得られた最も重要な結論は、**事実上すべてのことが遺伝の影響下にある**というものです。同じ家庭で同じ親に育てられた双子でも、ほとんどの場合は、一卵性双生児（遺伝情報が一〇〇％同じ）のほうが二卵性双生児（遺伝情報の五〇％のみが同じ）より似通っているのです。

一例として、子どもの行動に関して、双子の相関性を示す例証として研究者たちがよく引用する研究成果について紹介してみたいと思います。

「自制心」に関する大規模研究によると、一卵性双生児の相関係数は〇・六、二卵性双生児は〇・三であることがわかりました。三歳児の不安とうつに関しては、男児では一卵性双生児が〇・七、二卵性双生児が〇・三。女児ではそれぞれ〇・七、〇・四でした。七歳児の行動障害については、男子では〇・六と〇・四、女子では〇・六と〇・三でした。

これ以上は割愛しますが、おおむねこのような結果となりました。男児でも女児でも、子ども（ひいては大人でも）の行動のほぼすべてにおいて、一卵性双生児には、二卵性双生児と比べて高い相関があります。つまり、遺伝情報をより多く共有しているきょうだいには、より類似性があるということです。

遺伝子は重要です。私たちは〝白紙の状態〟で生まれてくるわけではありません。初期の児童心理学に影響を与えた哲学者ジョン・ロックの理論は間違っていました。**子どもは生まれながらにして、恐怖心が強い、衝動的、攻撃的など、さまざまな特性のある遺伝情報を持っている**のです。

このように遺伝子が行動に影響を及ぼしていることを示す証拠がこれほどあるとなると、「何もかもが遺伝で決まってしまうの？」と思われるかもしれませんね。

遺伝子が人間の行動や生活の多くの側面を形づくっていることを理解すると（そのことは次章で詳しく説明します）、遺伝子の影響がないものを考えつくほうが難しくなります。

遺伝的な影響のない例としては、言語の習得が挙げられるでしょう。人が最初に話す言語は、完全に環境の影響を受けています。私が中国語ではなく英語を話し始めたのは、遺伝的に英語を話す素質があったからではありません。周りの人たちが英語を話していたからです。しかしながら、言語を習得する能力に遺伝の影響がないわけではありませんし、むしろあると考えられます。でも、最初にどの言語を習得するかは、完全に環境によります。

伝統的な親子研究にとどまらず、子どもたちの遺伝による影響と、どのように育てるかといった環境的な影響をきちんと分ける調査方法を用いると、人間の遺伝子は気質や傾向、そして行動や生活のすべての側面に影響を与えることを示す明確で説得力のある証拠が得られます。

バージニア大学の著名な行動遺伝学者、エリック・タークハイマー博士（偶然にも私が初めて心理学の授業を受けた教授）は有名な論文の中で、**行動遺伝学の第一法則は「人間の行動特性はすべて遺伝的である」**と書いています。

事実はそうなのです。このことを証明する研究はすでに行なわれてきました。もちろん例外もありますが、**人間の行動は圧倒的に遺伝の影響を受けていることが証明されている**のです。

生き別れの双子――遺伝子の力を証明するケーススタディ

ジム・ルイスさんとジム・スプリンガーさんが初めて出会ったのは三十九歳のときでした。二人とも同じ車種に乗り、毎年、夏休みはフロリダの同じビーチで過ごしていました。どちらもセーラムという銘柄のタバコを吸い、爪をかむ癖《くせ》がありました。

今の妻の名前はどちらもベティで、前妻の名前はリンダ。息子の名前はジェームス・アラン（片方はJames Alan、もう片方はJames Allanと、スペルは少し違います）。どちらも犬を飼っていて、犬の名前はどちらもトイでした。

二人ともスペリング（つづり方）が苦手で数学が得意。ＤＩＹが趣味で、保安官としての訓練を受けていたそうです。身長一八〇㎝、体重八〇㎏と、体形もそっくり。それでも、三十九歳まで一度も会ったことがなかったのです。

彼らは一卵性双生児でしたが、別々の養親に育てられ、約四十年後に研究室で再会するまで互いのことは知らなかったそうです。生後間もなく生き別れとなった一卵性双生児は、遺伝と環境がどのように影響を及ぼすのかを研究するには、もってこいのケースです。

想像してみてください。遺伝的に同じ二人の赤ちゃんが別々の家庭で別々の親に育てられるのです。(*2) これは、遺伝的に同一の人間が異なる両親のもとで育てられたとき、どの程度まで似るのか、または異なるのかを研究する、またとないケースなのです。

皆さんもおわかりだと思いますが、一卵性双生児が生まれてすぐに別々の（血縁関係のない）家族のもとに置かれるというのは、かなりまれなことです。

しかし、一九七〇年代後半、ミネソタ大学の研究者たちは、乳幼児期に生き別れとなった双子を追跡する画期的な研究を開始しました。そして、二十年以上かけて、離ればなれになった双子を百組以上も探し出し、研究室に来てもらって一週間にわたり心理学的、生理学的な評価を行なったのです。その双子の多くは、そのときが初対面でした。双子のジムさんたちも、このようにして再会を果たしました。

この画期的なプロジェクトで得た発見は驚きに満ちていました。性格や気質、社会的なふるまい、どんな仕事や趣味に関心を持つかといったことについて、別々に育った双子と、同じ親に育てられた双子との間に違いは見られませんでした。**同じ親に育てられても別々の家庭で育っても、きょうだいの類似性はさほど変わらない**ということです。

行動遺伝学の法則に関するタークハイマー博士の有名な論文の中で、「人間の行動特性はすべて遺伝的である」の次にくる**第二法則は、「同じ家庭で育ったことの影響は、遺伝子の影響よりも小さい」**というものです。

同じ遺伝子を持っている人同士は、全く異なる家庭で育てられても驚くほど似ているということが科学的に示されているのです。

「遺伝子がすべて」なら、親の役割は？

しかし、ちょっと待ってください。

このような驚くべき発見があったからといって、あなたがどんな親であるかは、本当に子どもの育ちに関係がないと言えるのでしょうか。残念ながら、行動遺伝学の分野では、しばしばそのように解釈されます。これは親たちにとって嬉しいメッセージではないので、この研究は基本的に無視されてきたのです。

しかし、いくら皆が知らんぷりをし、子どもの行動や成長に遺伝子は大きな影響を与えないと信じるふりをしても、何の役にも立たないのです。「子どもの行動に親が重要な役割を果たす」と信じた結果、親たちはかつてないほどのストレスを感じ、親として「親が望んだように子どもを育てる」ための努力を倍加させ、なぜ自分の子どもに「〇〇させること」ができないのかと悩むようになったのです。

そして、子どもが何か悪いことをすると、すぐさま「親のせいに違いない」と批判する〝決めつけ文化〟が生まれてしまいました。ですが、子どもの生まれつきの遺伝的な傾向を認識してきちんと理解することができれば、私たちははるかに効果的な子育てを行なうことができるのです。

遺伝子が子どもの行動に大きな影響を与えるとはいえ、**それは単に、遺伝子には意味がある**ということであって、親の存在が重要でないということではありません。親の存在も私たちが考えていたのとは違った形で重要なのです。次の章では、それについてもっと詳しくお話ししましょう。

【注釈】

(1) アメリカには構造的な人種差別主義があり、その影響は刑事司法制度の形成にも深く関わっています。スウェーデンはこのような難題を抱えていない単一民族国家に近い国であるため、刑事司法制度との関わりから離れた、より偏《かたよ》りの少ない研究が可能になっています。

(2) 当然ですが、研究者が同意なしに双子を別々の家庭に入れることは倫理的に許されません。ドキュメンタリー映画『同じ遺伝子の三人の他人』(原題:Three Identical Strangers/二〇一八年)は、研究目的で非倫理的に三つ子を引き離し、別々の家庭に養子に出していた養子縁組機関をめぐる悲劇を描いています。

ここまでのポイント

◆子育てに関する諸説はどれも、「親の育て方」と「子どもの行動」の相関関係に注目した親子研究からきています。親子研究では、親の育て方が子どもの行動に大きな役割を果たすと誤解されてきましたが、子どもの行動が親の育て方に影響している可能性もありますし、親子が共有する遺伝子によって相関する可能性もあります。基本的にこうした欠陥があるため、実際にはほとんどの親子研究では子育ての効果についてはほとんどわかっていないのです。

◆「養子研究」では、遺伝の影響と家庭環境の影響とを切り離せます。養子研究では、遺伝子を共有していても環境を共有していない実の親と、遺伝子を共有せずに環境を共有している養親との間に、子どもとどれだけ類似性があるかを調べています。これらの研究では、子どもは圧倒的に実の親に似ていることがわかっていて、行動に遺伝的な影響があることを示す強力な証拠となっています。

◆「双子研究」では、遺伝的に一〇〇％同じ一卵性双生児と、平均して遺伝子の五〇％しか共有していない二卵性双生児を比較することにより、遺伝的な影響と環境的な影響の相対的な重要性を研究することも可能です。これらの研究により、あらゆる行動において、一卵性双生児は二卵性双生児よりも似ていることがわかり、人間の行動における遺伝的影響の大きさがさらに裏付けられました。また、異なる家庭で育った一卵性双生児の間に見られる相関性は、同じ親に育てられた一卵性双生児の間に見られる相関性とほぼ同じであることがわかり、遺伝子が人生に与える影響の大きさをさらに証明する結果となりました。

◆これらの研究を総合すると、遺伝が子どもの行動に大きな役割を果たすこと、遺伝子の影響は育児方法の影響よりも大きいことが説得力を持って示されたことになります。

CHAPTER 2

遺伝の影響は、思ったよりも深い？

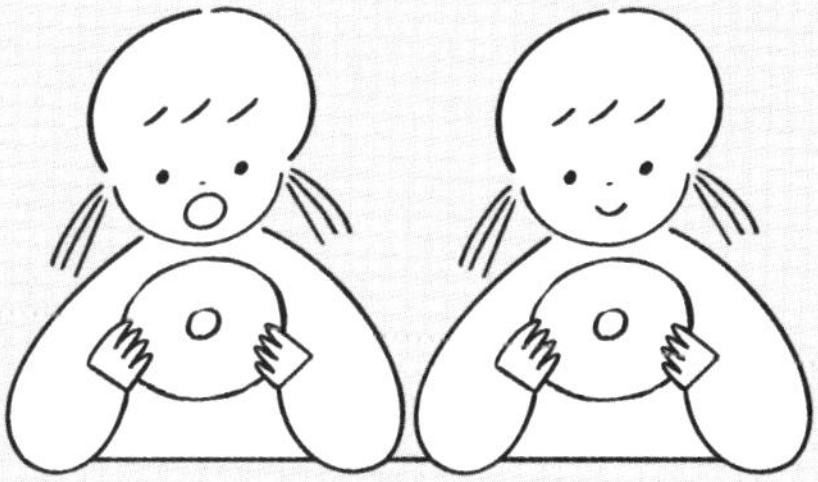

「子どもの行動」に遺伝子が与えている影響

ここまでで、あなたのお子さんが「歩く遺伝子のかたまり」であることを納得していただけたでしょうか。遺伝子は、子どもがどれだけ口答えをするか、どれだけまじめに言いつけに従うか、どれだけ読書が好きか、どれだけ泣き虫か、さらには、サンタが家にやってくると聞いてどれだけパニックになるか、などといったことに影響を与えます。

本当なんですよ。私には六歳の姪《めい》がいますが、この子は家に誰かが入ってくることに恐怖を感じる子で、毎年クリスマスの夜には、「サンタさん、二階には上がってこないでね」というメモを家族で書くのです（もう一人の子どものことも考えた末、母親である私の妹が説得してたどりついた妥協案です）。

遺伝子は子どもの行動に大きく影響します。とはいえ、現実的にはその仕組みはどうなっているのでしょうか。

『なぜシマウマは胃潰瘍にならないか』（栗田昌裕・監修／森平慶司・訳、シュプリンガー・フェアラーク東京刊）などの著書で知られる研究者でベストセラー作家でもあるロバート・サポルスキーの「無の遺伝子」という論文が私は大好きです。私は遺伝学の研究者ですが、サポルスキーがこの論文で述べたように、「〇〇の遺伝子」というフレーズが大嫌いです。

しかし、メディアはこのフレーズが大好きで、ニュースでもよく目にします。アルコール使用障害の遺伝子、うつ病の遺伝子、乳がんの遺伝子、攻撃性の遺伝子などなど。ところが、真実はもっと複雑なのです。

人間の遺伝子は約二万個しかなく、そのほとんどが目や耳、腕、動脈といったものを担当しています。人間の生態や行動様式のすべてに一個ずつ遺伝子が存在したとすれば、あっという間に数が足りなくなってしまいます。

ショウジョウバエでさえも約一万四千の遺伝子を持っていますが、人間の子どもはショウジョウバエよりもかなり複雑であることから、遺伝子の働きには何かもっと別のことが関係していると考えてよいでしょう。

「ある特定の行動をさせる遺伝子」は存在しない

一つの遺伝子からもたらされる影響は大きいと、あなたも学生時代に生物の授業で習ったと思います（「メンデルの法則」などを覚えていますか？）。

しかし、非常にまれな単一遺伝子疾患（訳註：ある一つの遺伝子の異常によって発症する病気。メンデル遺伝病ともいわれる）を持たない多くの人にとって、遺伝子が個々の人生にどのような影響を及ぼしているかについては、とても複雑でわかりにくいものです。

社交性の遺伝子、恐怖心の遺伝子、スーパーのレジ待ちに耐えられずかんしゃくを起こしてしまう遺伝子といったものはありません。

一方、知性・思考力・理解力から個性・人格に至るまで、私たちの複雑に入り組んだ反応の仕方や行動については、おそらく何百、何千もの遺伝子の影響を受けています。

例えば、あなたのお子さんの心配や不安（あるいは衝動性、恐怖心など）に対する遺伝的な傾向は、心配や不安に影響を与える何千もの遺伝子のうち、どの「遺伝子型」を引き継いだかによって決まっているといえます。

遺伝子型にはリスクを取ろうとするものもあれば、リスクを避けようとするものもあります。そして、あなたの子どもがどんな行動特性を持つかは、リスクをおかそうとする遺伝子と、自分を守ろうとする遺伝子を、どれだけ受け継いでいるかで決まるのです。

私たちの反応や行動の仕方が複雑なのは、本当にたくさんの遺伝子の影響を受けているからで、この事実は、「子どもは一般的に親に似るけれども、必ず似るわけではない」ことの説明にもなります。

バスケットボール選手同士のカップルから、背の低い子どもが生まれることがあります。背の高い人たちは、「背が低い遺伝子」（身長の伸びを抑える遺伝子）よりも「背が高い遺伝子」（身長を伸ばす遺伝子）をより多く受け継いでおり、そのために平均よりも高い身長になります。ですが、彼らは「身長の伸びを抑える遺伝子」を受け継いでいないわけではなく、受け継いだ数が「身長を伸ばす遺伝子」よりも少ないだけなのです。

そして、私たちは遺伝子型を両親から半分ずつランダムに引き継ぐため、背の高い両親から「身長の伸びを抑える遺伝子」を偶然にも多く受け継ぐ可能性があるのです。背の高い親は低い親に比べて「身長を伸ばす遺伝子」を多く持っているので、そのような可能性は高くはありませんが、起こり得ることではあります。だから、背の高い両親の間にも背の低い子どもができるのです。

頭のいい両親から平凡な知能の子どもが生まれることもあります。外向的な両親から内向的な子どもが生まれることもあります。

一般的に、子どもは（実の）親に似るものですが、子どもはすべて遺伝子の賽《さい》の目次第（つまり、父親と母親の遺伝子型のうち、どの五〇％が揃《そろ》うか）なので、どんな子になるかは全くわからないのです。

「地頭のよさ」は遺伝する？

研究者たちは現在も、病気や障害の原因となるすべての遺伝子を特定しようとしており、そのいくつかは見つかりましたが、その道のりは遥か遠くまで続いています。

私たちの行動特性はあまりに多様で、「この人は衝動的」「あの人は軽はずみではない」などと分類するのは難しいことから、人々のふるまいや行動、態度にはたくさんの遺伝子が関係しているに違いないとわかります。

これらの遺伝子は、ある特定の行動やふるまいをプログラミングしているのではありません。そうではなく、**遺伝子は私たちの脳の形成・発達に影響を与えることで、行動に影響を与えているのです。**

つまり、脳の構造と機能の個人差は極めて遺伝性が高く、すなわち私たちの脳は遺伝子の影響を強く受けていると言えます。

一方、私たちは脳の神経細胞（ニューロン）がどう〝配線〟されているかによって、どれくらい不安、苛立ち、報酬要求などを抱きやすくなるか、その傾向が決まります。脳は、注意力、記憶力、認知力、そして学習能力にも影響を及ぼします。〝空気を読む〟といった複雑な作業や、概日《がいじつ》リズム（体内時計）や睡眠といった基本的な生体内作用にも、脳は影響します。

遺伝子は脳の発達に影響を与えることで多様性をもたらし、生物としても、行動の仕方においても、私たちが一人ひとり違った存在になるための基礎を築いているのです。

私が取り組んでいるあるプロジェクトでは、なぜ一部の人はアルコール使用障害になるリスクが高いのか、その原因を解明しようと試みています。研究の一環として、被験者の脳波を測定したところ、アルコール使用障害の人の脳には、そうでない人の脳と違いがあることがわかりました。多くの薬物を使用すれば、脳が変化することは容易に想像できるでしょうし、実際そうなのです。

しかし、最も興味深いのは、アルコール使用障害のある親を持つ子どもたちの多くには、アルコールを飲み始める前から脳波に親と同じような違いが見られるということです。これは、衝動性、報酬情報処理、認知制御に関わる脳の活動に影響を及ぼします。

また、このような脳の違いはアルコール使用障害だけでなく、ＡＤＨＤ（注意欠如・多動性障害）や行動障害、薬物問題を抱える子どもにも見られ、衝動性や自己抑制にも関連しています。

言い換えれば、一部の子どもは衝動的になりやすい脳を持ち、その結果、幼少時のＡＤＨＤや行動障害から成長後の薬物使用問題まで、発達段階におけるさまざまな成育上のリスクを抱えることになるのです。

このように、遺伝子は脳の形成・発達に独特な影響を及ぼし、それが行動傾向にも反映されます。

しかし、それは始まりにすぎません。遺伝子がその人の人生に重要な役割を果たすもう一つの大きな要因は、私たちの生まれつきの傾向に直接影響を与えるだけでなく、環境とも深く結びついていることです。**遺伝子は環境と結びつくことによって、複雑かつ間接的に私たちの行動に影響を与える**ようになります。

遺伝子と環境の関係を理解すれば、私たちは親としての役割を最大限に果たすことができるのです。

「遺伝」と「環境」のふしぎな相関

長年にわたる「生まれか、育ちか」論争の激しさとは裏腹に、「遺伝か、環境か」について考えるのは、実は無意味といえます。なぜなら、**遺伝子と環境は、私たちの人生を形成する「別々のモノ」ではない**からです。

私たちがどんな遺伝子を受け継ぐかは「運」によるかもしれません。しかし、環境は（ほとんどの場合）ランダムに生じるものではありません。ある特定の環境に身を置いたときに、その環境をどのように経験するか、その環境がどの程度、人生に影響するかにも、私たちの遺伝的な傾向が関わってきます。

研究者は、こうした遺伝的な素質と環境的体験との関連を**「遺伝と環境の相互作用」**と呼んでいます。端的に言うと、遺伝的な要因と環境的な要因は互いに関連し合い、さまざまな形で絡み合っていることがわかっています。

遺伝と環境の相互作用① 気質は「生き方」を決めていく

アンソニーは幼い頃から社交的な子でした。三歳のとき、バットマンのお面とマントをつけてスーパーに行くのが大好きでした。見知らぬ人に駆け寄っては、バットマンの超能力について話したり（実はバットマンには超能力はないのですが）、その人の超能力について尋ねたりしました。

その姿はとても愛らしく、人々は笑顔で彼に話しかけました。こうした交流は、アンソニーに大人と話す自信を与えていきました。そして、たいていの大人は親切で、会話は楽しいものだということを（図らずも）学んだのです。

幼稚園に入園すると、教室に残って先生とおしゃべりをするようになりました。放課後にホワイトボードを拭《ふ》く役割を申し出ると、先生と一緒の時間を過ごせました。先生はアンソニーをとても可愛がりました。「誰か手伝ってくれないか」とクラスに呼びかけると、いつもアンソニーの手が挙がりました。先生はアンソニーを一番前の席に座らせました。すると、先生を喜ばせたいという気持ちと、皆に注目されているということから、アンソニーはより積極的に勉強するようになりました。成績も上がりました。その後も先生たちとは良好な関係を築いていきました。十二年後、アンソニーはハーバード大学に進学し、卒業後はロケット工学者になりました。

……というのはつくり話ですが、何となくイメージがつかめると思います。

私たちの気質や素質は、日常生活のちょっとしたところに影響を及ぼし、やがてそれが積み重なって効果を発揮します。アンソニーの場合、遺伝的な特質が一連の「環境的な体験」へとつながり、さらに環境との関わり方に影響し、ストーリーでは、最終的に宇宙へ行くことになるのです。

こうした「環境」の影響はすべて彼の遺伝的な気質から始まっており、その副産物でもありました。

「気質」は私たちの生き方に影響を与えます。気質は遺伝的な影響を受けるので、日々の経験のあらゆる側面を左右するのは遺伝子であるということになります。

一般的に、イライラしやすい人であれば、食料品店のレジ係に不機嫌な態度を取る可能性が高く、それを感じ取ったレジ係が会計のスピードをさらに遅らせるかもしれません（そうでない場合もありますが）。そうすると、皆、使えないヤツばかりだという考えがさらに確信に変わり、よりイライラするようになるのです。

あるいは、不安になりがちな人もいるでしょう。

例えば、ある人は近所に新しく引っ越してきた人に歓迎の気持ちを込めて贈り物をしようと思うのですが、何をあげたらいいのか悩みます。クッキーを焼くという手もありますが、甘いものが苦手な人だったらどうしよう。ワインもいいけれど、お酒が飲めない人だったら気を悪くするかもしれない。ラザニアもいいけれど、食事制限のある人だったらどうしよう……。こんなふうに考えてしまい、結局、何も持っていかないということになったりします。すると何年たってもその人とは、道ですれ違うときに挨拶《あいさつ》をするだけで一向に親しくなれません。もっとご近所づきあいができたら、卵を貸し借りしたり、いざというときに気軽に子どもを預け合ったりできるのに、といつも思っています。

一方、お向かいさんは外向的な人で、新しく越してきたご近所さんに迷わずマフィンを持っていきました。ところがその人はグルテン不耐症（小麦に含まれるたんぱく質の一種「グルテン」によるアレルギー疾患）で、よかれと思ってしたことが大失敗に終わったのですが、そのことを二人で大笑いし、すぐに仲良しになりました。お互いに子育てにひと息入れるために、放課後に子どもを預け合ったり、家族に急病人が出たときは、お互いに子どもの面倒を見たり、家事をしたりと助け合っています。

これは両極端な成り行きですが、根っ子にあるのは初対面の相手にどれほど不安を抱くか抱かないかということからくる判断（またはその判断の欠如）です。

○毎日の「小さな決断」が人となりをつくっている

私たちの「遺伝子」が「環境」に影響を与えているというのは、こういうことなのです。人生を左右する小さな、小さな判断や決断の数々に作用することで、遺伝子は私たちを、しばしば自分自身でも気づかないうちに特定の方向へと導いているのです。こうした現象は乳幼児期に始まり、生涯にわたって続きます。

研究者は、このような遺伝と環境の相互作用を**「誘発的相関」**と表現します。

つまり、遺伝の影響を受けるのは容姿、知性、心の健康、そして行動やふるまいといった要素だけではありません。**この世界で私たちがどんなことを経験していくかにまで遺伝の影響を受けているの**です。

さらに言えば、私たちを取り巻く世界は、私たちの遺伝子に反応し、一種の**「フィードバック・ループ」**（訳註：フィードバックが繰り返されることで結果が増幅されていくこと）をつくり出しています。

笑顔の多い赤ちゃんは、笑顔ゆえに抱っこしてもらえる可能性が高くなります。誰も他人の泣き叫ぶ赤ちゃんを抱っこしたくはないでしょう。正直なところ、自分の子どもであっても、泣きわめく赤ちゃんにはうんざりしてしまいます。

しかし、話はこれだけでは終わりません。私たちは、私たちを取り巻く世界から刺激を受けるだけでなく、その刺激にどのように反応するかについても、遺伝子型の影響を受けているのです。

つまり、**私たちは自身の遺伝的な気質に基づいて、物事を解釈し、対応していこうとします。**

例えば、パーティでのやりとりを想定してみましょう。あなたと友人はテーブルのそばで、同じくビスケットに手を伸ばしていた見知らぬ人と会話をすることになりました。同じ業界で働いていることがわかり、その人はしばらくの間、有名人の知り合いの話をしました。

あなたはその後、友人に向かって、「なんてつまらない自慢話をする人なのかしら。あのテーブルには近づかないでおきましょうよ」と言いました。すると、友人は信じられないという顔をして、「彼女はとてもフレンドリーだと思ったわ！　私たちと接点を持とうとしていたのよ」と言います。

同じやりとりでも、人それぞれ感じ方が違うのです。

このような違いを生む遺伝と環境の相互作用を**「反応的相関」**と表現します。気質は、人生で直面する出来事への反応に影響を与えます。そのため、同じ両親のもとで育った二人の子どもが、親との経験や親について全く異なる記憶を持つことがあるのです。

例えば、繊細で感情的な性格の子どもは、親が声を荒らげると、ひどく動揺し、親に近づかなくなったり、親しみを持てなくなったりするかもしれません。

一方、同じ親の元で育ったきょうだいでも、あまり感情的に反応しない性格の子どもは、親が声を荒らげても、どうということもなく、平然としていられます。

客観的に見れば、親は二人の子どもに対して同じことをしています。しかし、遺伝的な気質によって、親と一緒にいる経験はそれぞれの子どもにとって全く異なる意味を持ちます。このことはまた、あなたの子どもの気質を理解することが、なぜ子どもを育てる際に役立つのか、ということを示しています。「同じ」に見える環境も、子どもの遺伝的な性質が違えば、実際には同じではないのです。

遺伝と環境の相互作用②
気質は「生きていく環境」を決めていく

私と妹のジェニーンは二歳違い。大人になってからは仲良しですが、昔からそうだったわけではありません。幼い頃、私は妹が嫌いでした（ごめんね、ジェニーン、愛してる）。妹はうっとうしいほど完璧で、そのせいで私がなおのこと悪い子に見えました。それが頂点に達したのは高校時代でした。

私は基本的にはよい子でした（親に何度も念押ししていますが）。ただ、限界に挑むのが好きだったのも事実です。門限が午前十二時なら午前十二時十分に帰宅し、行ってはいけないパーティにこっそり参加し、未成年なのにうまくバーに潜《もぐ》り込んだりしていました（でも少なくとも成績はオールAで……と言葉を続けたいところですが、ご想像通り親もお見通しでした）。

一方、妹は週末、親の了承を得ては友人と映画を観たり、友人の家で遊んだりしていました。私たちの高校生活は全く異なるものでした。同じ学校に通い、同じ環境にいながら、経験することが違い、その経験が私たちを異なる方向へ形づくっていったのです。

妹と私は気質が全く違います。私はもともと外向的で、危険を顧《かえり》みないタイプでした。妹は内向的で心配性でした。私が無断でパーティに出かけるのをたまたま知ったときは、「怒られるわよ！」と言うのでした。私はもちろんそんなことは百も承知でした。しかし、楽しむことを第一に考えていた私は、とにかくパーティに出かけ、両親との衝突を恐れる妹は、賢明にも友人の家でポップコーンを食べながら映画を観るという選択をしました。

○「居心地のいい場所」は遺伝子が知っている

遺伝子が環境に影響を与える仕組みの二つ目が、**私たちは遺伝的な素質に基づいて、自分に合った環境を能動的に探し求める**、ということです（「**能動的相関**」）。

スリルを求める若者はパーティに行きたがりますが、内向的で不安を感じやすい若者は、大きなパーティに参加することを苦痛に感じるでしょう。美術館をぶらぶらして午後を過ごすのが好きな人もいれば、そんなのはつまらないという人もいます。外食が好きな人もいれば、家で過ごすのが好きな人もいます。

気質によって、その人が求める環境、選択するシチュエーションが異なるのです。これを「適性選択」（ニッチ・ピッキング）と呼びます。私たちは、自分に最も適した場を選んでいます。そして、その選択には遺伝子が影響しているのです。

ご想像の通り、年齢が上がるにつれて、自分で環境を選択するようになっていきます。一方で子どもは、環境を選択する能力が限られています。ほとんどの場合、幼児は親が連れて行くところに行きます。そのため、自分の生きていく環境を自分に合ったものにしていく能力は、最初は、ある環境に対してどのような態度や行動を取るか、ということに現われます。

子どもを演劇の教室に入れようと思っても、舞台に上がるのを嫌がり、連れて行くたびにパニックになるようでは、その教室を断念せざるを得ないでしょう。美術館へ連れて行ったとき、美術品を見るのが好きで、一緒に楽しい午後を過ごせたら、もっとたくさんの美術館へ連れて行きたいと思うでしょう。

しかし、美術館の中で暴れ回り、その日の大半を叱《しか》ったり、美術館のスタッフに謝ったりして過ごすことになったら、今後も美術館で絆《きずな》を深めるような体験をしようとは思わなくなるはずです。

与えられた環境に対して何らかの態度や行動を示すことで、ある経験や体験が自分の気質にフィットした形になるよう、子どもたちは親に間接的に働きかけています。しかし一般的に、子どもは大人の都合に合わせて行動しています。

ところが年齢が上がるにつれて、そうでもなくなってきます。思春期の子どもたちは、友達を選ぶのも自由ですし（親が子どもたちの「遊びの約束」で主導権を握ることはもうありません）、時間の使い方も自分でコントロールできるようになります。さらに、大人になって親元を離れれば、すべて無効です。どこへ行き、誰と過ごすか、主導権を握るのは子ども自身です。しかし、その選択は偶然ではありません。遺伝的な特性によって（できればそれまでに周囲の大人から受けたメッセージも参考にするとよいのですが）、さまざまな選択がなされるのです。

勉強熱心な若者は図書館に通い、チェスサークルに入ったりします。冒険好きな若者は、楽しいことが大好きで危険を顧みない仲間を見つけ、スカイダイビングをしたり、スキーサークルに入ったりするでしょう。そしてバーやコンサートにも行くようになります。不安を感じたり、心配になったりしやすい若者は、自分の部屋で過ごす時間が長くなり、社交的な活動やパーティに参加する時間は少なくなる傾向があります。

私たちは、それぞれの遺伝的な特性によって、異なる環境、異なる経験を求めるようになり、

それによってさらに個性を形づくっていくのです。

遺伝と環境の相互作用③

「親の気質」から生じる環境が「子どもの気質」に影響する

遺伝と環境の相互作用の最後は、親子関係に特化したものです。親の気質は、子育てのスタイルや子どもに与える環境にも影響します。

例えば、衝動的でリスクを恐れない親は、子どもが居心地がよいと感じる場所から踏み出させて、チャレンジングなことをさせる傾向があります。スキーやスカイダイビングに連れ出したり、ロッククライミングに参加させたりするのです。

学究肌で知的なタイプの親が住んでいる家には本がたくさんあり、『ナショナル・ジオグラフィック』や『ニューヨーカー』といった雑誌が山積みになっていることが多いようです。内向的な親は、子どものために少人数でできる静かな遊びを計画するでしょう。舞台で観客に注目されることに苦痛を感じる親であれば、子どもを演劇教室に通わせることは思いつかないかもしれません。

私たちの子育ての傾向には、多くの場合、親自身の遺伝的な気質が反映されているものなのです。

○いいも悪いも「親からの影響」は二倍になる!?

そして何より大事なことなのですが、実の親は子どもに「遺伝子」と「環境」の両方を与えるので、「子どもの環境」は、「子ども自身の遺伝子型」と関係が深いということになります。なぜなら、子どもの環境は、子ども自身が受け継いだ両親の遺伝子型によって生み出されているからです。

換言すると、「親が子どものために用意する環境」と「親が子どもに引き継ぐ遺伝子型」の両方に、親の遺伝子型が影響を与えている、ということです。

例えば、IQの高い親がいたとします。知能は遺伝することがわかっています。つまり、認知能力には遺伝子が関与しているのです。IQの高い親は、IQの高い遺伝子を子どもに譲り渡す可能性が高く、また、本がたくさんある家庭を築く可能性も高くなります。このような親は、子どもたちが楽しめるからという理由で学びが多く得られるサマーキャンプに参加させることもあるでしょう。

つまり、IQの高い親から生まれた子どもは、遺伝的な素質という面ですでに恵まれているのですが、創造力や論理的思考を育むさまざまな活動を通じて、さらに「環境的な」刺激を受けられるのです(**「受動的相関」**)。

頭のいい親は、宿題を見てあげたり、子どもが勉強好きであることを喜んだりできる可能性が高くなります。このような子どもたちは、生まれながらに両親の高い知性を受け継いだ「優れた遺伝子」と「充実した環境」の両方の恩恵を受けるのです。

裏を返せば、不幸にも子どもは二重の悪影響を受ける可能性があるということでもあります。例えば、攻撃性には遺伝的な影響が大きいことがわかっているので、攻撃的な気質を受け継いだ子どもは、攻撃的な親を持っている可能性が高いということです。このため、厳しいしつけや体罰を伴う家庭環境にある可能性があり、こうした環境経験によって子どもはさらに攻撃的な傾向を強めることになるでしょう。

このような子どもたちは、遺伝的に短気であるという不幸な巡り合わせがある上に、さらに攻撃的になるような環境に置かれています。

ここまで読み進めてきた皆さんは、「受動的相関」を受けるのは、生物学的なつながりのある血縁者によって育てられた子どものみだということをすでに理解しているでしょう。

しかしながら、誰が子どもを育てようと、遺伝子と環境の「誘発的」「反応的」「能動的」な相関は見られます。遺伝子を共有しない養親のもとで育ったとしても、すべての子どもたちの遺伝子型は、周囲の状況・環境に対してどのような反応をするか、そしてどのような環境を能動的に求めるかということに何よりも影響を与えています。

離ればなれに育った「一卵性双生児」のふしぎ

ここで、1章で取り上げた、「離ればなれに育てられた一卵性双生児」の研究に話を戻しましょう。皆さんもこの研究の内容を読んでこんなふうに思ったのではないでしょうか。「別々の環境で育った一卵性双生児が、一緒に育った一卵性双生児と同じようによく似るなんてあり得るのだろうか」と。

そこで、遺伝と環境の相互作用という観点からこの研究成果を振り返ってみましょう。この双子は、それぞれが別々の養父母に育てられました。そのため、彼らの育った環境は彼らの遺伝子型とは関係がありませんでした（遺伝と環境の相互作用のうち「受動的相関」を受けなかった）。

しかしながら、双子は同じ遺伝子を持っているため、同じような気質・素質を具えて人生をスタートすることになります。そして、気質・素質を共有している双子は、それぞれの両親、教師たちをはじめ、世の中で出会うあらゆる人たちと交流する際、同じような対応を取る可能性が高いでしょう。

彼らは別々に育てられ、それぞれの人生を生きていましたが、彼らの環境への働きかけ方、物事への対応の仕方が、遺伝的要素が深く関わっている性格の影響を受けることで、他の無作為に選んだ二人と比較して、より似通った経験を重ねることになりました。そして、世の中に対して同じような意見を持ち、人生で同じようなことを経験し、互いにそっくりな存在になっていったのです。

換言すれば、**人生でどんな経験をするかを決めるのは、実際のところ遺伝的な要因が大きい、**ということになります。この有名な双子「二人のジム」が別々の両親に育てられたにもかかわらず、とてもよく似ているのは、そうした理由からなのです。

もちろん、あなたが遭遇する環境的な出来事の中には、全くの偶然によるものもあります。地震やハリケーンなどの自然災害を経験することに、遺伝的な要因は何の関わりもありません。一方で、交通事故のようなストレスのかかる出来事、事件については、遺伝子との関連がないとは言い切れないのです。もちろん、運悪くその場に居合わせることもあるでしょうが、しかし、事故が起きたのは、あなたがスピード違反をしていたからかもしれません（危険を冒す人だからですね！）、うつ病に悩まされていて集中力が落ちていたからかもしれません。

一見すると偶然に見える出来事も、自分自身の気質や素質に一部影響を受けていることがあるのです。

遺伝子は私たちを取り巻くさまざまな環境に影響を与えています。そして、偶然に遭遇したように思える出来事についても、いい悪いは別として、どのように反応するかといったことにも遺伝子は影響を及ぼしています。それは、子ども一人ひとりが持つ、その子だけの遺伝子型によって作動している「フィードバック・ループ」なのです。

子どもの育ちに「親の出番」はない？

では、親の出番はどこにあるのでしょうか。遺伝子は子どもの気質の基礎を築き、人生の歩み方に影響を与えますが、運命を定めるものではありません。親は子どもの遺伝的な特質とうまくつきあうことで、子どもを可能な限り「最高の自分」に導くことができますし、トラブルを起こしやすい生まれ持った傾向をコントロールする手助けもできるのです。つまり、**環境は遺伝的な素質の発現に影響を与えられる**のです。これもまた「遺伝と環境の相互作用」です。

例えば、子どもが衝動的な性格であれば、親は、その子が自ら衝動をコントロールできるように境界線を定め、衝動を抑えることで、その子がトラブルに巻き込まれる可能性を低くすることができます。子どもが感情的になりやすいタイプ（いわゆるちょっとしたことで熱くなる子）なら、感情をコントロールする方法を学ばせ、遺伝的な気質をうまく制御する手助けをすることができます。

また、子どもが生まれ持った遺伝的な長所を伸ばし、開花させることもできます。人と接することが好きな子どもは、できるだけ多くの子どもと交流できる環境をつくってやれば生き生きと成長し、社会性を身につけるでしょう。

子どもの気質をきちんと理解すれば、どのような環境がその子の能力を伸ばし、どのような環境に引き寄せられるとトラブルに巻き込まれるのか、より的確に判断できるようになります。

子どもの遺伝的な気質に働きかけることで、ラジオの音量を調整するように、親として子どもの遺伝的傾向をチューニングできるのです。残念ながらオン/オフのスイッチはありませんが(子どもがひどくぐずるとき、あればいいのにと妄想したことはあります)。しかし科学的には、このチューニングこそが、親が子育てにおいて最も大きな影響を与えられる方法の一つであることが示唆されています。

一九六〇年代、私の最初の恩師で行動遺伝学の創始者である臨床心理学者のアーヴィング・ゴッテスマン教授は、遺伝子と環境がどのように作用して子どもの人生を形成するかを探る方法として、**「反応範囲」**という概念を提唱しました。反応範囲とは、「人はある種の遺伝的な気質を持って人生を歩み始めるが、その気質の発展の仕方には環境が影響する」という理論です。

例えば、子どもが生まれつき内向的で、一人でいるのが好きならば、親は、部屋の中に閉じこもらせずに他の子どもたちと触れ合わせ、他人とのつきあいに慣れるよう、優しく粘り強く手助けしてあげることができます。

そうすれば、子どもはたとえ好きな活動でなくても、必要に応じて社会的な場で落ち着いて過ごせるようになります。ただし、外向的な子どもとは違い、「目立つ存在になりたい」という気持ちにはならないでしょう。

逆に、外向的な子どもの場合は、学芸会で主役を務めたり、人前で発表したりすることなどにその気質を生かせるようにしてあげれば、将来、バーのテーブルの上で踊ってしまうようなことにはならないでしょう。言い換えれば、遺伝的な気質は子どもの成長における境界線を定めますが、環境は遺伝的な特質と相互作用し、子どもの行く末に影響を与えます。

親としての私たちの役目は、子どもの長所を最大限に引き出し、（私たちにもある）短所をうまくコントロールできるように手助けすることなのです。

「親が受けたストレス」は子どもに遺伝する!?

最後にもう一つ、遺伝子の概念として理解しておきたいのが**「エピジェネティクス」**（訳註：DNAの配列変化によらない遺伝子発現を制御・伝達するシステム）です。

エピジェネティクスは、「どのような環境で育つかが、遺伝子の発現に分子レベルで影響を与え得る」ということを表わす言葉です。どのような環境で経験を積み重ねるかで、遺伝子が発現する、しない、あるいはどの程度まで発現するかが方向づけられるわけです。

近年では、ストレスに満ちた環境では、不都合・有害なかたちで遺伝子が発現し、ストレス反応に関係する遺伝子が活性化し、身体的、行動的、心理的に有害な連鎖が続けざまに起こるとされています。貧困や犯罪が蔓延《まんえん》している地域に住むこと、幼少期のトラウマ、差別――これらはすべて、世代を超えて受け継がれるかたちで遺伝子発現を変化させ、子どもの成長に有害な影響をもたらすことがわかっています。

そもそもどんなに親が子育てを頑張っても、子どもというのは親の思い通りにはならないものですが、それ以前に、ストレスいっぱいのトラウマ経験が子どもの心を傷つけ、その子の可能性が花開くのを邪魔する可能性は高いのです。

さあ、遺伝子と環境が作用し合うことで子どもの行動やふるまいに大きな影響がもたらされることを理解していただけたことでしょう。そこで、本書のPART2ではあなたのお子さんが持つ遺伝的な傾向を見極め、あなたのお子さんの遺伝子の独特な組み合わせに応じた子育ての仕方をお伝えしていきます。

この知識を持つことで、親は子どもたちが遺伝子と環境の影響を受けながら育っていく間、彼らの発達・成長をうまく促すことができるようになるでしょう。

ここまでのポイント

- ある特定の行動を取らせる遺伝子は存在しません。私たちの遺伝子は、複雑かつ間接的なやり方で人生を形づくっています。
- 衝動性、不安、外向性など、あらゆる特性は何百、何千もの遺伝子の影響を受け、それが一体となって私たちの生まれながらの行動傾向に影響を与えます。遺伝子は、脳の形成・発達に影響を与えることで、人間の行動特性を形づくっています。
- 気質から容姿まで、私たちの遺伝的な特徴は、どんな経験をするかに影響を及ぼします。

「遺伝的傾向の違い」は、「周囲の人々にどういった対応を取るか」の違いにつながり、そのことが子どもの発達にも深く関わってきます。

◆社会をどのように解釈するか、社会に対してどのような対応を取るかは、本人の遺伝的気質によります。同じ家族、同じ両親に育てられた二人の子どもが、両親との関係性において全く異なる経験を持つのは、彼らが異なる遺伝的傾向を持っているからです。

◆遺伝子型は、どのような環境を好ましく思うのか、ということに影響を与えます。例えば、外向的な子どもは、多くの人がいるにぎやかな環境を求めます。

◆子どもは遺伝的気質によって、親や家庭環境に対して異なる反応を示します。このため、ある子どもにはうまくいくことが、別の子どもにはうまくいかないことがよくあります。

◆子どもの遺伝的気質に働きかけることで、子どもが自分の世界を生きていくための舵《かじ》をうまく操れるようになります。親は子どもの気質をチューニングできますが、環境によって子どもの遺伝子型が変化することもあり得ます。

PART 2

THE CHILD CODE

子どもの個性を
ひもといてみる

CHAPTER 3

「うちの子って、どうしてこうなの!?」

――子ども一人ひとりの気質を知る

親は「愛情あふれる探偵」になろう

もう何年も前のことですが、私は大学時代からの親友と共に幼い子どもたちを公園に連れて行き、雲梯《うんてい》で遊ばせていました。私の息子はてっぺんまで登り、両手を広げて「見て！」と叫びました。親友の息子はそれを下から不安そうに見て、おずおずと「やめたほうがいいんじゃないかな」と言いましたが、私の息子は、「でも、すごく楽しいよ！」と叫びました。

私たちは、子どもの行動を観察することで、その子の生まれ持った特質を学びます。**親である私たちの役割は、「愛情あふれる探偵」になること**です。

子どもがまだ乳幼児の頃は、自然とそうなるものです。赤ちゃんが泣いたら、ミルクが必要なのか、おむつを替える必要があるのか、眠たいのか、毛布が必要なのかを判断し、それに応じた行動を取ります。やがて、「おなかがへったよ！」という泣き声と「疲れたよ！」という泣き声の区別がつくようになります。

親であるあなたは、自分の子どものことを誰よりもよくわかっていて、子どもが乳幼児のときにはその知識をフル活用して、子どもの基本的な欲求に応えてあげることができます。しかし、「愛情あふれる探偵」の活躍はそれだけにとどまりません。子ども一人ひとりの傾向を知って、発達のあらゆる段階で子どもに必要なものを与えることができるようになります。また、自分の子どもに合わない、その場しのぎの役に立たない子育てテクニックで失敗してイライラするのを避けることもできます。あなたの探偵としての役割は、**唯一無二の遺伝子を持つお子さんに何が有効で、何が有効でないのかを見極めること**なのです。

「子どもを変えようとする」のではなく「子育て戦略を変える」

友人の子どもはもともと怖がりで臆病なので、友人は親としては子どもが新しいことに挑戦し、居心地のよい場所から一歩踏み出して、新しいことに挑戦してくれるよう常に背中を押してあげなければなりませんでした。私の子どもには、そんな必要は一切ありませんでした。ただ、恐れ知らずで、衝動的な傾向があったので、自制することを教え、危険な目に遭わないように目を光らせておく必要がありました。

友人は優しくて根気よく、辛抱強い子育てスタイルを身につけなければなりませんでした。一方で、私の場合は、子どもにはっきりとした境界線を教えることが必要でした。優しく注意しても、私の息子は「どこ吹く風」ですが、彼女の繊細な子どもには厳しく注意すると、かえってうまくいかないのです。

確かに、このことを理解するためには多少の〝推理〟が必要でした。私は生まれつき、物事を話し合いで解決しようとする傾向があります（心理学者を目指したのはそのためですね）。

しかし、何度話し合っても息子の衝動的な行動に変化がなかったため、シンプルで毅然《きぜん》としたルールのほうがずっと効果的であることにたどりついたのです。

例えば、アレクシスとケイレブという二人の怖がりな子どもがいたとします。二人の脳は遺伝的に、より不安を感じやすいようにプログラミングされていたのです。

アレクシスとケイレブは、見知らぬ人が立ち止まって話しかけてくると、それぞれの母親の脚にしがみつきます。公園では他の子どもたちと遊ぼうとせず、離れたところでじっとしているだけです。両親が水泳教室に通わせようとすると、プールの縁《ふち》に座り込んで泣きじゃくります。そこで、アレクシスとケイレブの両親は、二人の生まれつきの気質である恐怖心を克服させようとしますが、そのアプローチは全く異なりました。

ケイレブの両親は、子どもが足元に隠れている間、友達に「この子はとても恥ずかしがり屋なんだ」と説明し、ケイレブに恥ずかしい思いをさせまいと会話の相手をします。遊び場でも、他の子どもたちと無理やり遊ばせようとはせず、自分たちがケイレブと一緒に遊んであげます。水泳教室では、子どもがプールに入るのを嫌がると、先生に「まだ早いんですよ」と言って家に連れて帰り、次の年にまた再挑戦させます。

一方アレクシスの両親は、初対面の相手の前で隠れてしまう子どもを優しくなだめ、アレクシスが自分から話しかけるのを辛抱強く待って会話を再開させます。遊び場では他の子どもに近づくのを怖がるアレクシスを、子どもたちのそばまで連れて行って紹介し、落ち着くまでそばで見守ります。プールに入るのを嫌がるアレクシスを毎回水泳教室に連れて行き、入れるようになるまでプールの横に座らせておきます。

ここで重要なのは、アレクシスとケイレブの両親は、どちらも「間違った」ことをしているわけではない、ということです。どちらも子どものことを一番に考え、できるだけ子どもの気持ちに寄り添い、子育てを工夫しているのです。

しかし、アレクシスの両親が取った、つまり怖がりな子どもが本来なら避けて通るような状況を、ゆっくりと根気よく経験させるという戦略は、子どもが（そして大人も！）恐怖心を徐々に克服するのに、はるかに効果的な方法なのです。

ケイレブの両親も同様によかれと思ってやっていますが、長い目で見れば子どものためにはなっていません。恐怖から守ってあげようとするやり方では、彼が生まれつき持っている不安な気持ちを克服する手助けにはならないのです。

「三つの視点」で子どもの気質が見えてくる

研究者はさまざまな方法で「気質」を分類しています。気質を測定する方法は何十種類もあり、専門家によって気質や行動の分類法、名称のつけ方が異なります。本書では、乳幼児の行動傾向を調べた何百もの研究において、（名称やニュアンスは若干異なりますが）一貫して浮かび上がってきた「三つの大きな特徴」に焦点を当てます。

このような研究には、親をはじめ、子どもに関わる人々からの報告のほか、研究室や家庭などで観察された子どもの行動が用いられています。

そして、

「外向性」（extraversion）

「情動性」（emotionality）

「自制心（自己制御能力）」（effortful control）

という三つの大きな特徴（それぞれの単語の頭文字をとって「３Ｅ」と言われますが、私は「ビッグ・スリー」と呼んでいます）は、文化や性別が異なる子どもたちにも共通して見られるものです（わずかな男女差はありますが、これについては後ほど説明します）。これらは、幼児期に初めて確認され、幼児期から児童期にかけて一貫して見られる特徴です。

「３Ｅ」も「ビッグ・スリー」も、学術的な文献で目にするような言葉ではありません。一人の親でもある私が膨大《ぼうだい》で複雑な科学文献から有用な情報を抽出し、親御さんが使えるように作成したツールです。ですから、親であり研究者である方々には、本書が学術文献の解説書でないことをご理解いただきたいのです。本書は臨床心理学、発達心理学、行動遺伝学（いずれも私が専門としている分野です）の知見を親の立場でまとめ、他の親にも最大限に役立ててもらおうとするものです。

「ビッグ・スリー」は、子どもの基本的な遺伝的特質をうかがい知るための「窓」となるものです。そして、子どもの思春期から成人期の行動の傾向もわかります。

あなたの子どもをよく観察し、その子の特性を理解することは、親の大きな役割なのです。

あなたに合った育児法を見つけるには、まず、自分の子どもの遺伝子がどう〝設計〟されているかを知ることから始まります。

あなたの子どもは、どのタイプ?

そこでここでは、

①「外向性」が高い/低い

②「情動性」が高い/低い

③「自制心」が強い/弱い

の典型例ともいえる六人の子どもを取り上げてみたいと思います。

そして、読み進めていただく際、**本質的にこれらの気質に「よい」「悪い」はない**、ということを忘れないでください。確かに、ある種の特性を持つ子どもは親にとってより手ごわい存在となる可能性があります。しかし、その特性を「よい」と見るか「悪い」と見るかは、実は時代や文化によって変わってくるものなのです。

本書の冒頭で述べたように、幼少期によいと思われること(社交性など)が、十代の子どもにとってはトラブルのもととなることもあります（社交性の高いティーンエイジャーは仲間からの影響を受けやすく、アルコールや薬物に手を出す傾向があります）。また、子どものうちは親が手を焼く特性（素直に言うことを聞かないなど）も、大人になってから高く評価されることがあります（自分の主義主張を貫くといった頼もしい特性として）。また、子どもの従順さを重視する文化もあれば、個性を重視する文化もあります。

要するに、性質にはプラス面もマイナス面もあるということです（確かに、発達段階によっては子育てが大変だと感じるような性質もありますが）。

①「外向性」の高い子、低い子　～ライラとミラ～

ライラの両親は、「この子は世界中の人を虜《とりこ》にするために生まれてきたのだ」と冗談めかして言いました。赤ちゃんの頃は、いないいないばあが大好きで、両親に遊んでもらうとキャッキャと声を上げて何度も笑っていました。新しいおもちゃにも大喜びし、両親とのお出かけが大好きなようでした。赤ちゃんの頃は、近所を散歩中にベビーカーをのぞき込んでくる見知らぬ人に愛嬌《あいきょう》を振りまいていました。

ハイハイをするようになると、いつも元気に動き回りました。体操の教室や親子向けの音楽教室が大好きでした。初めての公園でも熱心に探索し、そこで出会った子どもたちともすぐに仲良くなりました。買い物が大好きで、お店では興奮して走り回り、カートに商品を入れる「お手伝い」をしていました。家の中で飛行機ごっこをして走り回ったり、枕を積んでつくった砦《とりで》に飛び込んだりするので、両親は家の何かが壊れる前にライラを外に連れ出してエネルギーを発散させるようにしていました。

一方、ミラは穏やかな赤ちゃんでした。両親の腕の中に横たわり、安らかな顔で見上げていればそれで十分。もがいたり、逃げようとしたりすることはほとんどありませんでした。いないいないばあなどの体を動かす遊びは苦手なようで、ただ添い寝をするのが好きでした。本を読んでもらうときも、おとなしく座っていました。

大きくなると、騒《さわ》がしい公園やショッピングモールの遊び場よりも、家にいて神経衰弱《しんけいすいじゃく》のような静かな遊びをすることを好むようになりました。初対面の人が家に来ると、最初は恥ずかしがって、慣れるまでに少し時間がかかりました。しかし、しばらくすると、喜んでぬいぐるみを見せたり、自分の部屋で小さなティーパーティを開いたりするようになりました。家の中が静かなときは、ミラは自分の部屋でブロックやパズルで遊んでいることが多いということを、両親はわかっていました。

○「外向性」の高い子、低い子の特徴は?

ライラとミラは、「ビッグ・スリー」の最初の気質である**「外向性」**で両極に位置します。外向性は発育の初期に現われ、**「ポジティブな感情」**(この世界や他の人々に対してどれだけ肯定的な感情を持つか)、**「活動レベル」**(どれだけ「動き回る」ことができるか)、**「冒険的な行動」（どれだけ新しいことに挑戦することが好きか）などの傾向に反映されます。

外向性が高い子どもは、明るく活発な傾向があります。赤ちゃんの頃はよく笑い、親が話しかけるとクーイング（「アーアー」や「ウー」といった発声）をします。抱っこされるともぞもぞしたり、プレイマットの上で活発に動き回ったりします。

外向性の高い子どもは初めての場所に行くのが大好きで、新しいことにもワクワクします。大きくなるにつれて、エネルギーに満ちあふれ、遊具で遊び、高い滑り台を滑ることを好みます。どこかへ移動するときも歩くより走るほうが好きなようです。知らない人に会うのが大好きです。

外向性の高くない子どもは、もともとおとなしく、あまり活動的ではありません。赤ちゃんの頃は親の腕の中で静かに眠っているだけで満足します。外向性の低い子どもは、見知らぬ人や、時には以前会ったことがあっても普段は顔を合わせない人に対しても人見知りします。自分一人で、あるいは少人数で遊ぶことを好みます。にぎやかな場所や人が多くいる場所にいる必要はなく、むしろそのような場所を嫌がることが多いようです。

②「情動性」の高い子、低い子　～クロエとゾーイ～

クロエは生まれたときから、知らない人に寝かしつけられたり抱っこされたりするのを嫌がる子でした。両親がベビーバウンサーに乗せようとするとひどくぐずり、抱き上げられるまでひたすら泣き叫びました。友人から勧められたベビー用品をいろいろと試してみましたが、クロエはどれもお気に召さなかったようです。機嫌が悪いとなかなか落ち着いてくれません。疲れているときはなおさらです。気に入らないことがあればすぐに怒り、時には両親でさえ、娘が何に腹を立てているのかわからないこともありました。疲れているのはひと目でわかるのに、なかなか寝ようとせず、昼寝もしないことがあります。

大きくなってからも、思い通りにならないことがあるとひどく機嫌を損ねました。ゲームで負けたときや美術の課題がうまくいかなかったときなどにあまりにも激しく怒るので、両親もなだめたり、態度を改めさせたりするのに苦労しました。また、見知らぬ人を怖がることもありました。母親が遊びのサークルに参加させようとすると、中に入ろうとはせず、かんしゃくを起こし、泣き叫びながら床に突っ伏すのでした。

対照的に、ゾーイは両親いわく「流れに任せる」タイプです。赤ちゃんの頃は、すんなりとなだめることができました。大勢の大人に抱っこしてもらったり、ベビーラックで揺らしてもらったり、アクティビティマットの上に寝転がったりして、満足げに過ごしていました。幼児期には、ぐずったときも両親がうまくあやしてあげられました。大好きなシリアルを切らしていると泣くこともありましたが、朝食が済んだらゲームをしようと両親が提案するとすぐに機嫌を直し、また楽しそうにするのでした。子ども美術館に行ったり、工作をしたりと、両親が計画したアクティビティはなんでも喜んでやります。遊び場にいるのが知らない子ばかりのときは、尻込みしてしまうこともありますが、それほど気負うこともなく、少しずつ他の子どもたちの輪に入っていくことができます。

○「情動性」の高い子の特徴は？

クロエとゾーイは、「ビッグ・スリー」の二つ目の気質である**「情動性」**の両極に位置します。

情動性が高い子どもは、当然ながら**苦痛や恐怖、フラストレーションを感じやすい**傾向があります。乳幼児期には、特に疲れているときなどは、ぐずりやすくなります。おもちゃを取り上げられると泣いたり、疲れているのに夜寝るのも、昼寝をするのも嫌がったりします。小さいうちは大好きなゲームやスポーツで勝てなかったり思い通りにいかないことがあったりすると、とても不機嫌になります。そして、それが「大げさすぎる」と受け止められることもあります。イライラしたり、怒ったりしやすいだけでなく、イライラや怒りが長く続くことも多いでしょう。

情動性の高い子どもは、なかなか気持ちを切り替えられません。また、夜中にお化けが出るのではないか、誰かが家に押し入ってくるのではないかといった恐怖心を抱きやすいのです。この章で前述したケイレブとアレクシスも、まさにこの「情動性」の高さから不安を感じやすい子どもです。

③「自制心」の強い子、弱い子 ～ヘイデンとジェイデン～

ヘイデンは、両親が読み聞かせをしている間、静かに座っていられる子どもです。ブロックでお城づくりを始めると、何時間も没頭します。パズルをするときも、完成するまで長時間、夢中になって遊びます。

両親の指示にきちんと従うことができ、おやつの前に何かしなければならないときや、アイスキャンディを夕食後まで待たなければならないときでも、それほど不機嫌になることはありません。遊び場で親が呼びかけると、すぐにやってきます。何かをやめるように言われたら、きちんとやめることができます。

一方、ジェイデンは、次から次へといろいろなことに飛びつきます。パズルを始めてもすぐに飽きて、別の遊びを始めます。彼の部屋にはまだ完成前のプロジェクトがいくつも置かれていることがよくあります。十分以上かかるアクティビティでは、最後まで座っていられません。

本を読むのも苦手です。弟と剣で遊び始めると、夢中になりすぎてしまいます。親から「やめなさい」と何度も言われても、なかなかやめようとしません。おやつを待たされるのは苦手です。クッキーの隠し場所がわかると、すぐにクッキーの入れ物に手を入れてしまい、その現場を見つかってしまうのです。

○「自制心」の強い子、弱い子の特徴は？

ヘイデンとジェイデンは、「ビッグ・スリー」の三番目の気質である**「自制心（自己制御能力）」**において異なっています。

生後満一歳を過ぎると、子どもは**自分の感情や行動をコントロールする能力**を発達させ始めます。幼児期には、自制心は感情をいかにうまくコントロールし、意識を集中させることができるかという面に表われます。そして年齢が上がるにつれて、一つのおもちゃで集中して遊べるかどうか、指示に従えるかどうか、してはいけないことを我慢できるかどうかという面に表われてきます。

子どもを観察する「五つの手がかり」

本章に登場する子どもたちの説明を読みながら、読者の皆さんは「自分の子どもはどうなのだろうか」と考えているのではないでしょうか。気質によって、すぐにわかるものもあれば、「愛情あふれる探偵」として、より時間をかけて子どもを観察しないとわからないものもあるかもしれません。そして、あなたの子どもの「外向性」「情動性」「自制心（自己制御能力）」を見極めようとする際に、心に留めておいてほしいことがあります。

①どのような場面でも一貫性があるか

子どもは皆、時に怖がり、時に喜び、時に不機嫌で、時に攻撃的なものです。ですから遺伝的な気質について論じるときは、**どのような場面でも一貫性があるか**を考慮しなければなりません。先ほど六人の子どもの特徴を述べたときに、さまざまなシチュエーションで彼らがどのような行動を取るかを紹介したのは、彼らの気質が明らかになるようにするためです。

自分の子どもの「ビッグ・スリー」を見極めるには、その三つの気質と関連する行動を「一度でも取ったことがあるか」ではなく、**「程度にかかわらず、どのくらいの頻度でそうした行動を取るか」**を考える必要があります。

犬が突然うなり声をあげて突進してきたら、ほとんどの子どもは恐怖を示すことでしょう（大人だってそうですよね！）。しかし、恐怖心の強い子どもは、お行儀のよい犬さえも怖がるのです。そして、それは犬に対してだけではありません。親から離れること、初対面の人に会うこと、知らない場所に行くことなど、あらゆることに対して一貫して恐怖心を抱いているのです。

②時間を超えた一貫性があるか

遺伝的な影響を受けた特性は、**時を経ても変わりません**。つまり、成長するにつれて、子どもが生まれつき持っている遺伝的な傾向がよくわかるようになるということです。

気質的な特徴の多くは、早ければ生後二〜三カ月で明らかになりますが、子どもと過ごす時間が長くなればなるほど、何が本当に一貫した特徴なのか、単なる発達段階によるものなのかを見極められるようになります。

例えば、幼児は自立心を強める時期があり、あなたの要求には断固として「嫌だ！」と答えるという困った行動を取るものです。これは、必ずしも将来、反抗的なティーンエイジャーとなることを示しているわけではなく、単に「幼児であること」を意味するにすぎません。

気質は三歳までに確立されるため、年齢が上がれば上がるほど、その子の遺伝的な性質をより正確に評価することができます。遺伝子は、ある行動が将来にわたって継続する度合いに影響を与えるので、年齢が上がるにつれて一貫して現われる行動は、その子の遺伝的な性質をより正確に反映しているといえます。

動物園で怖がり、体操教室に行くのを嫌がった幼児が、後に幼稚園に行くのを怖がり、友達と遊ぶのを嫌がるようになったら、間違いなく、それは一時的なものではなく、その子は不安になりやすい性質であるということなのです。

③年齢を考慮する

われわれの脳の違いは、脳の神経細胞の〝配線〟の違いにあります。**子どもの脳は急速に発達するため、発達段階によって異なる特性が現われる**ことを覚えておいてください。

「外向性」と「情動性」に関係する行動は早い段階で現われます。

乳幼児は、笑顔や笑いを見せる度合い（外向性：ポジティブな感情）、不安やフラストレーションを示す度合い（情動性）などに違いがあります。

また、動き回る度合い（外向性：活動性）、初めての場所を冒険したり新しいおもちゃで遊ぶのが好きかどうか（外向性：冒険心）にも違いがあります。新しいものに対する恐怖心は、一歳の後半から現われ始めます（情動性）。

そして、「自制心（自己制御能力）」は（親にとっては残念なことですが）最後に登場し、生後一年以降に現われて、二歳から七歳にかけて急速に発達していきます。

ここで覚えておいていただきたいのは、**子どもの年齢によっては、子どもが生まれ持った傾向を観察する機会がまだ訪れていない**可能性があるということです。

④自分のバイアスについて考えてみる

子どもが生まれ持った傾向に基づいて世の中を経験するのと同じように、私たち自身の遺伝的な特質も親としての社会の見方に影響し、それが子どもの行動の解釈に影響します。慎重な性格の親はスリルを求める傾向がある親よりも、子どもの暴れっぷりを衝動的と捉《とら》えるかもしれません。子どもの生まれつきの傾向を見極めるには、パートナーや子どもと一緒にいる時間が長い養育者、祖父母など、信頼できる大人にも子どもの気質がどのタイプに当てはまるか、意見を聞いてみるとよいでしょう。

⑤子どもに「誠実に」向き合う

最後になりましたが、とても重要なことです。子どもの生まれつきの傾向を把握《はあく》するにあたっては、祖母であるあなたの母親がどう思うか心配したり、あなたが想像する「あるべき子どもの姿」に気を取られたりしている時間はありません。子どもの遺伝的な傾向を理解することで、どの子育てがベストか、家庭内の調和をどう図るべきかを考えることができます。

ある種の性質は、最初は他の性質よりも望ましいと思われるかもしれません。ただ繰り返し言いますが、性質は本質的によいとか悪いとかいうものではありません。

また、運命的なものでもありません。**自分の子どもに誠実に向き合うこと**が大切です。なぜならそれが、その子にとって最良の親になるための唯一の方法だからです。

わが子が伸びる環境の整え方、親の関わり方

本章の後半にある**「子どもを知るための質問リスト」**は、「ビッグ・スリー」の各特性を掘り下げる質問になっており、この質問に答えることは、あなたのお子さんの「生まれ持った気質」を理解する役に立つでしょう。そして、お子さんの年齢が高いほど、各項目をより正確に評価することができます。

次章以降では、「ビッグ・スリー」のそれぞれの特性とそれらの特性の組み合わせについて説明し、「外向性」「情動性」「自制心（自己制御能力）」のそれぞれが高い／中程度／低いということが、子どもにとってどういう意味を持つのか、より深く掘り下げていきます。

「性格診断」はどこまで信頼できるか

私が本書の至るところで、「外向性」「情動性」「自制心」という三つの特性の程度によって子どもたちを説明していることに皆さんは気づくことでしょう。つまり、「高・中・低」といった具合に簡略に表現しています。しかし、そこに子どもたちにレッテルを貼ろうという意図

はありません（ただし、4章で述べる「外向的な人」「内向的な人」については例外です。なぜなら外向性を表わす一般的な言葉として広く使われているからです）。

多くの性格診断では、レッテル貼りが行なわれます。この手法は古代ギリシャまでさかのぼり、人々は多血質《たけつ》、胆汁質《たんじゅう》、憂鬱質《ゆううつ》、粘液質《ねんえき》（すごいネーミングですよね）の四気質に分類されていました。

ＭＢＴＩ（マイヤーズ＝ブリッグス・タイプ指標）は、人々を四つの指標（内向性・外向性、感覚型・直観型、思考型・感情型、判断型・認知型）から、それぞれ四文字のアルファベットで表わされる十六のタイプを生み出したことで有名です（私と同じ「幹部型〈ＥＳＴＪ〉タイプ」の人たちの功績でしょう）。『ハリー・ポッター』のホグワーツの生徒たちも、それぞれの寮に振り分けられましたね。人は何らかの集団に属すると、安心感を覚えるのかもしれません。

しかし、性格や気質というのは、種類やレベルによって明確に分類できるものではなく、**絶えず変化**しています。言い換えると、**その特性がどのくらい備わっているかについては遺伝子が影響していますが、これらの特性がどう表われるかは、環境によって変わってくる**のです。

例えば、自己制御能力がもともと低い子どもも、指導によって自制心を高めることができます（これは6章で説明します）。だからといって、何時間でも静かに座っていたがるような子どもに変わるとは言い切れませんが、少なくともいたずらをしでかす回数を減らすことは可能です。「行動は絶えず変化するもの」であるとの認識を持つことで、**「その行動を変えることも**

可能である」ことに気づかされるのです。

「環境との相性」がよいとき、子どもは伸びる

以後の章では、さまざまな気質・性質の長所と、個々の気質・性質が持つ（親子双方にとっての）課題について論じていきます。また、子ども一人ひとりに対してどのような方針で育てていくのが最も効果的であるかについても触れます。

つまり、これからの数章は、あなたが本書で学んだことを実践するための道しるべとなり、世界で唯一無二の子どもを導き、彼らが世の中をうまく渡っていけるようにする手助けとなるはずです。

児童発達学では、「子どもにとってどのような環境、育て方が有効なのか」ということを表わすときに**「適合度」**（goodness of fit）という言葉を使います。

「適合度」とは、子どもと親、そして子どもと彼らを取り巻く環境との「相性のよし悪し」のことです。幸せでストレスのない（少なくともストレスの少ない）家庭生活を送るためには、こうした相性が非常に重要です。幸運にも、生まれながらにして相性のよい親子もいます。

例えば母親が読書家で、娘は読み聞かせをしてもらうのが大好きだとしましょう。母親は地元の図書館で行なわれる幼児向けの読み聞かせ会に子どもを連れて行き、その後、本を選んだり読書コーナーで一緒にくつろいだりして有意義な時間を過ごします。また、パズルやぬりえ

をするのが二人の共通の楽しみです。

あるいは、母親がスポーツ万能だったとしたらどうでしょう。スポーツをするのも、スポーツイベントに参加するのも大好きです。娘にはできるだけ早い時期からスポーツ教室に通わせ、子どもが好きな野球やサッカーのイベントには家族で出かけます。そして、応援に行った先で、他の観客たちと盛り上がるというわけです。

環境との相性がよいとき、子どもは伸びるのですが、親はその根本的な理由に気づかないことが多いようです。単に子育てが「楽」だと感じてしまうのです。このような場合、しばしば親は、子どもが読書好きであったり、スポーツ好きであったりするのは、自分がそういう環境を与えたからだと考えます。確かにそれもあるでしょう。しかし、1章で学んだように、親と子どもが似ているからといって、親が子どもの行動に影響を及ぼしているとは限らないのです。往々にして親がこのことを理解できないのは、単に相性がよかっただけというラッキーなケースが多いからです。

例えば、例として挙げた母親が読書家のケースでは、母親と娘は共に「外向性」が低く、「自制心」が高いのです。図書館で本を読んだりパズルをしたりといった静かな活動は、双方にとって魅力的なのです。

二番目の例として挙げた母親がスポーツ好きの例では、母親と娘は共に「外向性」が高いのです。二人とも活発で人に囲まれることが好きで、スポーツのような活動的でにぎやかなイベントにとても魅力を感じます。運動能力も実は遺伝的な影響を受けていることがわかっているので、その点でも二人の相性はよいのかもしれません。

〝子どもの才能の種〟の見つけ方

しかし、図書館で静かに過ごすのが好きな読書家の母親に、「外向性」が高く「自制心」が低い子がいたらどうなるか想像してみてください。母親が娘に本の読み聞かせをしようと何度も試みても、娘は落ち着いて本を見ようとはせず、母親の膝から降り、お馬さんごっこをして部屋中を走り回ったりします。図書館の幼児向けイベントでも、何度も立ち上がって館内を走り回り、本棚から本を取り出しては、表紙をひと目見るなり次の本へと駆け出していき、母親を困らせるばかりです。このようなことが毎週続くと、母親は娘に苛立ちを募らせ、二人の時間を楽しむどころか、常に子どもを叱らなければならないような気分になってしまいます。

次に、スポーツ好きの母親が、「外向性」の低い子どもを持つ場合を想像してみましょう。母親は娘をスポーツジムのクラスに連れて行ったり、姉のサッカーの試合を一緒に応援したりしたいと思うでしょう。しかし、娘は人やイベントに圧倒されっぱなしです。娘はいつも母親に「行きたくない」と訴え、母親が強引に誘うと、部屋の隅ですねて、行くのを拒《こば》みます。

どちらのケースも、母親はよかれと思い、わが子が喜ぶであろう機会を与え、親子の絆を深めようとしたのでしょう。しかし、正直なところ、私たちはつい、**自身が望むものを子どもに与え、自分が好きなものは子どもも好きだろうと自然に思い込んでしまう**ものなのです。他人の脳も自分の脳と同じようにできていると考えるのは、当然のことです。特に自分の子どもの脳についてはそうでしょう。結局のところ、私たちは自分の目で見える世界しか知らないのです。

親子の気質が合っていれば、すべてがスムーズに運びます。しかし、**親と子の気質が異なる場合、特に親がそのことについて意識していない場合は親子間の摩擦が大きくなり、親子ともども大きなフラストレーションを抱える**ことになり、家族関係にも大きなダメージを与える可能性があります。

ここで紹介した二つの「ミスマッチ」な家族では、母親が娘の不適切な行動の理由を理解できず、負のサイクル、対立のサイクルに陥っていました。図書館で「座りなさい」「お行儀よくしなさい」と言い続けながら、他の親から何度も苛立った視線を送られるような毎日を過ごしたいとは誰も思わないでしょう。体操教室で泣きながらドアにしがみついている子どもを、教室の片隅でなだめすかして過ごしたいとは誰も思わないでしょう。

どちらの母親も、自分が計画した活動が子どもの気質に合っていないことを理解していなかったのです。ミスマッチな活動を強いられている子どもが情動性が高い場合、かんしゃくを起こしたり、断固として参加を拒んだりすることになります。

「適合度」を理解することは、子どもの気質に従うことではありません。むしろ、どのような活動を子どもに経験させたらよいか、どのような活動には慎重に方針を立てる必要があるかを予測するなど、**よりよい判断をするための材料**になります。

あなた自身の「気質」はどのタイプ?

「適合度」を考えるときに、最後にもう一つ大事なことがあります。先ほどの例でお気づきのように、相性には、子どもの生まれつきの性質だけでなく、あなたの性質も関係しているのです。私たちは皆、遺伝的な影響を受けたさまざまな気質を持っており、それが子育てや子どもへの接し方に影響を与えるのです。

例えば、ある親は、「外向性」が高く「自制心（自己制御能力）」が低い子どもを持つと非常に不安になり、「救急病院に駆け込むことになるのではないか」と常に心配することでしょう。一方、子どもが同じようなふるまいをしても「すごい！　よくやった！」と誇らしげに背中をたたく親もいるでしょう。ですから、子どもとの「適合度」を改善するには、お子さんだけでなく、自分自身にも目を配る必要があるのです。

そこで、この章の章末では、「子どもを知るための質問リスト」に続き、**「親であるあなた自身を知るための質問リスト」**を掲載しています。この質問リストでは、あなた自身の遺伝的な特質と長年の人生経験を反映した傾向を知ることができます。

この質問リストは、あなたとお子さんが「ビッグ・スリー」の各特性においてどのような位置にいるかを評価するためのツールです。また、それぞれの気質を比較するためのシートも用意しました。この質問リストから得られた情報は、お子さんのことをより深く理解し、どうして親に対してそうした反応をするのか、子どもとの相性をよくするにはどうすればよいかなどについて紹介する次章以降を読み進めていくときの基礎・土台となるでしょう。

最終的には、あなたとお子さんとの間に起きる相互作用を理解することで、あなたはより幸せに、楽しく子どもと接することができますし、子どもの可能性を最大限に引き出すこともできるのです。

「固定観念のメガネ」を通して見ない

質問リストに取りかかる前に、もう一つ押さえておきたいことがあります。それは、子どもの生まれ持った性質を知ることは、子どもを育てるときの助けになりますが、「私の子どもは情動性が高くて、その性格は変わらないから、一生、悩まされる運命にある」などと、固定観念を抱かないようにすることです。遺伝子の仕組みを知れば、そうではないことがわかります。

しかし、遺伝子が子どもの行動に大きな影響を与えるのは確かなことですから、私たちは子どもが直面する問題を予測し、解決への手助けができるようになります。また、子どもの生まれつきの長所を認識し、そこを伸ばしてあげることもできます。**子どもを理解すれば、その成長を支援できる**のです。

心理学者のキャロル・ドゥエックは、「硬直マインドセット」と対比しながら「しなやかマインドセット」、つまり**「やればできる!」と思うことの力**を、その著作等で幅広く紹介しています。「しなやかマインドセット」とは、自分の生まれながらの才能は、努力や戦略、他の人たちに協力を仰ぐことで、伸ばしていくことができると信じることです。

そして、本書のこの後に続くいくつかの章では、まさにこのことを学んでいきます。お子さんの生まれ持った傾向を認識し、その可能性を最大限に引き出すためにどのような戦略を取ればよいかを考えていきます。

ドゥエックの研究によると、**「自分自身に対する見方」が、人生の展開に大きな影響を与える**ことがわかっています。その延長線上で、**親が子どもをどう見ているかが、子どもの人生の展開に大きな影響を与える可能性がある**のです。

親が子どもに対して希望や夢を持つことは、「硬直マインドセット」につながりやすいとドゥエックは指摘します。優秀な生徒、才能あるアーティスト、学芸会のスター、ハーバード大学の卒業生になってほしい。一緒に図書館で過ごせる子、スポーツを楽しめる子、行儀のよい子どもであってほしい。そんな願いに固執《こしゅう》してしまうと。

子どもの性質と親の考えが一致しない場合、親はつい、子どものありのままの人格を否定するようなメッセージを送ってしまいかねません。

また、子どもが挫折《ざせつ》したとき(これは避けられないことですが)、親が子どもの将来についてあれこれ心配してしまうのは「硬直マインドセット」の表われです。今、静かに座って集中する自制心がないなら、大学を卒業したり仕事に就《つ》いたりできるわけがないだろう、と考えてしまうのです。それは、子どもが成長し、変化し、自分の可能性を実現することに親が信頼を寄せていないと子どもに示すことになるのです。

以下の質問リストは、お子さんの生まれ持った傾向を理解するのに役立ちますが、人は段階を経て成長していくことを心に留めておいてください。

親として果たすべき最大の役割は、子どもが独自の才能や特技を認識し、それに価値を見出し、課題を克服し、最高の自分へと成長するのを支援することです。

子どもを知るための質問リスト

これから、さまざまな状況下における子どもの反応についての質問を挙げていきます。

それぞれの質問に対して、あなたのお子さんが通常どのように反応するかを考えてみてください。

質問の下にある棒線は、左から、「全く当てはまらない」「やや当てはまらない」「どちらともいえない」「やや当てはまる」「完全に当てはまる」を表わしています。

それぞれの質問について、あなたのお子さんに「全く当てはまらない」（左端）から、「完全に当てはまる」（右端）まで、線の上に丸印をつけてください。

もし、あなたのお子さんに当てはまるとも当てはまらないとも言えないようであれば、真ん中に印をつけてください。

お子さんの年齢によっては該当しない項目があります。

5. 元気いっぱいに駆け回る活動より、
読書のような静かな活動を好む

全く 当てはまらない　　どちらとも いえない　　完全に 当てはまる

6. 初対面の人に打ち解けるまでに時間がかかったり、
新しい状況に慣れるのが遅かったりする

全く 当てはまらない　　どちらとも いえない　　完全に 当てはまる

5、6の質問に「当てはまる」という答えと、1〜4の質問に「当てはまらない」という答えが多いほど、あなたのお子さんは外向性が低いという指標となります。

左ページの質問と追加の質問に対する回答を振り返ってみてください。あなたのお子さんは全体的にどこに当てはまりますか？

外向性が 低い　　外向性が 中程度　　外向性が 高い

「外向性」に関する質問

1. あなたのお子さんは、スリルのあるゲームや活動が好きだ

全く当てはまらない ―●―●―●― どちらともいえない ―●―●―●― 完全に当てはまる

2. 新しい場所を探検するのが好きだ

全く当てはまらない ―●―●―●― どちらともいえない ―●―●―●― 完全に当てはまる

3. 知らない人に会うのが好きだ

全く当てはまらない ―●―●―●― どちらともいえない ―●―●―●― 完全に当てはまる

4. エネルギーに満ちあふれている

全く当てはまらない ―●―●―●― どちらともいえない ―●―●―●― 完全に当てはまる

上記はすべて「外向性」についての指標です。「当てはまる」という答えが多いほど、あなたのお子さんは外向性が高いといえます。「当てはまらない」という答えが多ければ、外向性が低いことを示唆します。中には外向的でも内向的でもない、中間に位置する子どももいます。続いて5、6は、「外向性が低いこと」を調べる追加の質問です。

5. 物事が計画通りに進まなかったとしても、
それほど動揺することはない。わりと成り行き任せである

全く当てはまらない ―― どちらともいえない ―― 完全に当てはまる

6. 動揺しても立ち直りが早く、
別の活動に方向転換することができる

全く当てはまらない ―― どちらともいえない ―― 完全に当てはまる

5、6の質問に「当てはまる」という答えと、1～4の質問に「当てはまらない」という答えが多いほど、あなたのお子さんは情動性が低いという指標となります。

左ページの質問と追加の質問に対する回答を振り返ってみてください。あなたのお子さんは全体的にどこに当てはまりますか？

情動性が低い ―― 情動性が中程度 ―― 情動性が高い

「情動性」に関する質問

1. あなたのお子さんは、物事が自分の思うように進まないと、とてもイライラする

全く当てはまらない ― ― ― どちらともいえない ― ― ― 完全に当てはまる

2. お化けや夜中に鳴る音を怖がる

全く当てはまらない ― ― ― どちらともいえない ― ― ― 完全に当てはまる

3. いったん怒ると10分以上たっても怒りがおさまらない

全く当てはまらない ― ― ― どちらともいえない ― ― ― 完全に当てはまる

4. 動揺したり怒ったりしたときに、なだめたり、気持ちを切り替えさせたりするのが難しい

全く当てはまらない ― ― ― どちらともいえない ― ― ― 完全に当てはまる

上記はすべて「情動性」についての指標です。「当てはまる」という答えが多いほど、あなたのお子さんは情動性が高いといえます。「当てはまらない」という答えが多ければ、情動性が低いことを示唆します。続いて5、6は、「情動性が低いこと」を調べる追加の質問です。

左ページはすべて「自制心」についての指標です。「当てはまる」という答えが多いほど、あなたのお子さんは自制心が強いといえます。「当てはまらない」という答えが多ければ、自制心が弱いことを示唆します。続いて6、7は、「自制心が弱いこと」を調べる追加の質問です。

6. 順番を待ったり、じっとしているのが苦手だ

全く当てはまらない			どちらともいえない			完全に当てはまる
●	●	●	●	●	●	●

7. よく考えずに行動したり、状況に飛び込んでしまう

全く当てはまらない			どちらともいえない			完全に当てはまる
●	●	●	●	●	●	●

6、7の質問に「当てはまる」という答えと、1〜5の質問に「当てはまらない」という答えが多いほど、あなたのお子さんは自制心が弱いという指標となります。
左ページの質問と追加の質問に対する回答を振り返ってみてください。あなたのお子さんは全体的にどこに当てはまりますか？

自制心の程度が低い			自制心が中程度			自制心の程度が高い
●	●	●	●	●	●	●

「自制心(自己制御能力)」に関する質問

1. あなたのお子さんは、「ダメ」と言われれば、その行動を止めることができる

全く当てはまらない ●—●—●—●—●—●—● 完全に当てはまる
(中央:どちらともいえない)

2. ぬりえや積み木など、1つの活動に没頭しているときには、とても高い集中力を発揮する

全く当てはまらない ●—●—●—●—●—●—● 完全に当てはまる
(中央:どちらともいえない)

3. 指示に従うことができる

全く当てはまらない ●—●—●—●—●—●—● 完全に当てはまる
(中央:どちらともいえない)

4. 危険だと言われた状況に近づくと、注意深くなる

全く当てはまらない ●—●—●—●—●—●—● 完全に当てはまる
(中央:どちらともいえない)

5. 待てと言われれば、ごほうびを待つことができる

全く当てはまらない ●—●—●—●—●—●—● 完全に当てはまる
(中央:どちらともいえない)

あなたのお子さんの気質の特徴

あなたのお子さんの「外向性」「情動性」「自制心」（自己制御能力）のそれぞれについて、「低い」「中程度」「高い」のいずれであるかを、先の回答に基づいて、以下に丸をつけてください。

外向性	低	中	高
情動性	低	中	高
自制心（自己制御能力）	低	中	高

親であるあなた自身を知るための質問リスト

あなた自身の生まれつきの気質について考察するために、次ページからの質問に答えてください。

大人は、長年の経験と遺伝的な素質、両方の影響を受けて、より発達した人格を持っているので、質問は子どものものと異なっています。

この調査の目的は、あなた自身の生まれつきの傾向を振り返り、それが子どもの気質とどのように影響し合うかをよりよく理解することにあります。

5. 普段から控えめな性格ですか

全く当てはまらない ―――― どちらともいえない ―――― 完全に当てはまる

6. にぎやかなパーティよりも、
読書のような静かな活動が好きですか

全く当てはまらない ―――― どちらともいえない ―――― 完全に当てはまる

7. 大勢で過ごすより、一人で、
あるいは少数の親しい友人と一緒に過ごすことを好みますか

全く当てはまらない ―――― どちらともいえない ―――― 完全に当てはまる

5～7の質問に「当てはまる」という答えと、1～4の質問に「当てはまらない」という答えが多いほど、外向性が低いという指標となります。

左ページの質問と追加の質問に対する回答を振り返ってみてください。あなたは全体的にどこに当てはまりますか？

外向性が低い ―――― 外向性が中程度 ―――― 外向性が高い

「外向性」に関する質問

1. あなたは、人と一緒にいることで
エネルギーを得られるタイプですか

全く当てはまらない			どちらともいえない			完全に当てはまる
●	●	●	●	●	●	●

2. 大人数のパーティや人との出会いを楽しむことが好きですか

全く当てはまらない			どちらともいえない			完全に当てはまる
●	●	●	●	●	●	●

3. おしゃべりで、エネルギーに満ちあふれている人ですか

全く当てはまらない			どちらともいえない			完全に当てはまる
●	●	●	●	●	●	●

4. 外向的で社交的な人ですか

全く当てはまらない			どちらともいえない			完全に当てはまる
●	●	●	●	●	●	●

上記はすべて「外向性」についての指標です。「当てはまる」という答えが多いほど、外向性が高いといえます。「当てはまらない」という答えが多ければ、外向性が低いことを示唆します。続いて5～7は、「外向性が低いこと」を調べる追加の質問です。

5. ストレスを感じてもうまく対処できますか

全く当てはまらない ― どちらともいえない ― 完全に当てはまる

6. 普段から感情が安定しており、
簡単に動揺することはないですか

全く当てはまらない ― どちらともいえない ― 完全に当てはまる

7. 緊張するような状況でも冷静でいられますか

全く当てはまらない ― どちらともいえない ― 完全に当てはまる

5〜7の質問に「当てはまる」という答えと、1〜4の質問に「当てはまらない」という答えが多いほど、情動性が低いという指標となります。

左ページの質問と追加の質問に対する回答を振り返ってみてください。あなたは全体的にどこに当てはまりますか？

情動性が低い ― 情動性が中程度 ― 情動性が高い

「情動性」に関する質問

1. あなたは、緊張しやすいタイプですか

全く当てはまらない ―●―●―●―●―●―●―●― 完全に当てはまる
（中央：どちらともいえない）

2. 心配性ですか

全く当てはまらない ―●―●―●―●―●―●―●― 完全に当てはまる
（中央：どちらともいえない）

3. すぐに落ち込んだりブルーな気分になったりするタイプですか

全く当てはまらない ―●―●―●―●―●―●―●― 完全に当てはまる
（中央：どちらともいえない）

4. 物事が計画通りに進まないと、
とてもイライラしたり、腹が立ったりしますか

全く当てはまらない ―●―●―●―●―●―●―●― 完全に当てはまる
（中央：どちらともいえない）

上記はすべて「情動性」についての指標です。「当てはまる」という答えが多いほど、情動性が高いといえます。「当てはまらない」という答えが多ければ、情動性が低いことを示唆します。続いて5～7は、「情動性が低いこと」を調べる追加の質問です。

4. 不注意ですか、または計画性がないタイプですか

全く
当てはまらない

どちらとも
いえない

完全に
当てはまる

5. 気が散りやすいタイプですか

全く
当てはまらない

どちらとも
いえない

完全に
当てはまる

4、5の質問に「当てはまる」という答えと、1～3の質問に「当てはまらない」という答えが多いほど、自制心が弱いという指標となります。

左ページの質問と追加の質問に対する回答を振り返ってみてください。あなたは全体的にどこに当てはまりますか？

自制心の程度が
低い

自制心が
中程度

自制心の程度が
高い

「自制心(自己制御能力)」に関する質問

1. あなたは、計画を立て、それを実行することが得意ですか

全く当てはまらない ― ― ― どちらともいえない ― ― ― 完全に当てはまる

2. たとえ退屈な仕事であっても、終わるまで根気よく続けることが得意ですか

全く当てはまらない ― ― ― どちらともいえない ― ― ― 完全に当てはまる

3. 物事を実行する前に、よく考えますか

全く当てはまらない ― ― ― どちらともいえない ― ― ― 完全に当てはまる

上記はすべて「自制心」についての指標です。「当てはまる」という答えが多いほど、自制心が強いといえます。「当てはまらない」という答えが多ければ、自制心が弱いことを示唆します。続いて4、5は、「自制心が弱いこと」を調べる追加の質問です。

「リスク許容度」に関する質問

もう1つ、「リスク許容度」という重要な項目があります。子どもの場合、リスク許容度は「外向性」と「自制心（自己制御能力）」に関係します。大人の場合、脳がより複雑に分化しているため、リスク許容度を「外向性」と「自制心」から切り離すことができるのです。次の質問が自分にどれくらい当てはまるか、少し考えてみてください。

1. 私はリスクを取ることを心から楽しめる

全く当てはまらない　　どちらともいえない　　完全に当てはまる

2. 多少怖くても、未知の刺激的な体験が好きである

全く当てはまらない　　どちらともいえない　　完全に当てはまる

全体として、あなたのリスク許容度はどの程度でしょうか？

リスク許容度が低い　　リスク許容度が中程度　　リスク許容度が高い

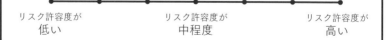

親であるあなた自身の気質の特徴

「リスク許容度」とあわせて、「外向性」「情動性」「自制心（自己制御能力）」のそれぞれについて、自分が「低い」「中程度」「高い」のいずれであるかを、先の回答に基づいて、以下に記入してください。お子さんの気質の特徴も記入しておきましょう。

外向性	あなた	低	中	高
	お子さん	低	中	高
情動性	あなた	低	中	高
	お子さん	低	中	高
自制心（自己制御能力）	あなた	低	中	高
	お子さん	低	中	高
リスク許容度	あなた	低	中	高

ここで、お子さんについての結果を振り返って、自分の結果と比較してみてください。あなたとお子さんの気質は、どのくらい似ていますか？

親が経験するストレスの多くは、子どもが本来持っている気質と、親のつくる環境とのミスマッチから生じるものです。そして親のつくる環境には、親の気質が無意識に反映されていることが多いのです。しかし、ストレス状態が生じるポイントを理解し、認識することで、その多くは容易に解消できます。

さらに、子どもに子ども自身の遺伝的な気質を理解させることで、自分をよりよく知り、生まれつきの傾向をコントロールする方法を教えることができます。そうすることで、子どもは自分の長所を伸ばし、困難と思われる状況に対処する方策を身につけられるようになります。

次の数章では、それぞれの気質についてより詳しく解説し、あなたとお子さんの「適合度」を改善する方法をお教えしましょう。

ここまでのポイント

- 私たちには、遺伝的な影響を受けた三つの特性（ビッグ・スリー）があり、そのため子どもたちは一人ひとり異なった気質を持っています。三つの特性とは、「外向性」「情動性」「自制心（自己制御能力）」です。
- 「外向性」は、ポジティブな感情、活動性、冒険心といったことに関する子どもの生来の傾向に関連づけられます。

◆「情動性」とは、不安、恐怖心、欲求不満に関する子どもの生来の傾向を指します。

◆「自制心（自己制御能力）」とは、子どもが自分の感情や行動をどの程度うまく制御できるかを示すものです。

◆子どもがどのような気質を持っているかによって、親が直面する問題やニーズも異なってきます。

◆「適合度」とは、子どもと親との相性のよし悪し、そしてより広い意味での子どもと環境との相性のよし悪しを指します。

◆子どもは、子どもの気質に合った環境に身を置くことで、伸びます。

◆子どもの気質と自分の気質を理解することで、子どもにふさわしい環境を提供でき、ストレスを軽減できます。

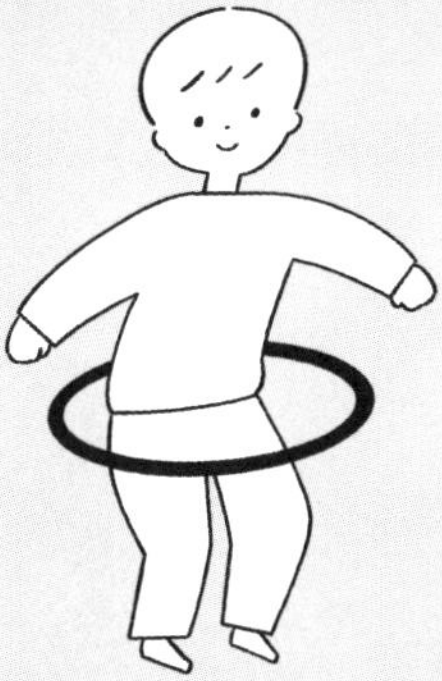

CHAPTER 4

子どもの「外向性」に応じた〝好きなこと〟を見つける

——自分でグングン伸びていく環境づくり

「人と会うと元気になる子」と「一人の時間が必要な子」

「あなたは外向的ですか？　それとも内向的ですか？」

と問われたら、たいていの人がすぐに答えられます。

私は外向的です。私の考える楽しい金曜日の夜とは、大勢の女友達と一緒に話題のレストランで食事とお酒（二十代の頃はダンスも！）を楽しむことです。人と一緒にいるのが好きで、初めての場所に行ったり新しいことに挑戦したりするのが好きです。ですからあまりに長い間、家に閉じこもって人との交流がないと居ても立ってもいられなくなるのです。一日中パソコンの前で一人書き物をしている日などは、夫が帰ってくるやいなや、質問を浴びせかけるのです。

大人の外向性と内向性についてはよく話題にのぼります。内向的な人に、金曜の夜は職場のパーティで初対面の人と世間話をしなければならないと言えば、彼らは尻込みしてしまうでしょう。外向的な人が一日中デスクで誰とも話さずに過ごすとしたら、とてもみじめな気分になることでしょう。

大人であれば、自分の外向性レベルが日々の生活や他人との関わり方、特定の活動の選択（または回避）に影響することを認識しているはずです。一方、子どもについては外向性／内向性の影響についてあまり考慮されないのですが、私は、それは間違いだと思っています。

子どもは幼いうちから「人と一緒にいたい」「にぎやかなのが好き」とか、「静かなのが好き」といったことを自然に感じています。合わない環境に無理に引き込もうとすれば、大人と同じように、大きな違和感を抱くことになります。

さらに悪いことに、**子どもはその違和感に対処するための認知能力が未発達のため、かんしゃくを起こしたり、恥ずかしい行動を取ったりしてしまうことがある**のです。

本章では、外向性の高い子どもから低い子どもまで、どのような特性を持つのかをお話しします。これは、あなたが自分の子どもをよりよく理解し、その子の外向性レベルが子どもの行動や親子関係に与える影響を理解するのに役立ちます。また、外向性レベルによって異なる長所と短所についても触れます。最後に、外向性の程度に合わせた育児法についてお話ししたいと思います。

私たちは外向性と内向性を別物のように表現しますが、実際はひと続き（スペクトラム＝連続体）であることを覚えておいてください。研究の世界では、人間は外向性の高い人から低い人までさまざまであると考えます。この章では「外向性」と「内向性」という言葉を、ひと続きの尺度の中で高いほうと低いほうに位置する子どもを表わす用語として使います。

ですが、子どもは必ずしも「どちらか一方」ではなく、幅広いグラデーションの中にいて、多くの子どもはその中ほどに位置すると覚えておくことが重要です。中程度の外向性の子どもは大人同様、外向性と内向性の特徴を併せ持つでしょう。

外向的な子どもの「よい面」「望ましくない面」

私の三歳の息子が幼児用プールの縁に座っていると、同年齢の女の子が歩いてきて隣に座りました。

「こんにちは、私はサバンナよ。あなたの名前は？　私たち、お友達になれると思うの。プールっていいわよね。うちにもプールがあるの。いつか私の家に来てくれないかしら。ああ、楽しみ！　ママたちに頼んでみましょうよ。おままごとだってできるし。あなたがパパで、私がママになるのよ。おもちゃもたくさんあるわ。どんなおもちゃが好き？」

息子は黙ってそこに座ったまま、その子をまるで宇宙からやってきた異星人であるかのように見つめていました。サバンナは完全に外向的な子どもで、内向的なうちの息子はどうしていいかわからずにいました。

外向性の高い子どもは、知らない人との出会い、初めて行く場所、新たな挑戦などを自然に楽しみます。そして、周りから元気をもらうことができるのです。初対面の人とでも積極的に会話をしますし、おしゃべりです（私の幼少期のあだ名は「おしゃべりティリー」、母は「言い返し屋のリン」）。典型的な外向的な家系です）。

外向性の高い子どもは思ったことをすぐ口に出す傾向があり、その日の出来事や思いついたことをすべて話したがります。さまざまな活動や出会いを好みます。注目されることに抵抗がなく、むしろ注目されたいと思っています。

○生まれながらに「人を惹きつける」能力を持つ

あなたが外向性の高い子どもを持つ親であれば、彼らにはいくつもの素晴らしい点があることをすでにご存じでしょう。外向性の高い子どもは社交的で、すぐに友達をつくることができます。外向性の高い子どもを遊び場に連れて行けば、走っていって他の子どもたちと遊び始めるでしょう。近所でバスケットボールごっこが始まれば、すぐにその輪に入っていきます。

外向的な子どもは愛嬌があります。自分の子どもが周りの人と触れ合うのを見るのは楽しいものです。甥《おい》のグレイソンが三歳のとき、浜辺でボールを投げている年上の子たちのところにトコトコ歩いて行き、「やあ、みんな、僕もやっていい？」と言ったのを覚えています。あまりのかわいらしさに、年上の女の子たちがその日一日、グレイソンの相手をしてくれました（母親はしばらくグレイソンの後を追いかけ回さずに済みました）。

外向的な子どもは他人と容易に接することができるため、大人にも子どもにも好感を持たれることが多いのです。

知らない人と出会い、新しいことに挑戦する意欲は、子どもにとって成長と学習の機会を増やします。他の子どもや大人との交流が増えることで社会性が育まれますし、知らない場所へ行く意欲は、世界を見て学ぶ機会を増やします。

このように、外向性の高さは、他者との交流や新しいことへの挑戦によってポジティブな感情を生み出し、このポジティブなフィードバックの連鎖が目標達成への意欲を高めると考えられているのです。また、このタイプの子どもはもともとポジティブ思考で、それが困難に直面したときのクッションの役割も果たすと言われています。

外向性は学校、ひいては職場で有利に働く可能性があります。なぜなら、外向的な人は生まれながらのリーダーとして認識されることが多いからです。社会は典型的な外向性の特徴を高く評価する傾向にあります。

なぜ外向的な人が優位な位置に立てるのか、最近の研究では、意外なのですが、その理由として、**相手の身振り手振り、話し方、動作などを無意識に「まねる能力」にたけている**ことが挙げられています。

これは「擬態」と呼ばれ、他人により関心を向けることから生じるものと考えられています。話し方や身振りの一致は相手の好感度を上げることが知られており、人々が外向的な人に惹《ひ》かれる理由の一つになっている可能性があります。

○「ありあまるエネルギー」が時にトラブルを招く!?

外向性の高い子どもを持つと、素晴らしいことがたくさんありますが、一方で、あまり好ましくないこともあります。**外向的な子どもは常に活発に動き回る傾向**があります。ともすると、活動的な彼らの欲求は、あふれんばかりのエネルギーとなり、親は、常に子どもに何かさせておかなければならなくなります。**特に、外向性が低い親は、こうした活動で疲弊**してしまいます。

また、外向性の高い子どもは自制心（自己制御能力）が低いケースが多いのですが、自制心が弱い上にエネルギーにあふれているため、家の中のものを壊してしまうこともあります。

私の友人の一人は、「二人目（高外向性）の子どもが生まれるまで、こんなに多くの親が朝から外出しているなんて知らなかった」とよく冗談を言っていました。上の子（低外向性）のときは、子どもがそばにあるおもちゃで遊んだり、レゴブロックを組み立てたり、パズルをしたりしている間、コーヒーを楽しむのが朝の日課だったそうです。しかし二番目の子どもが生まれてからは、静かでリラックスできたはずの土曜日の朝は、子どもが目を覚ましてベッドから出る瞬間からカオスと化したのです。

もう一つの困難は、外向性の高い子どもは常に他人との交流を求めるため、正直なところ、時に失敗もあるということです。外向的な子どもは（私たちと同様に）自分の世界でのあり方しか知らないので、「自己認識」に欠けることがあります。相手が子どもであれ大人であれ、誰もが常に仲間を求めているわけではないことに気づかない傾向があります。外向性の高い子どもは、トイレや寝室など、あなたがどこへ行くにもまとわりつきます。夫がよく私に言うように、ひっきりなしに続く会話ですべての人が元気が出るわけではありません。

もしあなたが外向性の高い子どもの親なら、もう一つ気をつけなければならないことがあります。社交的な小さな子どもの頃は愛らしくても、ティーンエイジャーになると悩みの種になるかもしれません。外向性の高い子どもは年齢が上がるにつれ、親にいろいろと難題を突きつける可能性が高くなります。同年代の仲間と一緒にいるのが好きなため、周りの影響を受けやすいのです。その社交的な性格から、他人の評価をより気にするようになります。

思春期になるとアルコールや薬物の使用など、危険な行動を取る可能性が高くなります。今はビヨンセの最新ヒット曲で踊りながらあなたの友人を楽しませているかわいい幼児も、十五年後には大学のパーティで、テーブルに上がって踊りまくっている可能性が高いのです。

内向的な子どもの「よい面」「望ましくない面」

夫の連れ子は、放っておくと一日中、家の中で遊んでいます。小さな食器を出してきては、しばらくの間、おままごとをします。それからお人形遊びをします。本を取り出して読書用の椅子《いす》に座り、イラストを眺めます。それからぬりえをしたりパズルをしたりします。馬のおもちゃで遊び、空想の世界をつくり上げます。

私たち夫婦は、十分ほどおままごとやお馬さん遊びをすると、もう髪をかきむしりたくなるほどうんざりしてしまいます。

外向性の低い子どもは、**自分の考えや感情、遊びといった内面的な世界に深く入り込みます。**

一人の静かな時間が楽しいのです。絶えず活発に動き回ったり、冒険をしたり、人と接したりする必要は感じません。むしろ刺激が強すぎると圧倒されてしまいます。大勢の人と過ごしたり忙しく活動をしたりした後は、充電のために静かな時間が必要になります。

内向的な子どもは、大人数よりも少人数で過ごすことを好みます。注目されることを嫌がり、初対面の人と打ち解けるまで時間がかかります。外向的な子どもは広い交友関係を持ち、さまざまなことに興味を示しますが、内向的な子どもは**少数の親しい友人とつきあうのを好み、何か一つに集中することを楽しみます。**

しかし、一緒にいて心地よく感じたり、ある話題に夢中になったりすると、とてもオープンでおしゃべりになるため、「あの魅力的な子どもが、人といるときに突然無言になるのはどういうわけだろう」と思うかもしれません。

外向性の低い子どもは新しい活動や集団に参加する前に、まず観察することを好みます。自分の意見を言えるように、また、積極的に発言できるようにサポートする必要があります。

○「静かな時間」が子どもの考える力を伸ばす

外向性が高いことによる優位性が注目されがちですが、外向性が低いことによる利点も多くあります。低外向性の子どもは（特に情動性が高くない場合）、あまり手がかかりません。他人のプライバシーを尊重する傾向があり（つまり、あなたも一人の時間を持てるかもしれませんね！）、学校では、それほど人にまとわりつかず、過度に騒いだりしません。流行や仲間に影響されにくく、自分なりの視点や考えを持とうとします。物事を深く考えてから決断し、行動に移す傾向があります。

物理学者のアルバート・アインシュタイン博士は内向的な性格の持ち主として有名で、「静かな生活の単調さと孤独が創造的な精神を刺激する」と述べているほどです。**内向的な人は創造的で、思慮深く、より意識的である**ことが多いようです。人と深くつながることを好み、量より質を重視します。また、プライベートを大切にする傾向があるため、自立心が旺盛《おうせい》です。

○疲れやすく、繊細な一面も

内向的な子どもは、**新しいことに挑戦させるのには説得が必要なことが多い**ようです。自分の居心地のよい場所を好むので、初対面の人や初めて行く場所では疲れてしまいます。そのため、少し背中を押されないと、未知の世界を探検したり、知らない人に会ったりしたがりません。社会的な場面は彼らにとってストレスになりがちです。情動性が高い場合、苦手な状況に置かれると、かんしゃくを起こしたり暴れたりすることがあります。

他人と接することで消耗するので、活動後に多くの休息時間を必要とします。十分に休息できないとイライラしたり機嫌を損ねたりします。

低外向性の子どもは、**物静かであるために見過ごされる危険**もあります。外向的な子どものように注目されることもなく、発言することもあまりありません。親や先生との関わりも少ないので、「大人をあまり必要としていない子」という印象を与えてしまうこともあるでしょう。

そのため大人から必要な配慮を受けられないことがあるのです。

また、自立心が旺盛で自分で考えることができるため、周囲の影響を受けにくく、仲間からのプレッシャーに強い反面、指示に素直に従えないという欠点もあります。自分の考えに満足し、返答に時間がかかるため、頑固に見られやすいでしょう。発言や即断を迫られたりするとストレスを感じたり固まってしまったりすることもあるため、外向的な子どもに比べて意固地で、要領が悪いと誤解されることもあります。

さらに、自分は他の子どもたちのように好感を持たれるのだろうか、頭がいいのだろうか、それとも何か問題があるのだろうか、といった疑問を持つようになることもあります。

「内向的」と「内気」は違う

内向的な子どもは「内気」と表現されることがありますが、実は内気と内向的であることは別物です。この二つが混同されるのは、どちらも集団行動に参加したがらない、他の子どもと一緒に遊ばないなど、似たような行動を示すからです。

しかし、**低外向性の子どもは一人でいることが好きで少人数のグループを好む**という点で、内気な子どもと大きく異なります。内気な子どもは、集団の一員になりたいけれども人づきあいに神経質（極端な場合は社交不安障害）になりがちです。

内気な子どもは、外向性の尺度で言えばどの位置にもあてはまります。外向性が中程度から高度である場合、他の子どもと接することに神経質であるわりには他人と一緒にいたいという気持ちも強いため、孤独感にさいなまれることがあります。一方、外向性の低い子どもは他の子どもとの交流に問題はなく、**ただ単に交流しないことを選択しているだけ**なのです。

自分の子どもが外向性が低いのか内気なのか、そこを見極めるのは親であるあなた自身です。自分に問いかけてみてください。お子さんは一人でいるのが嫌な様子ですか。他の子どもたちと一緒にいたいけれど、不安で一緒にいられないのでしょうか。もしどちらかの答えがイエスなら、あなたの子どもは内向的というよりむしろ内気で、社交性を高めることが重要なのかもしれません。人見知りは（ほとんどのものがそうであるように）遺伝的な影響もありますが、それ自体はいわゆる気質的な特性ではなく、**親がサポートすれば克服できるもの**であることは確かです。

社会性を育む「親子の会話」

おしゃべりで外向性の高い子どもであろうと、集団行動が苦手な外向性の低い子どもであろうと、**ほとんどの子どもは社会性を身につけることができます。**

歩いたり話したりすることと同じように、人との接し方は練習によって身につき、微調整されていくものです。社会性は、発達中の子どもの脳にとってはかなり理解するのが難しいものです。例えば、友達がからかわれているのを見たときなど、勇気を出して声を上げるべき場面もあれば、スーパーで隣に並んでいる人について、「ママ、あの女の人、髪型がおかしいよ！」などと思わず言ってしまうときなど、口をつぐんでいてほしいと思う場面もありますよね。

幸いなことに、子どもは成長するにつれて社会性を磨いていきます（多くの場合、大人も同じです）。

子どもの社会性を育む最適な方法は、会話を通して教えることです。

他人の感情を認識・理解する能力は、社会生活を送る上で重要な役割を果たします。つまり、感情と行動がどのように結びついているかを理解することで、他者とより上手に交流できるようになるのです。

このスキルを教えるチャンスはどこにでもあります（私の息子に聞いてみてください。十三歳になった今、うんざり顔で「出た、ママのヒント」と言っています）。例えば一緒に本を読み、何が起こったのか、登場人物の感情と行動を結びつけて話し合うことができます。ウサギさんはどうしてあんなに怒ったのかな？　ゾウさんがおもちゃを取ったとき、ブタさんはどんな気持ちだったと思う？　など。

子どもが学校での出来事を話してくれたとき（「今日さ、デービッドが何をやらかしたと思う？」など、うちの息子はたいていの場合、他の子の不始末を報告してくれるのですが）、それが話し合うきっかけとなるのです。

また、子どもが社会的な場面で困っているところをロールプレイするのもよいでしょう。

外向性が高い子ども	外向性が低い子ども
出会いを楽しめる	少人数のグループや親しい友人といるのを好む
知らない場所に行くのが好き	社会的な活動の後は、充電時間を必要とする
新しいことに挑戦するのが好き	行動を起こす前に観察するのが好き
おしゃべりで、声に出して考える	静かな活動を好む
注目の的になるのが好き	注目の的になるのが嫌い
友達を簡単につくれる	人と打ち解けるのに時間がかかる
承認欲求が強い	一人遊びで満足する

例えば、外向性が低く大人の目を見て話すのが苦手な子どもの場合、ロールプレイでそのスキルがなぜ重要なのかを理解させることができます。

うつむきながら子どもに話しかけ、その後、どう感じたかを尋ねましょう。そうすることで子どもは、目を合わせずに話をされると相手が不快に感じるものだと理解します。その後は子どもに、あなたと目を合わせながら話をする練習をさせましょう。

練習するほどに完璧に（少なくともよりうまく）なる、というのは何もスポーツに限った話ではなく、社会性に関しても同じことが言えます。外向性の高い子どもが周囲に発言の機会を譲ってあげられたとき、外向性の低い子どもが率先して新しい友達をつくれたときなど、うまく状況に対応できたら必ず褒めてあげましょう。

行動を褒めると学習意欲が高まるのみならず、望ましい行動をより多く取ることにもつながります（詳しくは次章で説明します）。

外向的な子・内向的な子——それぞれの伸ばし方

「子どもが何を必要としているかを探る」のは、子育てにおいて最も困難な作業のように感じられます。しかし、幸いなことに、子どもの外向性レベルを把握することは、その大きな助けになります。子どもの外向性のレベルによって、親が求められることが異なります。

あらかじめ子どもの特質を知っておくことで、親は、その子にとってより望ましい環境を整えることができ、困難な作業を減らすことができます。

また、外向性レベルによって、その子の伸びる分野も異なりますが、私たちは伸びる分野を伸ばす手助けをすることができるのです。

外向的な子どもには「メリハリのある子育て」を

外向的な子どもは、親や他人との交流を心から望んでいます。子どもが必要としている刺激を与え、目をかけてあげると同時に、静かな時間が悪いものではないこと、注目を独り占めしないことを教えるには、次のような方法があります。

①「社会的な刺激」をたくさん与える

外向性の高い子どもは、にぎやかで活動的な環境で伸びる傾向があり、社交の機会を必要とします。また、新しいことへのチャレンジ精神が旺盛で、それを楽しむので、さまざまな環境を与えてあげるとよいでしょう。

遊園地、ボウリング場、コンサート、スポーツイベント、児童劇、ダンスや体操の教室、キャンプや団体活動、公園など、人と触れ合える場所ならどこでも合うでしょう。地域で行なわれている活動を調べてリストにし、目立つところに貼っておくとよいでしょう。

ある友人は、地域の子ども向けのすべてのアクティビティ（博物館、公園など）のリストを朝食のテーブルの横の壁に、それぞれの営業時間と共に貼っていました。彼女は、何曜日の何時にどの施設がオープンするかを正確に把握していたので、朝食後に外向性の高い息子が狭い家の中でエネルギーを発散し始める前に、すばやく外へ連れ出すことができたのです。

②「フィードバック」をたくさん与える

外向性の高い子どもは、物事をじっくりと話し合うのが好きです。**彼らの脳は対話するようにプログラムされている**のです。他人の肯定的な反応からエネルギーや意欲を得ます。

つまり、あなたの注目と意見を渇望《かつぼう》しているのです。雲梯を登っているところをあなたに見てもらい、どれだけ高いところにいるかを知ってもらいたいのです。その日、学校でしたことを一つ残らず話し、一緒に盛り上がってくれることを望んでいます。もしあなたが外向的なら、おそらく自然に一緒に盛り上がれるでしょう。「すごいね、てっぺんまで登ったの！」「うわー、とても楽しそう！」など。

あなたが内向的であれば、おそらくそれを心地よいとは感じないでしょう。外向性の低い親御さんから、「子どもの行動について必ずコメントするなんてばからしい」「褒めてばかりではよくないと思う」と言われたことがあります。

あなたが外向性の低い親なら、外向性の高い子どもの〝脳の配線〟は自分とは異なっており、子どもが伸びるためにはフィードバックが必要であることを思い出してください。あなたからのフィードバックがなければ他者から求めるようになりますが、それは必ずしもよいこととは限りません。

フィードバックといっても大げさに褒めるのではなく、あくまで子どもの行動を振り返ることが大切です。「学校では大変だったみたいだね」「お友達とたくさん遊んだね」など。

ただし、成果を称《たた》えることを恐れてはなりません。「自転車に上手に乗れるようになったね」「仲良く遊べるようになったね」など。**肯定的なフィードバックを与えることは、もっとやってほしい行動を強化する有効的な方法**です。

よいことを無視して悪いことだけを指摘するのは、やめましょう。子どもは、どんな行動があなたの注意を引くのか、すぐに気づくはずですから。

③「スローダウン」を教える

外向性の高い子どもは常に動き回りたがるので、親であるあなたが**ペースを落とすことの大切さ**を教える必要があります。外の世界を探検し、たくさんの活動に参加することは素晴らしいことですが、私たちは皆、気づいているかどうかにかかわらず、充電する必要があります。ところが、外向性の高い子どもはそれが自然にできないのです。

特に年齢が上がるにつれて、多くの活動に参加することに興奮し、自分を追い込んでしまうことがあります。その結果、負担を感じるようになるのです。外向的な子どもの親として、あなたがダウンタイム（休憩時間）を取ることの大切さを幼い頃から教えてあげましょう。

やりすぎないように自分をコントロールする能力は大切です。外向的な子どもは人との交流やそれに伴うポジティブな感情を好みますが、それでも疲れ切ってしまい、時に愚痴を言ったり、口論になったり、かんしゃくを起こしたりしてしまうことがあるのです。誰だって疲れているときは最高の自分ではいられませんよね。

社会的な活動や外出の合間に、静かな活動をする時間を確保しましょう。大切なのは、リラックスしてリフレッシュする時間の大切さを子どもが理解できるようにすることです。以下は、外向性の高い子どもとの会話例です。

子：プールに行こう！

親：もう朝から公園で遊んだでしょう。お友達と一緒にいるのが好きって知ってるけど、みんな、お休みの時間が必要よ。代わりにママとパズルしない？

子：公園に行きたいな！

親：お外に行くのは楽しいね。でも、ゆっくり休まないと疲れちゃうよ。誕生日にもらったレゴのお船があったよね。あれを組み立てようね。

外向性の高い子どもが抵抗したり反論したりしても驚かないでください。結局のところ、彼らは生来、外に出たがる傾向が強いのですから。人間の脳は気に入ったものをより多くほしがるようにできています。しかし、親としての私たちの役割は、**子どもの自然な傾向に優しく働きかけて、人は欲求をコントロールしなければならないと気づかせること**です。親であるあなたは、子どもにどれだけの活動や交流が必要なのか、また、子どもがどれだけのことをこなせるのかについても、よく見極めなければなりません。

もちろん毎日決まった時間にダウンタイムを設ける必要はありません（それが親子にとってよいことであれば別ですが）。子どもにとってどれくらいの活動が適切なのかを把握し、それに合わせてダウンタイムを設ければいいのです。一日一回必要な子もいれば、一週間に一回でいい子もいるでしょう。

大切なのは、ゆっくりとした時間を過ごし、自分一人の時間を楽しむ必要性について話し合い、静かな時間も大切なのだと理解できるようにしてあげることです。

「お部屋で静かに本を読んだら元気が出たでしょ。これでまた頑張れるね！」とか、「いつも忙しくしていると、つい張り切ってしまうよね。加熱しすぎるとお湯が吹きこぼれてしまうのと同じだよ。そういうときは弱火にするみたいに、ちょっと何か静かな遊びをしようね」などと言ってあげるのです。

外向性の高い子どもが静かな活動を楽しんでいるのを見つけたら、その様子を褒め、もっとするように励ましてあげましょう。「すごいパズルを組み立てたね！　さすがだね。たまには自分一人で何かやるのも気分がいいよね」とか、「朝からたくさん遊んだ後、芝生に寝転がって雲を眺めるのもいいものだよね」などと。そうすれは、落ち着いて過ごすことの大切さを理解し始めます。そのうちそうすることが習慣となり、より自然に実践できるようになります。

④「内省と共感」を教える

外向性の高い子どもには、もっと内省的になることを学ばせる必要があるでしょう。これまで述べたように、私たちは自分のあり方しか理解できません。「他人も自分と同じように考えているのだ」と思い込むことは誰にでもありがちです。

外向性の高い子どもには、**自分は人や活動や会話からエネルギーを得ているけれども、誰もがそうではないこと**を教えてあげましょう。

考えを整理するために静かな時間が必要な人もいますし、あまり会話をしなくても人といるだけで楽しいという人もいます。きょうだいや友人に外向性の低い人がいたら、その人を例に挙げて話をするとわかりやすいでしょう。

「お友達のマイケルっているでしょ。一緒に遊ぶのはとても楽しそうだけど、マイケルはあなたよりも、ずっと静かな子だってわかってる？　たまにはおしゃべりを止めて、マイケルに話すチャンスをあげないといけないよ」とか、「あなたが口に出して物事を考えるのが好きなのを知っているけど、たまには黙って考えるのもいいことだよ」など。

6章の「自制心（自己制御能力）」の項目には、スローダウンして考えてから行動することを子どもに教えるための方法をたくさん載せています。外向性の高い子どもには、これらが役に立つでしょう。

内向的な子どもには「居場所づくり」が大切

内向的な子どもは、外向性の高い子どものように周囲の注意を引こうとすることはありません。しかし、彼らも周囲からの注意を必要としていないわけではありません。ここでは、内向的な子どもを持つ親が、おとなしい子どもが成長できるように手助けする方法を紹介します。

①「愛されている」と感じさせる

これは当たり前のことのように思えるかもしれません。誰もが当然のことながら、わが子に

「自分は愛され、受け入れられている」と感じてほしいと願っているでしょう。

しかし現実問題として、この世の中は外向的な人が多いのです。外向的な人の数は内向的な人の数の三倍以上と聞いたことがあります。特に西洋文化は強い個人主義、積極的に行動すること、自分の意見を述べることを誇りとする文化です。私たちは外向的な人々によって築かれた社会に生きているのです。そのため**内向的な子どもは、居場所がない、劣っている、なじめない、と感じる**ことがあります。

家族のメンバーである他の大人や子どもの気質にもよりますが、家庭でもこのように感じてしまうことがあります。学校でも、発言力のある子どもや意欲的な子ども（たいてい外向的）が目立つので、そう感じることが多いようです。幼い子どもは、なぜ自分が場違いな存在なのかが理解できないかもしれません。

親として大切なのは、外向性の低い子どもが自分自身を理解する手助けをし、自分には何一つ問題がないとわからせてあげることです。

人はそれぞれ違った気質を持って生まれてくること、人に囲まれて活発に行動するのが好きな子どももいれば、静かな時間や一人でいるのが落ち着く子どももいることを教えてあげてください。そして、どちらが自分らしいか聞いてみましょう。子どもにあなたは内向的であると説明するのです（私は子どもにも内向的という用語を使用します。この用語は社会に出てから目にする可能性が高いので、理解できていれば役に立つからです）。

内向的な人の素晴らしいところをすべて理解させるのです。内向的な人は落ち着いて物事を考えられる人で、静かな時間は創造性を生み、深く考察することができます。内向的な人たちは深いつながりを持つので、とてもよい友人をつくれます。インターネットで一緒に内向的な有名人を検索し、内向的であっても成功できると励ましてあげましょう。

私たちは外向型の社会に生きているので、外向性の低い子どもは、あなたからのより多くのサポートや励ましを必要とするかもしれません。いつも注目の的でなくても、遊び場で一番人気の子どもでなくても、親であるあなたが愛していることを知る必要があるのです。

「おとなしすぎる」ために仲間に受け入れてもらえず困っているのなら、社会性のスキルを身につける方法を一緒に考えてあげましょう。

そんなに大層なことをしなくても一緒に寝そべったり、読書をしたり、家で一緒に遊んだりできる友達が数人いれば十分だと理解させる必要があります。

外向性の低い子どもはシンプルな喜びを楽しむ傾向があります。親としては、そうした性格をものたりないと思うのではなく、むしろ才能だと捉えられるように手助けしてあげたいものです。

②「性質に合った活動」を探す

内向的な子どもは本来、少人数で刺激の少ない活動をすることを好みます。レゴ（子どもがもう少し大きくなったら飛行機や船の模型）、読書、パズル、ぬりえ、部屋の中で遊べるおもちゃなど、自分なりの創造性を発揮できるものをたくさん与えてあげましょう。図書館や美術館に行ったり、家で一緒に映画を見たりするのもよいでしょう。内向的な人に合ったスポーツもたくさんあります。お勧めはゴルフ、テニス、アイススケート、ボート、ロッククライミング、サイクリングなど、個人競技です。こうした協調性やチームワークを必要としないスポーツは、体を動かすのに最適です。写真もよい趣味になります。私の内向的な子どもは、家族の行事ではいつも「カメラマン」役を楽しんでいます。会話をしなければならないと焦ることもなく、自然とグループの一員になることができるからです。

他にも内向的な人に向いている趣味には、絵を描くことやガーデニング、料理などがあります。これらは人と協力する必要がないため、疲弊することなく、あなたや他の人たちと社会の中で一緒に過ごせる方法です。動物と触れ合うのもよいでしょう。内向的な人は動物との触れ合いをとても好みます。動物は人と違っておしゃべりをしないので疲れません。地元の動物シェルターでボランティア活動をするのも、外向性の低い子どもにとって、人とあまり関わらずに社会に貢献できるよい方法です。

③「一人になれる場所」を用意する

外向性の低い子どもには、一人で考え事ができる空間が必要です。その子だけの部屋を用意してあげるのが難しければ、小さな基地をつくってもいいですし、ふかふかの枕を並べ、シーツを壁に張って目隠ししたコーナーをつくってあげてもいいでしょう。大切なのは、誰も立ち入らない、**「自分だけの特別な場所」だと感じられる場所がある**ことです。内向的な子どもは周りが刺激的すぎるとき、逃避し、自分の世界に引きこもる手段が必要になります。充電するために一人の時間が必要なのです。

④「休憩が必要」と自覚させる

外向性の低い子どもの中には、静かな時間が必要なとき、自分で気づける子もいます。うちの三歳の娘は外向性が低く、夕食会や子ども同士の遊びの約束などで人を招くと、些細なことでも機嫌が悪くなります。人が多くて明らかに余裕がなくなっているのです。

そんなとき娘は私たちを見て、「ちょっとおひるね」と言い、二階に上がります。自室で五～十五分ほど絵本を読むと、また元通りの明るい子に戻ります。時々、娘がそのような状態にあることにこちらが気づき、「ちょっとお休みする？」と尋ねると、たいていほっとしたようにうなずき、部屋に戻って休憩します。

しかし、外向性の低い子どもの多くは、過度な刺激にさらされていることを自覚するのに手助けしてもらう必要があります。他の人と過ごした後は静かに充電する時間を取ることを学ばせなければなりません。どんなときに負担を感じるのか把握し、一人の時間を持つよう促してあげましょう。例えば誕生日会で盛り上がりすぎていると感じたら、「外に出て少し休もうか」と声をかけてあげましょう。自分の家での集まりならば、キッチンでお手伝いをしてほしいと頼むのもよいでしょう。少し席を外して、また参加してもいいんだよ、と理解させるのです。大人がカクテルパーティの最中にバルコニーでひと息つくのと同じことです。数分間離れれば充電できることを教えてあげてください。

「たくさんの人と一緒にいるのは大変だね。二〜三分でも離れるとリラックスできるね」と声をかけてあげるのです。そして、戻ってきたときには再び場に加われるよう、手助けしてあげましょう。「見て！　ハンナちゃんが楽しいゲームをしているよ。ハンナちゃん、ジョシュにやって見せてくれるかな？」といった具合に。内向的な子どもは集団に入る前に観察することが好きなことが多いものです。ですから集団に飛び込む前に、数分様子を見ていたとしても問題はないことを覚えておいてください。

「中間型」はその子のパターンを見つける

私の夫は自分を「外向的内向型」と呼んでいます。外向性が中程度の大人はこのように表現することが多いようです。「両向的」(ambivert)という言葉も外向性が中程度の人を指すのによく使われています。中間型の人は、外向性と内向性の両方の特徴を持っています。外向性レベルの分布を調べてみると釣り鐘型(正規分布。平均値を中心として左右対称に分布している状態)のパターンを描くため、実際には中間に当てはまる人は多く存在します。

中間型の子どもは、人との関わりや新たな挑戦をある程度は楽しみますが、静かな活動も好み、充電のためのダウンタイムも必要です。このタイプのお子さんをお持ちの方は、外向性の

釣り鐘型（正規分布）

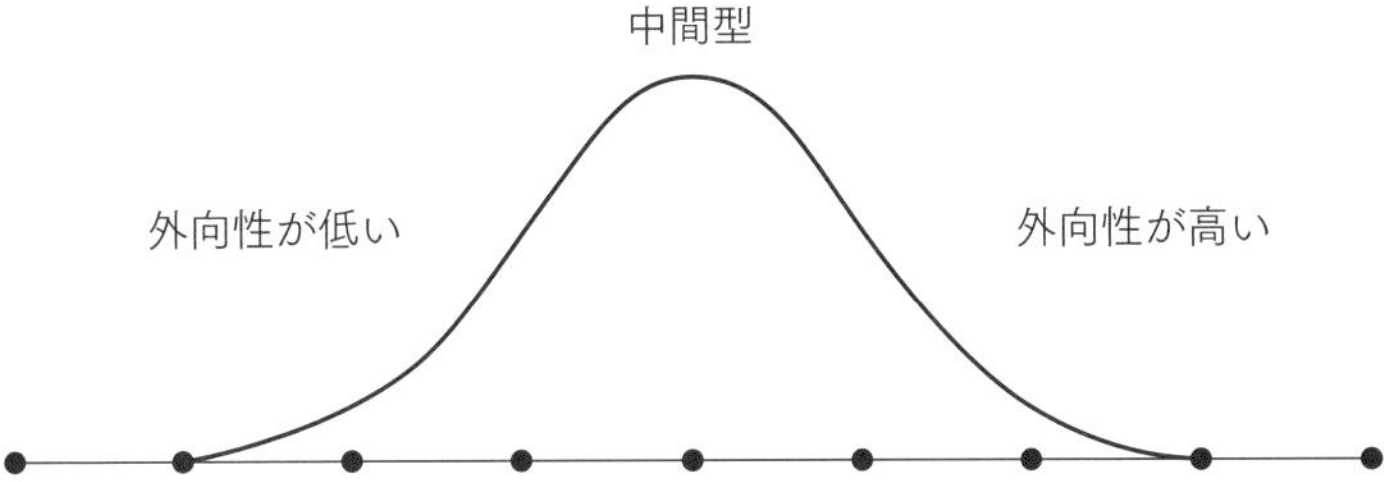

高い子と低い子の説明のところどころに、当てはまる要素を見出せたのではないでしょうか。つまり、お子さんは外向性の傾向がそれほど極端ではないので、**両方に適した活動を楽しむことができる**のです。

大切なのは、その子のパターンを把握することです。子どもにとって、人との触れ合いが多い活動はどの程度が適切なのでしょうか。また、どの程度のダウンタイムが必要でしょうか。じっくりと観察することで、その感覚をつかめます。

中間型の子どもは、外向性の高い人向き、低い人向きの両方の活動を楽しめるので、「情動性」が低い子どもの場合は特に、より順応性が高くなります。

しかし、何か特定のことをするときに不機嫌になるようであれば、一週間ほど、毎日さまざまな種類の活動に費やした時間と、それぞれの活動がうまくいったかどうかを記録してみるとよいでしょう。例えば、次のように。

土曜日

＊午前八～十時：お友達三人と公園にて子育てサークルに

参加（元気、たくさん遊んだ）
＊午前十時～正午：児童館（元気、たくさん遊んだ）
＊昼食・昼寝
＊午後二～四時：上の子の野球観戦（とても不機嫌、お行儀が悪い）

子どもは野球がつまらないと感じているだけかもしれませんし、午前中の遊びで疲れていたのかもしれません。一週間以上記録をつけることで、こうしたところを見分けることができます。「長時間外で遊ぶと機嫌が悪くなる」といったパターンが見られる場合は、合間に静かな活動を取り入れるなどして息抜きをさせてあげるとよいでしょう。例えば上の子が午後から試合だとわかっている場合、午前中、外で遊んだ後、家で静かに過ごす時間をつくってあげれば充電でき、午後からまた試合を観戦しながら走り回るのを楽しみだと思えるはずです。野球の試合のときだけ不機嫌になるようなら、そこにもヒントがありますね。

中間型の子どもは外向的と内向的、どちらに近いかによって（また、家族の他のメンバーの外向性の程度によっても）、外向性と内向性のどちらかのスキルを身につけるための手助けが必要になります。

例えば、中間型の子どもが夕食時の会話で盛り上がり、外向性の低いきょうだいがひと言も口を挟《はさ》めないことに気づいたら、中間型の子どもには、みんなに発言する機会を与えるように促すとよいでしょう。逆に中間型の子どもが外向性の高いきょうだいのペースに合わせるため

お勧めの活動、お出かけ場所	
外向性が高い子ども向け	外向性が低い子ども向け
遊び場	読書
たくさん子どもがいる公園	パズル
ボウリング	写真撮影
ダンス教室・体操教室	図書館
子ども向けコンサート	レゴ
スポーツ・イベント	部屋で遊ぶ
子ども劇場	ぬりえ
キャンプ、集団行動	自宅での映画鑑賞
子ども博物館	美術館
団体スポーツ	個人スポーツ
遊園地	ガーデニング
動物園	料理

注：外向性が高い子も、低い子も、どちらのタイプの活動やお出かけ場所でも楽しめますが、外向性が高い子どもはより社会的な刺激を、外向性が低い子どもはより静かな活動を必要とします。

に常に動き回っているようであれば、休息が必要なタイミングを見極める手助けをすべきでしょう。

　子どもと一緒に過ごす時間が長ければ長いほど、このような場面でちょっとした手助けが必要なのかどうかがわかってきます。

　しかし、一般的に中間型の子どもは主張が強くないため、「場の雰囲気に合わせる」ことができ、外向性の高い人と低い人の双方の考え方を理解し、さまざまな活動を楽しむことができるようです。

「苦手な環境」をどのように克服させる？

これまで述べてきたことは、外向性の高い子ども、または外向性の低い子どもとの「適合度」を調整するための工夫です。これらを実践すると、周囲の環境と生まれ持った傾向をよりよく調和させることができ、問題行動を減らせます。

もしかしたらあなたは、「でも世の中はそんなものじゃない。世間は人の都合に合わせてくれないのだから、子どもはそれを学ばなければならない」と思っているかもしれません（あるいは配偶者からそう言われたかもしれません）。

ごもっともな意見です。私は、外向性の低い子どもを自室でのんびり遊ばせて、決して他の子どもに会わせないようにしろと言っているのではありませんし、外向性の高い子どもを街中の活動やイベントに連れ回せと言っているのでもありません。

子どもの生まれ持った傾向を理解することで、相性のよい環境、苦手な環境を把握することができます。親がその知識を利用することで、子どもが怒ったり暴れたりする回数を減らしたり、少なくとも原因を突き止めたりすることができるのです。しかし、子どもの気質を理解したからといって、必ず気質に合った行動をしなければいけないというわけではありません（〝気質の奴隷〟になる必要はないのです）。

私たちは皆、自分の居心地のよい場所から外れた環境に身を置かなければならないことがあります。外向性の高い子どもは、時には一人でいる方法を学ばなければなりませんし、外向性の低い子どもは社会的な環境で生き延びる方法を学ばなければならないのです。

どんな状況が子どもにとって困難なのかを理解することは、その状況を避けるようにするということではなく、より的確にどんな困難が生じるかを予測し、準備できるようになるということです。

「ストレスコントロール」が得意な子、苦手な子の違い

正直に申し上げると、**子どもの生まれつきの傾向に挑むことは、文字通り挑戦的なこと**です。子どもは自分にとって居心地のよくない環境に置かれると、ストレスを感じます。このストレスに対して子どもはさまざまな反応を示しますが、どれだけ強く反応するかは子どもの「情動性」のレベルに関係しています。

周囲の環境と子どもが生まれ持った傾向とのミスマッチから生じるストレスに子ども自身がどれだけうまく対処できるかによって、どれだけ無理をさせられるかが決まります。**「情動性」の高い子どもは、周囲の環境と自身の外向性とのミスマッチをコントロールするのがとても苦手**です。私の子どもは（皮肉にも）二人とも外向性が低いのですが、情動性については対

照的です。息子は外向性が低く情動性は高い、継娘《ままむすめ》は外向性も情動性も低いのです。二人とも一人で遊ぶか、親や少人数の友達と遊ぶことを好む傾向があり、大勢の子どもの中に入ると口をつぐみ、傍観するようになります。

しかし息子は情動性が高いため、不快な状況に置かれるとひどく動揺してしまいます。そのことは、幼い頃の誕生会での反応からも明らかです。外向性の高い私は大勢で集まるのが大好きなので、息子の二歳と三歳の誕生日には盛大なパーティを開き、幼い子どもから大人までたくさんの友人を招待しました。「ハッピーバースデー」の合唱が始まったとたんに、二年連続で息子はパニックになり、最初の年はテーブルの下に、次の年はソファの後ろに隠れてしまいました。私は息子をなだめようとし、皆はぎこちなく歌を終えました。

彼にとって人前で注目されることは苦痛でしかなかったのです。やがて私もこのことに気づき、大掛かりなパーティを催すのをやめ、今では家族とごく親しいお友達数人でささやかにお祝いをしています。

私は物覚えが悪いので（それとも懲《こ》りない性格なのか）、継娘の誕生日会を企画するときにまたもや調子に乗って、三歳の誕生日には、街なかのわが家の裏庭に触れ合い動物園と馬小屋を設置した、盛大なパーティを開いてしまいました。

継娘も外向性が低いのですが情動性も低いので、（本物に近い規模の）動物園も大丈夫でした。大声を上げてヤギやヒツジと一緒に走り回る子どもたちを静かに見守り、柵の隅っこでウサギをなでていました。馬小屋を模したケーキを囲んでみんなで歌を歌い、キャンドルの火を吹き消すように促されたときは少し落ち着かない様子でしたが、泣きながら家具の下へ隠れるようなことはしませんでした。ストレスのコントロールがうまくできるので、自分の気質とのミスマッチな状況にも対応でき、大惨事には至りませんでした。

では、気質と周囲の環境がミスマッチを起こしていて、子どもが苦痛を感じやすい場合はどうすればいいのでしょうか。**取りやめるか、事前に準備するか**ですが、その選択はあなた次第です。

かんしゃくの予防に有効な「事前予告」の仕方

時には、予定を取りやめる判断をすることもやむを得ません。できたばかりの子ども博物館に開館初日に行く必要があるでしょうか、それとも二週間ほど待って、さほど混雑していないときに子どもを連れて行くほうがいいでしょうか。近所の子どもの誕生日会に参加すれば子どもが泣き出す可能性がありますが、本当に行く価値があるでしょうか。

もし、あまり思い入れのない場合や、子どもの（あるいはあなた自身の）機嫌が悪い場合には、どうしても無理だと判断することもあるでしょう。それでいいではありませんか。イサベラの四歳のお誕生日会に顔を出さなかったとしても、世界が滅びることはないのですから。

しかし、時としてやる価値があるものもあります。あなたにとって大切なイベント、あるいは、子どもが嫌がろうとなんだろうと、出席させることが大切だと思うイベントです。

その場合はしっかり準備することがポイントです。外向性の低い子どもについては、「親戚の集まりで会ったこともない遠い親戚のおばさんやいとこに囲まれても大丈夫だろう」と勝手に思い込まず、外向性の高い子どもには、図書館に行く途中で、「自分は仕事をするから何時間も静かに座っているように」とは言わないようにしましょう。

来たるべきイベントについて事前に（「事前に」というのは、車に乗り込むときにという意味ではありません）、子どもに話しておくことです。子どもの気持ちについてよく話し合い、そして、一緒に計画を立てるのです。以下、外向性の低い子との会話例です。

親：「アリッサ、土曜日に親族会があるのよ。親族会って何か知ってる？」

子：「知らない」

親：「親戚の人たちが大勢で集まること。おじいちゃん、おばあちゃん、おばちゃんの家族とか、たくさんの人が集まるの」

子（疑わしげに）：「知らない人たちがたくさん？」

親：「初めて会う人がたくさん来るでしょうね。どんな気分？」

子：「行きたくない。大勢の人と一緒にいるのが嫌なの、知ってるでしょ」

親：「苦手なのはわかるし、気が重くなるのもわかるわ。でも、やっぱり行くことが大事なのよ。もし大変すぎるって感じたときにどうすればいいか、作戦を考えておきましょう。何かアイデアはある？」

子どもの年齢や成熟度によって、計画を立てられる場合とそうでない場合があります。子どもと一緒に意見を出し合ってみましょう。「疲れちゃったら、外に出て庭を探検してみようか。二階に行っておばあちゃんの猫と遊んでもいいかもしれないね」というように、必要なら休んでもいいんだよと教えてあげ、作戦を練る手助けをするのです。

事前の準備には、子どもだけでなく、あなた自身の準備も含まれます。睡眠不足、ストレスがたまっている、気力がないなど、自分に余裕がないときは、子どもの気質に合わないことに挑むのには適していないでしょう。親族が集まる席では「参加しない」という選択肢はないかもしれませんが、イベントによっては（おそらくあなたが思っている以上に）、あなたや子どもに負担が大きいと思われる場合は、いつでもキャンセルしていいのです。

現実問題として、どんなに計画を練って準備しても、子どもがどうしても対応できないことがあります。特に「情動性」が高い子の場合はなおさらです（これについては次章で詳しく説明します）。

親としては、子どもがどうしても対応できない場合は、深呼吸してリセットすることが大切です。子どもが目の前の状況に立ち向かえなくなったときの対処法を考えておきましょう。どうしてもうまく乗り越えられないときのために、あなたなりの計画を立てておく必要があるのです。

実を言うと、これは常に私にとって一番難しい課題です。子どもと話し、計画を立て、どうふるまうか練習して、やるべきことはすべてやったのに、いざ本番になると、とたんに息子はかんしゃくを起こしたり、参加を頑なに拒んだりするのです。どんなに準備してもどうにもならないことがあるので、歯がゆい気持ちになります。

息子が自分から行きたいと言ったのでサマーキャンプにお金を支払い、話し合って準備をしたのに、送り出すときになったら大勢の子どもたちを見て固まってしまい、車から降りようとしなかったことが何度もありました。計画を立てていたのに。一週間のスポーツキャンプは全額前払いだったのに。送り出したあとに私は会議の予定が入っていたのに。お互い順調に行くように準備していたのに。その瞬間、私の子どもはどうしても対応できなかったのです。

そしてまさしくそのとき、親である私こそが準備していたことを見直すべきだったのです。私はイライラして、「作戦を立てたでしょ。ママは仕事に行くの。大丈夫だから車から降りて！」と叫びたかったのですが、そんなときこそまず深呼吸し、気を落ち着けて、もう一度よく話し合う、という自分の心構えを思い出さなければならなかったのです。そうすると、息子も気を取り直してキャンプに向かう年もありました。そうでない年もありました。そんなときは日を改めてやり直しました。その瞬間は髪をかきむしりたくなるものですが、十三歳になった今、息子は早く友達のところへ行きたがって車を飛び降りていくのです。

耐えましょう。これは持久走であって短距離走ではありません。**努力し続ければ、やがて子どもは自分の気質をコントロールするのに必要なスキルを身につけられるはずです。**

親子、きょうだいの「外向性の違い」の乗り越え方

子どもが生まれる前、あなたは親子でできる楽しいことをたくさん思い浮かべたことでしょう。あなたが思い浮かべたことは、あなたが気づいていようといまいと、**あなた自身の外向性レベルと関係している**のです。

外向性の高い親は、子どもを動物園や公園に連れて行ったり、友達と遊ばせたり（盛大な誕生日会を開いたり）するのが楽しみでなりません。外向性の低い親は、本を読んだり、絵を描いたりと、子どもとの充実した時間を楽しみにしています。私たちが想像する子どもとの世界は、**私たち自身の気質と興味の産物**なのです。そして、運よく自分と子どもの外向性が一致したときは、とてもうまくいくのです。

外向的な子どもを持つ外向的な親は、イベントに参加したり、公園を探検したり、社交的な場に出たりといったことに喜びを感じます。内向的な子どもを持つ内向的な親は、家で一緒に遊んだり、自然の中を散歩したりして、充実した時間を過ごします。このような親子の組み合わせは、生来、適合度がよいのです。

しかし、親と子どもの気質が全く違うということもあり得ます。**親と子どもの外向性のミス**

マッチはしばしば、子育ての悩みや課題の根源となるものです。

「外向的な親」と「内向的な子ども」の組み合わせ

内向的な子どもを持つ外向的な親には、とかく心配事が多いようです。うちの子は一匹狼なんです！　友達ができないんです！　部屋に閉じこもりすぎ！　学芸会に出ようとしません！　もっと積極的に社会に出ていくべきです！

私は外向性の高い親で、外向性の低い子どもを二人持っています。ですから皆さんのそういった気持ちはよくわかります。しかし、内向的な子どもは私たちとは全く異なるやり方でこの世界を生きているのだと思うようになりました。[*]理解しがたいことかもしれませんが、彼らのやり方は決して劣っているわけではなく、**単に私たちと異なっているだけ**なのです。

外向性の低い人は、たくさんの活動で忙しくしたり、大勢の人に囲まれて過ごしたりする必要を感じません。少人数でも質のよい人間関係を築きたいのです。その小さな輪の中に私たち親もいるのです。外向性の低い子どもは、居心地がいい空間にいるときはとてもおしゃべりで明るいのですが、集団の中に入ると口を閉ざしてしまいます。

私たち外向性の高い親にはとても不可解で、もどかしいことですよね。私といるときはあんなに元気で明るいのに、どうして人前では不器用なんだろう、と思ってしまいませんか。私たちは友人や親戚にも、いつもの明るいわが子を見てほしいのです。そのため、子どもに「オン・モード」になるように、つまり外向的な世界や生き方に適合させようと、つい無理を強いてしまうことがあります。私もやってしまったことが何度もあります。

自分の内向的な子どもや、世間の自称内向的な人たち、さらには内向性を研究する学者たちから私が学んだことがあります。それは、**時として子どもは一人の時間がほしいだけだ**、ということです。

一人になれる時間が必要だからといって、内向的な子どもは友達ができないわけでも、生涯、地下室に閉じこもって暮らす運命にあるわけでもありません。ただ、その子なりに物事を整理し、充電するために落ち着ける空間が必要なだけなのです。もちろん親がいなくていいとか、親を愛していないとか、一緒にいたくないとかいうことではありません。

私たち外向的な親は、内向的な子どもにとって疲れる存在となってしまうこともあります。たまには近くに座って静かに遊びたいと思うのでしょう。寂しがり屋の恋人とつきあったことがある人なら、「いつもそばにいないほうが好きになれるのにな！」と感じる瞬間があったことでしょう。内向的な子どもも、そのように感じることがあるのです。

外向性の低い子どもを持つ私たち外向性が高い親は、彼らの脳は私たちと異なる〝配線〟になっていることを理解しなければなりません。彼らは私たちとは違う体験から喜びを得ていて、私たちが楽しいと思うことの多くが彼らにはストレスになります。その特性を愛し、尊重できるかどうかは私たち次第です。ただし子どもたちを私たちに合わせようと無理強いするのはよくありません。そんなことをしたら関係がこじれるだけです。私たちの役目は、彼らが自分の特性を理解し、受け入れられるようにサポートすることです。

「内向的な親」と「外向的な子ども」の組み合わせ

内向的な子どもを持つ外向的な親が心配しがちなのに対し、**外向的な子どもを持つ内向的な親は罪悪感を抱えがち**になります。子どもについていけないと感じたり、もっといろいろなことをさせてあげなければと焦ったりするのです。

外向性の高い子どもが「いろいろなことを体験してみたい」と思うその情熱に好感を抱くでしょうが、それは親にとってはとても疲れることです。先に述べた、外向的な子どもに適した活動内容や社会的な刺激を与える方法について読むだけでも圧倒されそうになるでしょう。しかし、悲観することはありません。試行錯誤《しこうさくご》こそ必要ですが、双方に有益な活動を見出すことは可能です。

外向的な子どもは社会的な刺激を求め、内向的なあなたは静かな活動に魅力を感じます。一緒に本を読んだり、パズルやゲームをしたりといった、あなたが思い描いていた過ごし方は、子どもにとって十分な刺激とはなり得ないかもしれません。子どもは全くやりたくないわけではありませんが（ただし自制心が低い子どもだと苦労するかもしれません。6章でもっと詳しく述べることにします）、子どもが退屈そうにしていたりイライラしたりしているようなら、外向性の高い子どもが求めるような社会性の高い活動をもっと取り入れる必要があります。

だからといって、いきなり近所の子育てサークルに入ったり、土曜の朝から公園で他の親と雑談したりする必要はありません(苦笑)。子どもが他の子たちと交流でき、しかも、あなたに負担にならないような活動に参加してみてください。意外かもしれませんが、両方の条件を満たしたものがあるのです。

例えば、近所の図書館に読み聞かせタイムがあるかどうか調べてみるとよいでしょう。読み聞かせの間、外向性の高い子どもは他の子たちと一緒にいられますし、あなたは知らない(あるいは知りたくもない)親たちとの世間話を強いられることもありません。外向的な子どもを持つ内向的な私の友人は、地元の野外センターで、子ども向けに毎週異なる動物について講義する教育プログラムに参加し、彼女自身は部屋の隅で静かに本を読んでいたそうです。

こんなふうにすれば、あなたには負担ではありませんし、子どもには社会性を身につけさせることができます。スポーツチームやボーイスカウト、ガールスカウトといったグループ活動に参加させるのもよいでしょう。子どもは他の子どもたちと交流を深めることができますし、あなたは切望していた静かな時間を手にすることができます。子どもが仲間と過ごせて、あなた自身も自分の時間を持てるような放課後児童クラブも探してみてください。

重要なのは、自分を責めないことです。子どもが楽しく活動できるよういつもいつも気を配っていると、自分が疲れてしまいます。**よい子育てとは、子どものためになんでもすることではなく、自分と子どもにとって何がベストなのかを見極めること**です。親子がそれぞれの個性を発揮することで、お互いが幸せになれるのです。

もう一つ、外向性の低い親が苦手なことがあります。それは、**子どもに対する「フィードバックと承認」**です。外向性の高い子どもは、あなたからのフィードバックがないのは、あなたが自分のことを誇りに思っていない、あるいは認めていないことの表われだと誤解することもあります。ですから、あなたのほうから積極的に声をかけてあげることです。

「わあ、パズルが上手にできたね！」

「今日は公園で新しいお友達をたくさんつくったね！」

「高い木に登れたね！」など。

外向性の高い子どもは、親からのフィードバックを切望しています。

また、お互いの「気質の違い」について話し合いましょう。あなたは充電のために静かな時間が必要であることを子どもに説明してください。**親にも「自分のスペース」が必要で、それを子どもに伝えてもいい**のです。脳の仕組みは人それぞれであること、活力を取り戻すために落ち着いた時間が必要な人もいること、そしてあなたもその一人であることを子どもが理解できれば、それは子どものためになるはずです。

早いうちからバランスを取らないと、やがて外向的な子どもが、もっと話してくれ、もっと活動をさせてくれ、もっと一緒にいてくれと、いつも要求してくるように感じ、あなたが子どもに恨《うら》みがましい気持ちを持ち始めることもあり得ます。

「外向性のレベル」が異なるきょうだいから「違い」を学ぶ

子どもが複数いる場合、子どもによって外向性のレベルが異なることもよくあります。これは親にとっては、さらなる試練となります。外向性の高い子どもは社会的な活動を必要とし、外向性の低い子どもは静かな時間を必要とするため、そのバランスをどう取るかという難題が出てきます。さらに、外向的な子どもは親の時間と注意の多くを奪い、内向的な子どもは目をかけてもらえず、自分がきょうだいに比べて大事にされていないと感じてしまうという懸念もあります。

家族の絆を深めるには、話し合うことが大切です。親と子の気質の違いについて話し合う必要があるように、子ども同士の「外向性の違い」について教えてあげましょう。それぞれの長所について話し合い、違いはあれど共に尊重され、大切にされていることを理解させましょう。それぞれが必要としていることに応える方法をみんなで一緒に考えてみるとよいですね。家族でブレインストーミングを行ない、計画を立ててください。

例えば、外向性の高い子どもが混雑する博物館へ行きたがり、外向性の低い子どもが反発した場合、「午前中に博物館に行って、午後はネイサンに何をしたいか選んでもらったらどうかな」と提案するとよいでしょう。外向性の低い子どもには、博物館で気疲れしたらベンチで本を読むなど、休息が取れるよう工夫をしてあげましょう。

外向性の高い子どもが夕食時に会話を独り占めするようであれば、外向性の低い子どもに意見を求めるようにします。外向性の高い子どもには、外向性の低いきょうだいに発言させるように促します。こうすることで違いを尊重し、大切にすることを教えられるので、長い目で見ると有益だと言えます。**外向性の異なるきょうだいがいるというのは、共感と妥協を教える、またとないチャンス**なのです。

「自分の強み」を自覚させる手助けを

子どもの外向性のレベルは、「社会で体験すること」や「人との関わり方」に大きな影響を与えます。子どもの外向性の傾向に私たちがどのように対応するかで、豊かな経験や人間関係を築く基盤をつくることができます。**私たちが与え得る最大の贈り物は、子どもが独自の強みを理解し、それを大切にする手助けをすること**です。

外向的な子どもは、「エネルギッシュな自分は親から愛されている」と感じているでしょうか、それとも「自分と一緒にいると親は疲れるから、嫌われている」と感じているでしょうか。内向的な子どもは、「自分の静かで創造的で、思慮深い性格を親に認めてもらっている」と感じているでしょうか、それとも「親に認めてもらえるように、もっと頑張らなければ」と思っているでしょうか。

親である私たちは、子どもが自分の性質をどのように捉えるかについて、中心的な役割を果たすことができます。どちらの子どもにも、世の中に貢献できることがたくさんあり、子どもがそれを発見するのを手助けするのは私たち親なのです。

「たとえるなら、外向的な人は花火、内向的な人は暖炉の火」

――ソフィア・デムブリング（作家）

【注釈】

＊外向性の高い親が内向性について理解するためにお勧めの本はこちらです。とてもわかりやすく、示唆に富んでいます。『内向型を強みにする』（マーティ・O・レイニー著、務台夏子訳、パンローリング）

ここまでのポイント

◆子どもは幼い頃から、人と一緒にいることが好きかどうか、にぎやかな場所と静かな場所のどちらを好むかといったことに生来の傾向を持っています。育児におけるストレスの多くは、子どもの気質と親のつくり出す周囲環境とのミスマッチから生じています。

◆外向性の高い子どもは、知らない人との出会い、初めての場所、未知のことへの挑戦などを楽しめます。人と接することで元気をもらい、すぐに友達をつくりますが、特に外向性の高くない親は疲れてしまいます。

◆外向性の低い子どもは静かな活動や、一人または少人数の時間を好みます。あまりに多くの刺激を受けると圧倒されてしまいます。

◆外向的な子どもと内向的な子どもは、親に求めることが異なります。

◆外向的な子どもは、(一)多くの社会的刺激、(二)フィードバック、(三)スローダウンすることを学ぶ、(四)内省と共感を学ぶ、といったことが必要です。

◆内向的な子どもは、(一)愛され、受け入れられていると感じるための手厚い支援、(二)おとなしい性格に合った活動、(三)一人になれる静かな場所、(四)休息、といったことが必要です。

◆中間型の子どもは外向性と内向性の両方の特徴を併せ持っており、さまざまな活動を楽しめます。

◆気質によって、どんな状況がその子にとって苦手であるかを理解すれば、事前に予測して準備することが可能です。

◆外向性レベルが親子で異なると、ストレスや心配の原因になります。違いを認識すれば良好な関係性を築けます。外向性の異なるきょうだいもまた、新たな課題をもたらします。

◆子どもには、自分の気質の長所を理解させ、問題になりそうな部分については対処法を教えてあげるとよいでしょう。

CHAPTER 5

子どもの「情動性」を成長につなげる

――「困難を感じていること」を知る

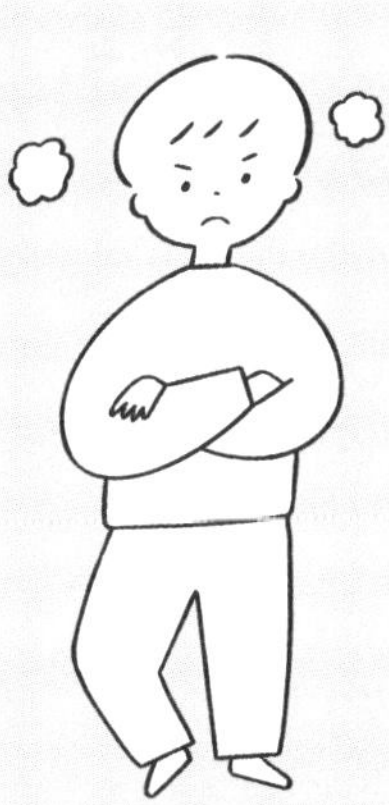

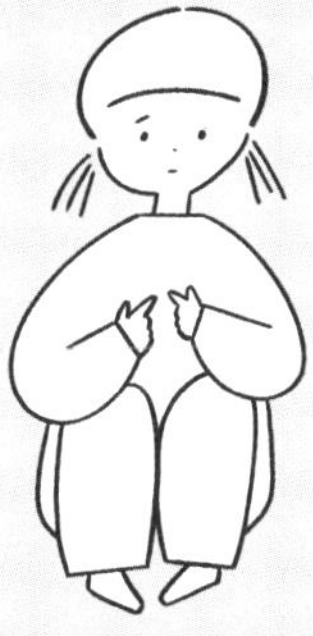

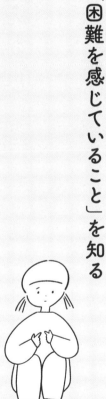

「感情の起伏が激しい子」に手を焼いていませんか？

息子が就学前には、毎週土曜日の朝は公園や動物園、子ども博物館などに出かける計画を立てたものでした。どんな場所でも一緒に充実した時間が過ごせると私は想像していました。しかし実際のところ、成功するかどうかは五分五分でした。息子は靴を履いたと思った次の瞬間、また脱いで空中に放り投げ、ドンドンと足を踏み鳴らしながら自分の部屋へ戻り、ドアをバタンと閉めました。いったい何が起こったのでしょう？

3章で検証したように、「情動性」の高い子どもは極度の不安を感じたり、イライラしたり、恐れを感じたりしがちです。私の息子は情動性の高い子どもであるのは間違いありません。どこから噴《ふ》き出してくるのかわからない感情の爆発、完全なパニック状態。情動性の高いお子さんをお持ちの方ならば、そういった経験があるでしょう。

さて、この感情の爆発は、いったい何に対してでしょう？　全く些細なことです。一緒に楽しくぬりえをしていたと思ったら、次の瞬間にはその絵をびりびりに破いて部屋から飛び出していくのです。

もしあなたも情動性の高いほうならば、子どもの頃の自分の感情を覚えているでしょうから、何が原因でそのような行動に出るのか、よくわかるかもしれません。青のクレヨンが自分のイメージする空の色でなかったら、その絵が「台無しになった！」と思うのも理解できるでしょう。でも、あなたの情動性が低い場合、自分の子どもがそのような行動を取れば心底困惑し、少し怖いとさえ感じるかもしれません。

子どもの問題行動は「親の放任主義」が原因？

情動性の低いお子さんをお持ちの親御さんは、感情の爆発やかんしゃくについてのエピソードを読んで、その子はいったいどこが悪いのだろうと不思議に思ったり、親が悪いのではないかと思ったりするかもしれません。

情動性の高い子どもやその親に対する批判は、情動性の背後にある遺伝子についての誤解から生じています。情動性の高い子どもは、反抗的、狡猾《こうかつ》、目立ちたがり屋、生意気、甘えん坊などといったレッテルを貼られ、感情を爆発させるのは、親が自由放任にしすぎて、きちんとしつけができていないからだと批判されます。

「ちゃんとしつけないと！」と面と向かって意見する人も、陰で言う人もいるでしょう。

子どもの行動について、まず親を非難するのはなぜでしょうか。

友人は、私の夫が何かばかげたことをしても彼をとがめないし、私には「あなたも大変ね」と共感するような顔をしてみせます。ところが、他人の子どものこととなると反応が変わります。なぜなら、私が思うに、情動性の低い子どもには、エネルギーを他へ向けさせる、境界線を設定する、「ごほうび」と「おしおき」を与える、といった〝標準的な育児法〟が非常に効果的で、よくない行動をきちんと最小限に抑えられているからなのです（あくまでもやり方が適切だった場合で、それについてはこれから述べます）。

それゆえ、情動性の低い子どもを持つ親は、情動性が高くて扱いの難しい子どもの親に対して「この人の子育てが間違っているに違いない」と思うわけです。

親がよい行動にはごほうびを与え、よくない行動に対しては罰することで、子どもはどう行動すればいいかを学びます。部屋に靴を投げ散らしたら「タイムアウト」（訳註：子どもが困ったことをしたときに、部屋の隅などに子どもを置いてクールダウンさせる方法。アメリカでよく行なわれるしつけ法）をさせます。タイムアウトによって、子どもは靴を投げてはいけないことを学びます。

これは〝適切な子育て〟として世間では常識とされています。その論理にのっとれば、子どもが悪い行動を繰り返すのは、親が何かしら間違った行動を取っているからに違いない、となります。親が適切にしつけをしていれば、子どもはどう行動すべきかを学ぶはずですから。実にシンプルではありませんか。

いいえ、結論を急いではいけません。情動性の高い子どもは、**「苦痛にうまく対処できない」**と定義されています。そのため、「間違った行動をしたときに罰を与える」という一般的な親の試みは、彼らの苦痛をただ増大させるだけなのです。世間で思われているのとは逆で、情動性の高い子どもは怒られたり罰を与えられたりした経験が少ないのではなく、実際には多いのです。

公共の場で子どものよくない行動に対して親が寛容であるように見える場合、その親は、そこで罰すればその行動がいちだんとひどくなるだけだとわかっており、周りの人たちにそのような光景を見せないようにしている可能性があります。残念ながらそれがまた、「子どもの間違った行動は、親が放任主義で罰を与えなかった結果である」という誤解がなくならない原因になっています。

このような批判や誤解が生まれる根底には、**情動性を左右する子どもの生来の気質が途方もなく多様**であるという事実があります。重要なことですが、情動性の高い子どもと低い子どもとでは異なる戦略が必要なのです。

情動性は子どものふるまいと密接に関係しているので、この章では、子どもの行動を整えていくための効果的な戦略を取り上げていきます。つまり、かんしゃくを抑えて、なおかつ望ましい行動を促すための戦略です。あなたの子どもの情動性のレベルに応じて、どのような方針で育てていけば最もうまくいくか検討していきましょう。そして、さらに、苦痛や不安に敏感に反応する情動性の高い子どもと平穏に暮らせるようにするための案も示します。

「鞭」を惜しむと子どもがダメになる？

一般的に、どの子どもにもうまく機能するベーシックな子育て原理があると思われています。そして、反抗的な態度に対する方法は、たいていの場合、「悪い行ないを罰すること」です。そのような原理が私たちの精神にいかに深く染み込んでいるか、少し考えてみましょう。

子どもは目上の者を敬うことを学ぶ必要がある。誰の指示を聞くべきか、理解する必要がある。誰が上の立場かを知る必要がある。自分の悪い行動の結果を学ぶ必要がある（これを世間一般の親は、親がおしおきする必要がある、と解します）。鞭《むち》を惜しめば、子どもがダメになる。

「悪いことをすれば、悪いことが起こる」という世の仕組みを子どもに教えるのは、大人の義務だと私たちは考えるのです。

　多くの人がこのような考えのもとで育てられてきたので、そう思うのも当然です。子どもが悪いことをすれば親は罰を与えます。それはあまりにも直感的であるため、どうしてそうなのか、誰も立ち止まって問いかけることすらしません。

　驚かれるかもしれませんが、この一般的な育児法は、かつて男性が妻子や家畜に対して法的な責任を負っていた時代にまでさかのぼります。

女性や子どもの品行が悪ければ、法的責任は夫あるいは父親にありました。その結果、女性や子どもを行儀よくさせるためには、男性は「何をしても」許されていたのです。この考え方が広く受け入れられ、それが多くの女性や子どもに対する虐待へとつながっているのは悲しいことです。

多くの文化圏で、男女間の関係性や女性の扱いに対する考え方は大きく進化しました。「行儀よくさせる」ために妻を殴るという、かつて当たり前のように行なわれていた夫のふるまいは、もはや受け入れられません。

子どもへの体罰に対する見解も時間をかけて変わってきましたが、悪い行動は罰するべきであるという一般的な考え方は、かつて友人が「子どもを行儀よくさせるには、古きよき子育てに限る」と私に向かって言ったように、いまだに主流のままです。

しばし頭を柔らかくして、別の育児法を想像してみましょう。私たちはこれまでの歴史から、厳格な子育てにあまりにも深くなじんでいるため、穏やかなアプローチに違和感を覚えるかもしれません。

でも、しばし先入観を脇に置いて、子どもに望ましい行動を促すために何が有効なのか、その背後にある科学に目を向けてみましょう。というのも、たいていの人はお行儀のよい子どもが理想だからです。それは現実的ではありませんが、少なくとも「ましな行動をする子ども」でいてほしいからです。

なぜ「おしおき」は逆効果になりやすいのか

おしおきが機能しないことは、研究結果が示しています。確かに、その瞬間はよくない行ないをやめるかもしれません。でも、たいていの親が考えることとは裏腹に、**子どもが再びその行動を取る可能性は変わらない**のです。

おしおきをするだけでは、子どもに「どういう行動を取ってほしいか」を教えることはできないからです。それどころか、罰を与えることで親は子どもに「してほしくない行動」を教えてしまうのです。

親が怒鳴れば、「腹が立ったときには怒鳴ればいいのだ」と、親が殴れば、「殴っていいのだ」と子どもは学びます。親が罰を与えることで、子どもは、自分の思い通りにしたいとき、自分の意思を誰かに押しつけたいとき、誰かの行動が気に入らないときは、「怒鳴って、殴って、罰すればいい」ということを学ぶのです。それはおそらく、親が伝えようと意図している教訓ではないはずです。

また皮肉なことに、親は罰を与えることで、親が**「繰り返してほしくない」と思う行動に子どもの意識を集中させてしまう**のです。

親に注目してもらうことは、子どもにとっては「ごほうび」の一つです。つまり子どもの悪い行ないに親が不平や文句を言うことは、**親が望んでいない行ないに、ごほうびを与えている**

ことになるのです。

望ましい行動に対して、親があれこれ言うことはないでしょう。親は静かに落ち着いた一日を過ごし、その最高に幸せな瞬間を穏やかに享受します。ところがそれは、親が望ましいと思う子どものふるまいを、実は無視していることになります。ママやパパの気を引きたければ、上手にぬりえをするよりも、きょうだいをいじめるほうがはるかに早いということを、子どもはすぐに学習します。夕食を行儀よく食べていれば何も言われませんが、鼻から牛乳を出そうものなら何か反応が返ってくるのは間違いありません。親がよい行動を気に留めることはあまりありませんが、悪い行ないに対して親は必ず怒ります。

親御さんはたびたびこう尋ねます。

「おしおきをすることで、子どもはよし悪しを学びますよね？」

答えを言ってしまいましょう。**あなたのお子さんは、すでによし悪しの判断ができます。**歯磨きをすべきであると知らないから歯磨きを怠《おこた》るのではないのです。きょうだいをたたいてはいけないと知らなかったから、たたいたのではありません。あなたは子どもに幾度となく「歯磨きをしなさい」「きょうだいをたたかないで」と言ったに違いありません。情動性の低い子どもも高い子どもも、悪さをしている最中でなければ、何をすべきか、すべきでないかを説明するのはとても上手です。どのような行動がよくて、どのような行動がよくないのか、間違っている理由は何か、やってはいけないことをやればどうなるか、親に伝えることができます。

それでもやはり、子どもはしてはいけないことをするのです。

罰を与えることが機能しない理由の一つは、何がいけないことかがわかるだけでは、自動的に未来の行動を止めることにならないからです。私は、アイスクリームを一箱丸ごと食べるのはよくないとわかっていますが、それだけでは私を止めることはできません。もっと運動すべきだということもわかっています。だからといって、毎朝六時にベッドから飛び出してランニングシューズを履こうと私が奮《ふる》い立つことはありません。

おしおきの最後の問題は、**おしおきをしても、子どもがすぐにそれに適応してしまう**ということです。つまり、罰を与えて「悪い行動をやめさせる」という望ましい効果を得るためには、罰を厳しくし続けなければならないのです。幼児に手を焼いたことのある人なら誰でも経験したことがあるでしょう。子どもは親が最初に声を荒らげたときはさすがにびっくりしますが、時間と共にショックの大きさは減っていきます。それはすなわち、子どもの困った行ないをやめさせるためには罰を厳しくし続けなければならないことになります。

もっと大きな声で怒鳴る、説教の時間を延ばす等々。また、体罰が今よりも日常的に行なわれていた時代には、より激しく殴るということになりました。これが誰にとってもよくないサイクルの始まりであるのは明らかです。子どもの行動をやめさせられないと、親はますます厳しい罰を与えることを余儀なくされます(それはいつまで続くのでしょうか)。

罰を与えても悪い行動を取る頻度《ひんど》が下がるわけではありません。怒りを爆発させた親のほうもいい気持ちはしません。そしておそらくは親子の関係が損なわれます。だとしたら、子どもに罰を与えることが親にとって頼れるテクニックだと、どうして言えるでしょう。それは相当効果の薄い「過去の遺物」でしかありません。女性に「身の程をわきまえさせよう」とするのと同じようなものです。子どものためになる何かしらの新しい戦略が、とっくに取られていてもいい頃です。

親の最強のツールは「ごほうび」

悪い行ないに対するおしおきに代わるのは、**よい行ないを促すような取り組み**です。悪い行ないをやめさせるよりも、よい行ないを積み上げさせるほうが、実際にはよほど簡単です。子どもはよい子でいる時間が長いほど、悪い子でいる時間が少なくなります。魔法のようですね！　この手法は**「ポジティブ育児」**と呼ばれていますが、子育てブログや育児書で目にしたことがあるかもしれません。

ポジティブ育児が子どもによいということはたくさんの研究結果が示しており、親は効果が高いと科学的に裏打ちされた戦略を取ることができるわけです。

しかし、一つ大事な点があります。情動性の低い子どもと高い子どもでは、効果的な戦略が少し異なるのです。あなたのお子さんの情動性が高ければ、これからご紹介する標準的なツールでは十分ではないと感じられるかもしれません。でもご心配なく。そのような親御さんのために〝追加の戦略〟をお伝えする項があります。

子犬の訓練と同じで、よい行ないを身につけさせるには、「ごほうび」を与えることから始めます。**親の最強のツールは「おしおき」ではなく「ごほうび」**なのです。**よい行ないを褒める**ことにより、親がもっと目にしたいと思う行動が習慣化されていきます。悪い行ないに焦点を当てるのではなく、よい行ないに注目する必要があります。親にとってもそのほうが楽しいでしょう。でもこのやり方は、正しく実行してこそうまく機能します。

子どもが変わる「上手な褒め方」

もちろん、アイスクリームよりもiPhoneのほうがごほうびとして望ましいなんて言うつもりはありません。子どもの行動や態度が変わるかどうかは何を与えるかではなく、どんなふうにごほうびを与えるかに大きく左右されます。クリニックには、「ごほうびを与えたけれど(子どもを褒めた)、うまくいかなかった」という親御さんがよく来ます。**ごほうびは「適切に与えられたとき」にのみ、子どもの行動を変えるように働く**のです。実際に子どもの行動の変化につながる褒め方には、基本原則があります。

①「よい行ない」に注目する

よい行ないを効果的に増やすための第一の柱は、**「よい行ないに注目すること」**です。ばかばかしく聞こえるかもしれませんが、考えてもみてください。子どもが普段、やるべきことをやっていたら、私たち親はどれほど何も言わずにいることか。

親は子どもに、歯を磨きなさいと言います。パジャマを着なさい、お風呂に入りなさい、寝なさい、と言います。そして子どもが言われた通りにしたとき、たいてい親は何も言いません。親は毎日、子どもが「やるべきことをやる」ことをただ期待するだけです。そして、子どもがバスタブ一杯分の水を床にまき散らしたら、反応するのです。パジャマを着ないでおもちゃで遊んでいると、文句を言い始めるのです。新しいソファの上で飛び跳《は》ねたり、キッチンに泥だらけの足で入ってきたりしたとき、ママとパパは慌てて走ってくるのです。

では、どうすればこのサイクルを変えられるのでしょうか。子どもを悪い子だと捉えず、ポジティブな行動に集中する必要があります。適切に（すなわち、結果的に将来望ましい行ないが増える方法で）褒める秘訣《ひけつ》は、

（一）熱意を込めて
（二）具体的に
（三）その場で
（四）一貫性を持って

の四つです。

よい行動に関心を向け、熱意を込めて言葉をかけることから始めましょう。「子どもが自分でパンツを履いた」ら、〝ついでに声かけする〟というレベルではなく、独身時代には想像もしなかったような熱狂ぶりで、チアリーダーになりきるのです。「一人でパンツを履けたの？すごい、すごい！」といった具合です。

一般論で話すのではなく、具体的によい行ないを挙げてコメントします。つまり、「よくできたね」「おりこうさんね」と言うのではなく、「歯を磨くなんてすごい！」「自分でパジャマを着るなんて偉い！」「おお、今日は着替えがとても速いね！」「あら、自分でスプーンを使ってシリアルを食べてるんだ！」といったふうに伝えるのです。

よい行動に対しては、その場ですぐに、そして毎回忘れずに褒める必要があります。着替えがうまくできない子どもであれば、着替え終わるやいなや、着替えたことが素晴らしいと言葉をかけます。後に買い物をしているときになって褒めるのでは遅いのです。そして、よい行動が身につくまで毎朝同じことを繰り返します。「よーし、今日もパンツが履けたね！」というふうに。

○困ったときは〝よい上司〟になる

自分の子どもに対してどのくらい簡単に言葉のごほうびを与えられるかは、自分自身の育てられ方と性格によるようです。私はポジティブな褒め言葉をたくさんかけてもらえる家庭に育ちました。そして、今、私は心理学者です。それゆえ、わが家にはたくさんのポジティブなフイードバックがあります。

大人になってからも両親に会ったときには、私がささやかな成果を上げた話（「今日、支払いを済ませたわ」）をすると、両親は大げさに褒めてくれるので（「支払いを済ませただなんて、すごいじゃない！　気分がいいわね！」）、夫には笑われます。彼にはおもしろおかしく感じられるようです。でも、本当に気分がいいし、そのようにポジティブなフィードバックは、支払いを済ませることさえも少し楽しく感じさせてくれます。

もしあなたが、そんな話は全部くだらないと感じるのであれば、このように考えてはどうでしょうか。**あなたは自分の子どもの上司である**と（子どもがいくら否定しても）。

あなたはどんなタイプの上司の下で働きたいですか。おそらくは、あなたがやるべきことをやっていることに気づき、業績に目を向け、賞賛してくれる上司ではないでしょうか。何か間違ったことをするたびに叱責《しっせき》し、よい仕事をしてもそれには一切触れない上司の下で働きたい人は、誰もいないでしょう。

人はみな、温かく、物わかりがよく、応援してくれる上司が好きです。人は時に間違いを犯すことがわかっていて、ミスから学ぶ猶予《ゆうよ》を与えてくれ、それについてくどくど言わない上司が好きです。そのような上司の下で働く従業員は幸福度と生産性が高いことを、研究結果が示しています。これは子どもにも当てはまります。

②「小さく分解」して褒める

あなたはこう思っているかもしれません。「それは大いに結構ですね。でも、うちの子どもは自分で服を着ないので、褒めようがなくて困っているんです」と。

ここで重要なのは、**「簡単なことから始める」**ということです。正しい方向への小さな一歩を褒め、そこから徐々に積み上げていくのです。お子さんが、このところ朝の着替えを嫌がるのであれば、まずはただ服を選ぶという行動を褒めることから始めます。あるいは、下着を身につけただけでも褒めることができます。

着替えに時間がかかりすぎるのが問題であるならば、**「制限時間レース」**にしてみることもできます。おおらかな気持ちで始めましょう。いつもは三十分かかるのであれば、二十分あげましょう。そして十五分、十分と減らしていきます。一歩一歩です。子どもは、言われたことをやれば「ごほうび」がもらえると気づき始めれば、もっともっと自分でやりたくなるでしょう。重要なのは、**子どもが自発的にできる小さなステップに分解してあげること**です。

また、それぞれの行動に対して、その都度褒めることも重要です。いくつかの行動をまとめて、一度に褒めようと思ってはいけません。例えば、「いつもよりも順調な就寝前のルーティン」を褒めようとしてはいけません。就寝前のルーティンを「歯を磨く、パジャマを着る、床に就く」と分解して、その一つひとつの行動について褒めるのです。

③「重要なこと」に集中する

子どものすべての行動を褒める必要はありません。家庭で課題になっている行動に焦点を当てましょう。子どもによって、その数は少ない子もいれば多い子もいます。一度に全部に取り組むことは、現実的には不可能ですから、**特に変わってほしいことをいくつか**選びましょう（**一度に三つ以内**がお勧めです）。

あなたが一緒に働きたい上司のタイプについて思い返してみてください。もし上司から、すぐに改善の必要のある二十もの項目が記されたリストを渡されたら、圧倒されて、どれも実行できないかもしれません。でも、二つか三つであれば、それらに取り組み、改善に成功し、よい気分になれるでしょう。そして、それが習慣にまでなれば自信につながり、次の項目に進む準備ができるでしょう。それは子どもも同じです。

人は一度に二〜三の行動にしか集中できません。私は非常に複雑な「ごほうびシール表」を見たことがありますが、それに沿って取り組むのには博士号が必要なくらい難しいでしょう。

もし、同時に二つか三つの行動だけに取り組んでいるときに、他の悪い行動が見られた場合はどうすればいいのでしょうか。それは無視しましょう。おそらく親にとってはここが一番難しいところです。悪い行動を無視するですって？　常識では理解できないのはわかりますが、それでうまくいくのです。

注目は「ごほうび」の一つであることを思い出してください。よい行動を育むことに集中しようとしているまさにそのときに、悪い行ないにごほうびを与えたくないでしょう。最も重要なことを優先し、(当面は)他は無視してください。例えば、就寝前のルーティンに取り組んでいるならば、子どもがズルズルと音を立ててシリアルボウルから牛乳を飲んでいても無視しましょう。無視するとは、言葉でも態度でも、視線ですらも反応しないということです。それが無理なら、部屋を離れましょう。

当然ですが、人をたたく、物を投げつける、親の指示に従わないといったことは無視できません。でも、めそめそする、駄々をこねる、すねる、注目を浴びようとする、相手にしてほしくて親を困らせる、など、子どもがする困った行動の多くは無視できます。大事なことは、ひとたび無視し始めたなら無視し続けること。これは困った行動をエスカレートさせるかに見えます。子どもはさらに激しく親の気を引こうとするでしょうが、そこで折れれば、あなたはただ悪い行動を助長しただけになります。強い意志を持ち続けましょう。

これは長期的な戦略です。時間と共に悪い行ないが減っていくことは、私が保証します。そして、子どもがめそめそするのをやめたときには、すぐさまそのよい行動を褒めましょう!

「ママが電話でお話ししている間、静かに座っていてくれて本当にありがとう!」

静かに座っていたのは、十五分もめそめそし続けて疲れてしまっただけだったとしても、かまいません。そこには触れないでおきましょう。すぐにその行動を褒め、それ以外のことはなかったふりをします。これは培《つちか》うべきスキルです。

④「言葉のごほうび」で悪い行動をやめさせる

親の本当の望みが子どものある行動をやめさせることである場合、どこに焦点を当てて褒めればよいのでしょうか。朝からぐずぐずする、きょうだいをいじめる、汚れた服を散らかしたままにするなど、親がやめてもらいたいと思う、親をイライラさせる子どもの行動は枚挙にいとまがありません。

ここでも「ごほうび」を使う方法があります。

多くの家族を対象に広範囲な研究を実施しているイェール大学の児童心理学者アラン・カズディン博士は、その手法を「ポジティブ・オポジット（正反対のポジティブな側面に集中すること）」と呼んでいます。

つまり、「子どもにやめてもらいたい行動」（問題行動）に注目するのではなく、正反対である**「やってもらいたい行動」に着目する**のです。

例えば、だらだらしたり、口げんかしたりするのをやめさせようとする代わりに、朝、時間通りに着替える、きょうだいげんかをせずに夕食を食べる、前日に履いた靴下をベッドルームに散らかしておかないなど、**やるべきことをやったら、褒めることに集中する**のです。

ゆっくりと時間をかければ、子どもの苛立たしい行動を、その正反対の行動に置き換えることが可能です。

子どもがワクワクする「ごほうびシステム」を

ここまでは、子どもを褒めるという「言葉のごほうび」に着目してきました。「言葉のごほうび」の力を甘く見てはなりません。親に感情のこもった温かい褒め言葉をかけてもらいながら抱き締められることは、子どもにとってとてもうれしいことです。思い出してください。「チアリーダーになりきる」のです。

でも、もっと厄介な行動や強情な行動には、より明確な、わかりやすい「ごほうびシステム」が必要かもしれません。そこで**「ごほうびシール表」**の登場です。表にシールを貼る（あるいはチェックマークをつける）ことがすぐにもらえるごほうびですが、それが後でさらに大きなごほうびにつながります。

お気に入りの公園へ出かける、大好きなゲームを一緒にやる、特別なおやつを食べるなど、子どもが喜ぶことであれば何でもごほうびとして利用できます。親は子どもと協力して、子どもがワクワクして取り組める「ごほうび銀行」をつくることができます。子どもはそのプロセスに参加することで、ますます張り切ることになるでしょう。

「よい行動」と「ごほうび」とを結びつけるための「練習」もできます。

例えば、あなたが「してほしいと思っている行動」が歯磨きで、ごほうびは「シールを表に貼ること」に決め、シールが三枚たまれば特別なおやつが食べられることに決めたとしたら、「さあ、練習よ。歯を磨いているまねをしてごらん、そうしたらシールを表に貼るからね」と言えばいいのです。（たとえ嫌々でも、いいかげんでも）子どもが言われた通りにしたら、すぐにシールを表に貼って、「ほら！　一枚もらえたね！　あとたった二枚でおやつが食べられるよ！」と言うのです。

もし子どもが「練習」を拒んだら、ただ静かに「オーケー、やりたくなったらやろうね」とだけ伝えます。説教も文句もなしです。私の経験では、十分に時間がたって、息子がそれを私ではなく「自分の」アイデアだと感じるようになると、十回のうち九回は「今から歯を磨くね」と宣言するようになりました。

もしあなたのお子さんが、このように気が変わって課題をこなしたならば、（たとえ不満が残っても）あふれんばかりの褒め言葉をかけてあげましょう。「一時間前にしていたら、シールをもらえたはずなのに」などと指摘してはいけません。皮肉を込めて、「やっと言うことを聞いてくれて嬉しいわ」と言うのもなしです。

想像してみてください。あなたが「洗濯物をやっつけるわ」と言ったときにパートナーから「それって先週やるって言ってたやつだよね？」と返されたらどうでしょうか。やる気になって洗濯室へ走って行こうとは思わないでしょう。それどころかおそらく不機嫌になって、洗濯する気も失せるでしょう。

あなたの唯一の望みは、子どもによい習慣を身につけてもらうことだということを忘れないでください。「すごい！　上手に歯磨きできたね！」という親の言葉は、「洗濯してくれてありがとう！」と言って、それ以外の議論は一切なしにするのと同じことです。

効果が高い「ごほうびシール表」のつくり方

「ごほうびシール表」を使うのであれば、シールを貼るときには必ず褒め言葉を添えます。ごほうびはシンプルなものにし、惜しみなく与えましょう。大きなごほうびをもらうためにシールを十枚も集めなければならないとなったら、子どもは途中で飽きてしまうかもしれません。

思い出してください。あなたは、「よい行動」と「ごほうび」を結びつけるきっかけがほしかったはずです。ごほうびを得るまでに時間がかかったり、難しすぎたりしてお子さんにフラストレーションを感じさせては、目的が達成できません。ケチケチする必要はありません。

私は親御さんから、もし「ごほうびシール表」に子どもの大好きなスーパーヒーローの絵が描いてあったり、鮮やかな色が使われていたりしたら、子どもはもっと「楽しめて」、もっと夢中になって取り組む可能性はありますか、と質問を受けたことがあります。大人でも、とても素敵で印象的なごほうびシール表をつくってピンタレストに投稿するとなれば、いっそう気合が入るでしょう。

確かに、子どもと一緒に表をつくるのは、楽しいですし、心を通わせる活動にもなるでしょう。でも、紙切れに数本の線が引いてあるごほうびシール表よりも、素敵な『アナと雪の女王』の表のほうが子どもたちが取り組みやすいという証拠はありません。

ですから、アートが得意でなくても心配はいりません。重要な項目（熱意を込めて褒める、その場で褒める、一貫性を示す、具体的で小さなステップから取り組む）を実行しているのであれば、それで十分です。

「望ましい行動」を身につけさせるコツ

このままずっと「ごほうびシール表」をつくり続けるのだろうか、と思われるかもしれません。幸いなことに、脳がひとたび「行動」と「ごほうび」を結びつけたならば、少しずつごほうびを減らしても行動は続きます。

あなたも幼少期にはトイレを使うだけでごほうびをもらえたかもしれませんが、大人になった今、トイレに行くたびに、チョコがもらえると期待してはいないでしょう。高校三年生の子に歯磨きのたびにお星さまシールをあげたりしないはずです（男の子はちょっと別かもしれませんね。男子に衛生観念って、そもそも身につくのでしょうか）。

脳内の結びつきが確立されてごほうびを段階的に減らしていけるようになるまでに、どのくらいの時間がかかるのでしょうか。それは子どもによります。たいていの子どもは、数週間から数カ月かかります。ある行動を当たり前のようにできるようになり、生活の一部になったと感じたならば、おそらく次に取り組みたい行動へ進む準備ができています。それでも、褒め言葉をかけ続けるのはよい考えです。

また、次の行動に取り組み始めたときに、前の行動に退行があったならば、やめるのが早すぎたということです。まだ身についていなかったのです。そんなときは、前の段階に立ち戻り、もう少し時間をかけて続ければいいだけです。

脳はいつでも「報酬」を求めている

私が親御さんから最もよく聞く不満は、「なぜ親は、子どもがどのみちやらなければいけないことをしたからといって褒めなければならないのか」というものです。実生活では、誰にとってもやるべきことはたくさんあります。私はもっと頻繁《ひんぱん》にジムに通うべきです。もっと健康にいいものを食べるべきです。ベッドをきちんと整えるべきです。そう、あなたのお子さんも、言われたらすぐに部屋をきちんと片づけるべきです。

でも「言われたらすぐに部屋を片づけなさい」という言葉には、あなたが「新年から毎朝六時のボディシェイプクラスに通い続ける」と自分に誓った言葉と同じ程度の効力しかありません。あなたは、子どもが何をすべきかについてガミガミとまくしたてることも、やるべきことをやらないからとイライラし続けることもできます。あるいは、科学を利用して子どもをうまく導くこともできます。

「正しい行動をさせるために賄賂《わいろ》を贈るのはよい考えとは思えない」というのもよくある悩みです。

はっきり申し上げますが、ごほうびは賄賂とは違います。賄賂は、やるべきではない何かを誰かにやってもらうために支払う対価です。あなたは**子どもがやるべき行動を増やそう**としているのです。私たちは皆、ごほうびのために働きます。仕事に行くのは給料がもらえるからです。ジムに通うのは、エクササイズをしたあとに健康になったと感じるからです（体重も数キロ落とせるでしょう）。夫がどんなに感謝しているかを伝えてくれれば、私がベッドをきちんと整える頻度も上がるでしょう。

人間の脳は報酬と密接なつながりがあることを思い出してください。ある行動でごほうびがもらえるとわかれば、それをやり続けますし、やる頻度も上がります。子どもが望ましい行動を取ったときにごほうびを与えることは、科学を利用して子どもがよい行動を学習するのを助けているだけなのです。

子どもの成長にプラスになる「指示の出し方」

あなたは今、優れた子育てスキルを実践しているはずです。よい行動に関心を向け、熱意を込めて、具体的に、その場で、一貫性を持って小さな一つひとつの行ないを褒めていることでしょう。また、目の前の優先事項ではない困った行動は無視できていることでしょう。お子さんは今、完璧ですよね？　そうであればいいのですが。

子どもは、どうしたって親が無視できないことをやります。きょうだいをたたき、反抗的な目を向け、夕食の皿をテーブルから払い落とし、もう風呂から出る時間だと告げればおもちゃを投げてきます。このような行動は無視できません。そこで、非常に多くの親が一番よく知っていると思われるしつけの要素、「おしおき」の話になります。

よい行動に「ごほうび」を与えるというルーティンに入ったら、「おしおき」をする頻度を減らさなければなりません。とはいえ活用はしなければなりません。ごほうびと全く同じように、おしおきを効果的にするには正しいやり方をする必要があります。

そもそも、あなたが子どもの行動を最後まで見届ける気がない限り、何かをするように指示してはいけません。なぜなら、従わない場合には、必ず罰を与えなければならないからです。大した問題でなかったり、または罰を与える状況ではない（別のことで忙しい、公共の場にいるため罰を与えたいとは思わない）場合は、**無視のスキル**を実践します。ただし、ひとたび指示を出したならば、子どもが従わなかった場合には罰を与えます。そうしなければ、「親の言うことをいつもいつも聞く必要はない」と教えてしまったことになります。

どんなときも、**ネガティブな指示よりはポジティブな指示のほうがよい**ということは覚えておいてください。買い物中は、「棚から品物を取っちゃダメ」ではなく、「両手をカートの中に入れておいてね」と言いましょう。あなたが「見たくない行動」ではなく**「見たい行動」**に焦点を当てるのです（注：これは慣れるのに時間がかかりますが、コツをつかめれば必ず自然にできるようになります）。

「おしおき」の方法はいくらでもあります。例えば子どもがシリアルの箱を棚からはたき落としたら、子どもにそれを拾い上げさせ、きちんと棚に戻させるというのもおしおきになります。

罰を与えるときは「穏やかに、その場で、短時間で」

ごほうびと同様に、今後の悪い行動を減らすのに役立てるという意味で罰を機能させるためには、**即座に一貫性を持って**実行しなければなりません。「タイムアウト法」はアメリカではおなじみのしつけですが、これがよく使われる理由は、家でも、店で買い物をしていても、事実上どこででも実行できるからです。

例えば子どもと目を合わせないなど、子どもがごほうびだと感じることを与えなくすることもタイムアウト法です。目安としては、三歳であれば三分間といった、子どもの年齢と同じ分数で通常は実施します。家にタイムアウト用の椅子を用意している親御さんも少なくありません。また、必要であればお店の片隅を使います。

でも、ほとんどの子どもにとって、（親が注意を向けてくれないというのも含めて）「ごほうびをなくす」という方法はどのような場合でも効果があります。重要なのは、子どもがあなたの指示に従わないときは毎回、罰を与えることです。

罰を与えることについて、もう一つの驚くべき事実は、**罰を重くしても、後の悪い行動を減らす効果はない**ということです。例えば、大好きなおもちゃを一週間取り上げても、その日おもちゃが見つからなかった程度の重さしかありません。

罰は、穏やかに、その場で、短時間で与えるのが一番効果的です。子どもに「おしおき」をするのは誰しも嫌ですよね。私もそうです。でも、罰をうまく機能させる最も重要な要素は、「とにかく実行すること」なのです。

重すぎる罰は、親に対する不満を募らせる時間をたくさん子どもに与え、即時性を失ってしまうため、実際には逆効果です。例えば、罰として自転車を一週間取り上げた場合、子どもはその後、数日間は自転車に乗りたいとせがんでくるでしょう。でも、自転車を取り上げられる原因となった行動をしてから何日もたってから罰を与えれば、子どもにとっては親が「ただ意地悪をしている」だけに思えてしまいます。「悪い行動」と「罰」が直結しなくなってしまうのです。

罰について気をつけなければならないことがあと二つあります。

一つは、**子どもにやってほしい行動を罰として使わないこと**です。例えば、庭仕事を手伝ってもらいたいのであれば、落ち葉掃《は》きを罰として使ってはいけません。家の手伝いをするようになってほしいなら、皿洗いを罰にしてはいけません。

そして最後に、おそらくこれが最も重要なことですが、**怒りに任せて罰を与えないこと**です。そう、一番の難題を最後に取っておきました。現実には、おしおきする必要のある行動は、親を怒らせる可能性が高いのです（「なんて言い方なの？」）。怒っているときは、罰を与えたい気持ちが強くなります。でもそういうときは、罰を最も無意味に使ってしまう可能性が高い瞬間でもあります。

息子が小さいときにボウリングに連れて行ったことがあります。午後のひとときを一緒に楽しく過ごせるだろうと思ったからです。結局は、私がゲーム終了までボールがガター（溝）に落ちないようにするバンパーのついたレーンに変更しなかったことで、息子はひどくかんしゃくを起こし、私は「もう二度とボウリングなんか連れてこないからね！　絶対にだよ！」と怒鳴って終わりました。怒っているときに罰を与えてはならない理由を示す典型例ですね。

「子どものフラストレーション」に巻き込まれていませんか

次ページの表には、ここまで学んできた「ごほうび」と「罰」を効果的に使って「望ましい行動」を身につけさせるコツをすべてまとめてあります。「情動性」が低い、もしくは中程度のお子さんであれば、これは科学的に実証されたツールですから、一貫して実行すれば目覚ましい結果が出るでしょう。

「望ましい行動」を身につけさせるコツ
よい行動に関心を向けましょう
よくない行動は無視しましょう
一度に少数の行動に集中しましょう
小さなステップに対して報酬を与えましょう
報酬の与え方 ・熱意を込めましょう――チアリーダーになりきりましょう ・具体的に示しましょう――よい行動を挙げましょう ・即座に与えましょう――よい行動をしたとき、その場で褒めましょう ・一貫性を持ちましょう――よい行動をしたときは毎回褒めましょう
罰の与え方 ・無視できない場合のみ、使いましょう ・即座に、一貫して実行しましょう ・少なければ少ないほどいい。罰が「悪い行ない」に見合うことはまずありません ・親は気を静めて実行しましょう

しかしながら、情動性の高いお子さんをお持ちの方は、「ごほうびと罰を与える」という標準的な育児法ではうまくいかないと感じるかもしれません。実際には行動を悪化させる場合もあるでしょう。

情動性の高い子どもを持つ親の場合、「ごほうびと罰」を与え始めると、たいていは、法外な時間をタイムアウト（あるいは別の罰の実行）に費やし、ごほうびを与えるチャンスはまずありません。

情動性の高い子どもは、自分がどれほど親の期待を裏切っているかを感じ取り、自分は「悪い子」なのだ、という考えを自分に植えつけ始めるかもしれません。

一方、親御さんは、物事が少しも

改善しないので次第に落胆します。自分の何が間違っているのだろうかと悩み（または、他人の間違っている行動を非難し）、自分の子どもはどこかおかしいのかもしれないと不安になります。

子どもの行動は改善しないわ、親子関係は悪化するわで、みんなが冷静さを失ってしまいます。こんなとき、いったい何が起きているのでしょうか。

「ごほうびと罰」は、「親がしてほしい行動」（裏を返せば「してほしくない行動」）を子どもが理解するのを助け、目標への意欲を高める刺激を与えることで、うまく機能します。情動性の高い子どもがよくない行動を繰り返すとき、親はそれをやめさせるための刺激がもっと必要なだけだと思い込みがちで、ますます罰に頼ります。

でも、情動性の高い子どもは、**適切に行動しようとする意欲が足りないのではなく、スキルに欠けている**のです。

彼らは生まれながらにして感情の起伏が激しく、苦痛を感じやすくイライラしやすい気質で、自分の感情をコントロールすることができないのです。

もし、文字が読めなかったり、代数が苦手な子がいたとして、「ごほうび」と「罰」を駆使すれば読書ができるようになったり、ピタゴラスの定理を理解できるようになったりすると思いますか？　文章が読めないことや代数ができないことで罰するのは実に残酷で、子どもが親を恨み始める原因にもなりかねません。

同じことが、情動性の高い子どもが自分の行動を常に罰せられていると起こるのです。両親は子どものフラストレーションや怒りのターゲットになり、それが両親の怒りをさらに増大させます。

2章では、遺伝子が人の反応の仕方にいかに影響を与えるかについて述べました（66ページ）。情動性の高い子どもの遺伝子型は、「激怒のツボ」をつくのが本当に得意で、両親からネガティブな感情を引き出しがちです。それはフィードバック・ループを引き起こし、親子双方の行動をさらに悪化させ、さらなる怒りとフラストレーションをもたらします。

親は子どもに何かを頼んで、それを拒まれると、さらに強く要求するか、罰を与えるかします（「座席の後ろを蹴るのをやめないなら、大好きなおもちゃを取り上げるからね！」）。子どもは悪い行動にいちだんと拍車をかけ、その脅《おど》しがいかに気に食わないかを親に伝えます。そして気がつくと、全員が怒っているのです。

私の友人の話では、彼女の情動性の高い娘は、テーブルをフォークでコツコツたたくのをなんとしてもやめなかったそうです。しまいには、彼女の夫が娘のベッドルームからプリンセスドレスやらぬいぐるみやらを抱えきれないほど持ち出しました。

その子が怒って思い切りフォークをテーブルにたたきつけ、自分の部屋へ戻ろうとしたとき、彼女の夫は娘の背中に向かって怒鳴ったそうです。「戻ってきてお行儀よくご飯を食べ終えないなら、ピンクのプリンセスドレスは返さないからね！」。それに対して賢い娘はこう答えました。「別にいいもん、まだたくさんあるから」。そして、さらにぬいぐるみを取り上げられたのは言うまでもありません。

あなたの家でも似たような場面が繰り広げられているかもしれませんが、諦《あきら》めないでください。あなたは子どもが高校を卒業するまでの十八年間、〝かんしゃくと口答えの刑〟を受けているのではありません。

ただ〝追加のツール〟が必要なだけです。

それについては次で取り上げましょう。

「手に負えない！」と思ったときにこそ親に求められること

子どもは皆、それぞれ課題を抱えています。複数のお子さんがいる方は、それぞれのお子さんが、それぞれ違った問題に直面していることでしょう。

情動性の高いお子さんを支援するための最初のステップは、**子どもはこんなふうになりたいと望んだわけではない、という事実を心に留めておく**ことです。

彼らは自分で選択してそうなったのではなく、遺伝子にプログラミングされているのです。そこを受け入れ、頭を切り替えて状況を見たら、とたんに人生は楽になるでしょう。

第二のステップは、情動性が高い、**つまり親をしばしば限界まで追い込む手に負えない子どもに必要なものは、強硬手段ではなく「温かく優しいしつけ」**であることを心に留めることです。

これはたいていの親が自然に抱く傾向――常識外れに見える行動を非難する傾向――とは正反対な心がまえであるため、受け入れるのが難しい場合もあります。

あなたのお子さんが、午後の時間をすべて使ってみんなで取り組んだ絵や工作をくしゃくしゃにしたら、頭にくるでしょう。公共の場で感情を爆発させたら、世界中の人に非難の目で見られているように思え、どうにかしなければというプレッシャーが高まります。

しかし、繰り返しますが、厳しく対処してもネガティブなフィードバック・ループを生み出すだけです。子どもはさらに怒り、親はそれに激怒し、子どもはますます荒れるというサイクルを延々と続けることになります。

わが子の「かんしゃくのスイッチ」はどこに？

情動性の高い子どもの親は、子どもが強い感情をコントロールできるように手助けをする必要があります。

最初のステップは、**「子どもの困った行動」を観察し、何がその子の気難しさを引き出してしまうのか、その〝トリガー（きっかけ）〟に注目すること**です。それだけでもネガティブなフィードバック・ループの短縮につながる場合があります。その感情エネルギーのすべてを、より適切な「はけ口」へと向ける支援ができるようになれば、理想的です。

情動性の高い子どもの場合、突発的な感情の爆発やかんしゃくのような「悪い」行動は、**たいていは何かの副産物やシグナルである**ことが多いです。あなたのお子さんは単に環境に対して人より敏感で、環境にも周りの人にも、自分自身にも、そしてあなたにも、より多くのものを求めているだけなのです。それは、小さな脳みそが扱うには大変なことなのです。

初めに申し上げたように、私は行動発達の専門家かもしれませんが、同時に母親でもあり、「子どもに何か言われたら言い返す」という生来の傾向から抜け出すまでには、しばらく時間がかかりました。何が起こっているのか十分に理解せず、知識として学んだことを実践に移す前は、情動性の高い息子と過ごす土曜の朝は、こんな感じでした。

私：「ねえねえ、ジェイクとマデレンとサラとポールと、みんなのママとパパと一緒に公園に行くのよ！　すごく楽しいわよ！　さあ靴を履いて、行きましょう！」
息子：「行きたくない」
私：「そんなことないでしょ。行こう。楽しいわよ」
息子：「嫌だ、行きたくない」
私：「あら、行くことになってるのよ。靴を履いて」
息子：「行かない」
私：「行くの。あなたが決めるんじゃないの。私とあなたも行くってみんなにもう言ってあるんだから。さあ、行くわよ。遅れちゃう」
息子：「行・か・な・い」（私に向かって靴を投げる）
私：「それは絶対にダメよ。物を投げてはいけません！　タイムアウト」
息子：「嫌だ」（床に座り込んで動くのを拒む）
私（声を荒げて）：「タ・イ・ム・ア・ウ・ト・って言ったの」

息子：「嫌だ！」

これがよい結果を生まないであろうことは、専門家でなくてもわかりますよね。友達と一緒に公園で楽しく過ごすことには、まずなりません。

息子を観察した結果と遺伝的な要因についての私の基礎知識を連携させ、もう少し深く考えるようになってから、土曜日の朝の崩壊が何に起因するのかがわかりました。あなたも最終章を読み終えたら、目先の問題の根本にあるものを認識できるでしょう。

お伝えしたように、私の息子は「外向性」が低いのです。それに対して、私は完全に外向性が高い人間です。それでミスマッチが生まれました。私の世界では、「楽しいこと」とは、「友達みんなと集まって、子どもが一緒に滑り台やブランコで遊ぶこと」を意味していました。

でも、私にとって完璧と思えた一日は、外向性が低い息子にとっては苦難の一日に思えたのです。人がたくさん集まる場所に行くという考えは、息子にとっては対処できる限界を超えていました。

幼児である息子の脳は「ママ、僕は人がたくさんいるところにいると不安になるんだ。誰か親しいお友達一人と静かに遊ぶだけっていうのはどうかな？」と言えるほどには成熟していませんでした。ですから、息子は不安に駆られてパニックを起こしてしまいました。放り投げられた靴は、巻き添えをくっただけなのです。

気持ちを「適切に表現する言葉」が使えないだけ

どうすれば、情動性の高い子どものトリガーがわかるのでしょうか。子どもがすでに動揺しているときには気づけません。苦痛を感じているとき、子どもは生理学的に、物事を明瞭に考えることができる状態ではなくなっています。

この「頭が真っ白になる」状態は、子どもだけに起こるわけではありません。あなたのパートナーが過去にあなたを本気で怒らせた行動について考えてみてください。あなたは〝ベストな状態〟ではいられなかったでしょう。たいてい、心拍数が上がり、緊張し、論理的にも明晰《めいせき》にも考えられなかったはずです。これらは、「闘争・逃走反応」と結びついた生理的な反応です。

おかしな話ですが、親は自分自身に対するよりも「高めの水準」を子どもに課すことが多いのです。「落ち着きなさい。全然大したことじゃないわ。そんなに興奮しないで」。あなたが何かに対して本気で腹を立てているときにパートナーから「大したことじゃないだろ？」と言われたら、どうでしょう。あまりよい状況にはならないはずです。実際には、少なくともあなたの怒りは増すでしょう。「よくも私の気持ちを踏みにじれるわね！　大したことじゃないなんて言わないで！　大したことなのよ！」

あなたの小さなお子さんの脳の前頭葉が十分に発達して、落ち着いた態度で強い感情を表現できるようになるまでには何年もかかるでしょう（本当のことを言えば、それは十分に発達した脳を持つ大人でさえも難しいことです）。

では、あなたのお子さんは恐れや心配、イライラする気持ちを表現するために何をするのでしょうか。靴を投げたり、描いた絵をぐちゃぐちゃにしたりします。**「僕は本当に怒ってるんだよ！」ということを適切に表現する言葉が使えないだけ**なのです。その強い感情が手に負えないだけなのです。

あなたが何かにイライラしているとき、パートナーにどう反応してもらいたいですか。おそらく、あなたの話に耳を傾け、原因を理解し、前向きな改善策を考えてもらいたいでしょう。あなたがばかげている理由をあげつらったり、「大人げない」と言ったり、あなたのその態度がいかに気に食わないかを述べたりするのではなく、寄り添ってもらいたいでしょう。

情動性の高い子どもも全く同じです。聞いてもらいたいのです。安心したいのです。ありのままの自分を愛してもらいたいのです。情動性の高い子どもに対応する最良の方法は、思いやりを持って彼らの感情を理解し、将来起こるであろう困難な状況にどのように対処していくか、一緒に考えていくことです。

「でも、子どもに言い聞かせることなんて、できないじゃないですか」と親御さんに言われたことがあります。おっしゃる通りです。子どもが取り乱しているその瞬間はできません。それは、私の夫が「片づけるよ」と言ってから一週間たってもソファの上に洗濯物を積み上げたままにしてあることを私が非難しているときに、「ハニー、お互いの相違点について、どうやったらもっと生産的に議論できるか話し合おう」と言われたくないのと全く同じです。

相手が三歳であっても三十三歳であっても、相手が怒っているときは、生産的な会話をするのに適したタイミングではありません。でも、子どもが落ち着いたら、何が子どもの気分をそこまで害したのか、これから先そのような状況になるのをどうやって避ければいいかについて会話ができます。

情動性の高い子どもの行動の背後にある「なぜ」を理解して初めて、親は子どもをよりよい状況へ導く支援ができるのです。そして、**「なぜ」を解明する最良の方法は、話し合うこと**なのです。

「感情を爆発させやすい子」に寄り添うコツ

高い情動性が親子の対立をもたらすパターンは枚挙にいとまがありません。それは誰にとっても不愉快ですし、生産性もありません。軌道を修正するためには、情動性の高いお子さんと睨《にら》み合うのをやめ、味方同士になることです。子どもと協力し合って、子どもが生まれ持った強い感情への傾向をコントロールできるようサポートするために、お子さんと一緒にできる簡単なステップを紹介しましょう。

情動性が高い子どもに共通するトリガー	事例
計画の変更	雨なので公園に行けない
困難な課題の達成	子どもがやりたくない学校の宿題
物事の結果が望み通りではない	思い通りに描けなかった絵
ある活動から次の活動への移行	お風呂での遊びが終わり、パジャマを着る
何かがない／誰かがいない	いつも遊ぶ約束をしている友達が来られない
プレッシャーの中で物事を行なう	あと30分で学校に行く時間になる
あいまいさに対処する	明日雨が降らなければ、公園に行ける
感覚の問題	服についたタグが「もぞもぞする」
不安	学芸会に出るのは緊張する
感情の表現が難しい	友達を蹴る
あまりにも多くの人／活動に圧倒された	バースデーパーティや大人数での遊びで取り乱す

STEP① 「トリガーリスト」を作成する

情動性の高い子どもの行動が腹立たしく思える原因の一つは、親からすると「些細なこと」で「突発的に」感情の爆発が起こるように見えるからです。でも思い出してください。情動性の高い子どもは**自ら望んで取り乱しているわけではない**のです。何かがトリガーとなって興奮し、フラストレーション、苦痛、恐れが生じます。親の仕事は、あたかも探偵の相棒のように、子どもと協力し合って、そのトリガーが何であるかを見つけ出すことです。

情動性の高い子どもに共通するトリガーはたくさんあります（上の表を見

てください）。「計画の変更」「困難な課題の達成」「物事の結果が子どもの望み通りではない」「ある活動から次の活動への移行」などの項目があります。

これらのトリガーはすべて、高いレベルのフラストレーション、苦痛、恐れを感じる情動性の高い子どもの生来の気質と関連があります。このような子どもの気質がどのように現われるかは、それぞれの子どもによって違います。すべての情動性の高い子どもが表にあるすべての課題で困っているわけではありません（いくつかは当てはまるでしょうけれども）。

あなたのお子さんのかんしゃくのトリガーが何なのかを読み解く出発点として、このリストに目を通してください。そして、お子さんが抱えている具体的な問題の事例を添えて、お子さん専用のトリガーリストを作成しましょう。もしどの項目もピンとこない場合は、お子さんがどういうときにどういう状況で怒ったかを記録しておくと、それによってパターンが明確になり、あなたのお子さん用のリストが作成できます。

○ 子どもも自分のかんしゃくを「怖がっている」

情動性の高い子どもの場合は、行動に対してごほうびや罰を与えるよりも、**問題解決に焦点を当てる**のが重要です。ごほうびと罰を活用するのは、子どもが困った行動をあらため、望ましいふるまいをするための意欲を高める刺激が必要なだけであると想定しているからです。

思い出してください。問題は、情動性の高い子どもが意欲に欠けていることではありません。**強い感情をうまく扱う能力が足りないこと**です。おそらくお子さんは、あなたが望むのと同じように、自制心を失ったりかんしゃくを起こしたりはしたくないはずです。実際のところ、強い感情をコントロールできないことは、本人にとって、とても恐ろしいことなのかもしれません。

私の息子が五歳くらいの頃、喉《のど》の痛みを訴えたので医者に連れて行ったのですが、息子はお医者さんの前で母親である私にとことん怒りをぶつけました。連鎖球菌《れんさきゅうきん》の検査のために喉を綿棒で軽くこする必要があったのですが、長い綿棒を喉に突っ込まれるのが好きな子どもはいないでしょう。情動性の低い子どもでも嫌がって泣くことすらあるかもしれません。情動性の高い私の息子は断固として口を開けることを拒否しました。

私たちはまず彼をなだめ、ごほうびをちらつかせました。「あっという間に終わるから、そうしたらアイスクリームを食べに行けるわよ！　全然、痛くないから！」。息子は口を開きません。そこで戦術を変えました。厳しい口調で「怖いのはわかってるわ。でもやらないわけにはいかないの。検査しないといけないからね」と言いました。変化なし。

そこで再び戦術を変え、罰をちらつかせました。「ねえ、今すぐ口を開けないとレゴを取り上げるわよ！」。これには反応がありましたが、私たちの期待していた反応ではありませんでした。息子は怒って「嫌だ！」と叫び、お医者さんを蹴ったのです。

その後どうなったかというと、息子はテーブルの下へ這《は》っていき、椅子を押し倒しました。しまいには看護師が全員で息子を押さえつけ、思い切り叫ぶ息子の喉を綿棒でぬぐいました。

恐ろしい光景でした。家に帰ってから、私たちはそれぞれのベッドルームへ行き、泣きました。

そのときドアの下の隙間《すきま》から、息子が小さなメモを滑《すべ》り込ませてきました。私はそれを今でも持っています。小さく折りたたんであり、幼稚園児の文字でこう書いてありました。


ママへ。エイダンより。

ママ、ぼくはおいしゃさんにおこってしまって、こわいよ。ママのけいたいをなげてしまって、こわいよ。もうしません。ほんとにほんとにほんとにほんとにほんとにほんとにごめなさい。もうしません。ほんとにほんとにほんとにほんとにほんとにほんとにごめなさい「ごめんなさい」! おいしゃさんが、ぼくのおしりをとてもとてもいたくしたから「のちに、彼にはめずらしいお尻の疾患があることがわかりました」ぼくはすごくおこったんだ。いまもおしりがすごくすごくすごくいたい。あと、ぼくはながいのをくちにいれたくない。いつも、のどのおくにささりそうなきがするから。だからあれはいやだ。みんなながながいのをぼくのくちにいれたあと、なんか、わたがのどにひっかかったんだ。ほんとうにごめなさい「ごめんなさい」。

ぼくのこと、ゆるしてくれる? A)はい B)いいえ私はこのメモを取ってあります。これを読むと、わざと問題行動を起こそうとしている子どもは、こんなことは言わないと思い出させてくれるからです。情動性の高い子どもは、ただ反抗的な態度を取ったり、生意気だったり、好き放題やろうとしたりしているわけではありません。実際に他の人とは異なる〝脳の配線〟を持ち、異なる遺伝子構造を持っているのです。どう取り扱ったらいいかわからない圧倒されるような感情に対処しているのです。厳しいおしおきを増やしたとしても（あるいは、やけになってその場しのぎのごほうびを提案してみても）、彼らは自分のことが余計に嫌になるだけです。誰の得にもなりません。

そういえば、読んでいて気になっている人がいるかもしれませんので念のためお伝えしておきますが、連鎖球菌性咽頭炎《いんとうえん》の検査は陰性でした。

STEP② 協力し合って「解決の糸口」を探す

あなたの情動性の高いお子さんが困難を感じている具体的な事例を書いた独自の「トリガーリスト」ができたなら、問題解決に取りかかりましょう。最初にあなたが一番懸念している項目を二、三個選び、集中して対処します。残りの項目にはもう手をつけないという意味ではありません。全部いっぺんに取り組むことはできないので、どこから手をつけるか決めなければならない、というだけです。

理想の上司像を覚えていますか。温かく応援してくれ、ミスから学ぶ猶予を与えてくれる上司であって、すぐに改善の必要がある項目を長々と書いたリストを渡してくる上司ではありませんでしたね。

　問題をうまく解決するために重要なのは、**あなたのお子さんはあなたと対等のパートナーである**と理解することです。おそらくあなたは、これまで一人でたくさんの問題解決に取り組んできたことでしょう。子育てのアドバイスを読み、先に述べたごほうびや罰のようなことも実践してきたことでしょう。私たちは親として、子どもの問題の解決策を見つけ出す責任があると感じています。ですから、子どもと協力して解決策を探すというのは、最初は奇異に感じるかもしれません。

　でも、あなたが自分だけで計画を考えたら、そのアイデアを子どもに押しつけることになります。子どものためを思ってのこととはいえ、少し考えてみてください。イライラしやすく、非常に感情的な子どもにあなたは自分の考えを押しつけているのです。したがって、悲しいことに問題を改善するための親の試みの大半は、実際には逆効果であることを意味しています。

　そのようなやり方は、情動性の高い子どもには新たなトリガーとなってしまいます。あなたは融通が利かない親だと思われ、子どもが柔軟性を身につける助けにはなりません。あなたのお子さんは、あなたと同じように強力な頑固さで反応する可能性が高く、ただ負の連鎖を長引かせることにしかなりません。

　しかし、子どもと協力して解決策を探すようにすれば、こうした流れを変えることができるのです。全部を自分で背負わなくていいのですから、肩の荷が下りたと考えればいいのです。

子どもと一緒に子どもが困難を感じることにどう対処するかを考えるのです。これは、あなたとお子さんがチームになって、子どもの高い情動性に一緒に取り組むという共同作業になるのです。

○子どもの心配事に耳を傾け、フラストレーションを理解する

一緒に計画を立てれば、後手にまわっていた対応を先を見越した対応へと転換できます。情動性の高い子どもがいる家庭は、子どもが感情を爆発させたら被害を最小限に抑えようと、概して受け身の状態になりがちです。お子さんのトリガーを見つけ出し、具体的な問題に取り組むことで、トリガーによって引き起こされた強い感情をどうコントロールするか、先回りして計画を立てられるのです。

ただし、お子さんと計画について一回話せば終わるものではありません。これはプロセスなのです。あなたもお子さんも十分に休息して機嫌がよく、あなたが時間に追われていないときを選んで会話を始めてください。まずは共感を示すことから始めましょう。

情動性の高いお子さんは、たぶんあなたが怖がっているのと同じくらい、自分のかんしゃくを怖がっているということは覚えておいてください。何が起こっているのか、何がトリガーとなっているのか、お子さんの視点を理解するためにお子さんに話をする余裕を与えましょう。

私の息子のメモのときと全く同じように、情動性の高い子どもは打ちのめされるような苦痛を体験している最中でなければ、何に動揺したのかを説明できるのです。小さな子どもでさえ

も、問題がどこからやってくるのかについて考えを持っていることが多いのです。子どもの心配事に耳を傾け、フラストレーションを理解するようにしましょう。**解決策を導くための最初のステップは、原因を理解すること**です。

他の子どもと比べて、話し始めるのに時間がかかる子もいるかもしれません。せかしたり、イライラしたりしてはいけません。子どもが話さない場合には、いつもこう言えばいいのです。

「大丈夫、考えればいいからね。また今度お話ししよう」

○強い感情に「名前」をつけてみる

情動性の高い子どもとその親が使うといい一つの戦略は、**強い感情に名前をつける**ことです。例えば、あなたのお子さんは、それをバートと呼ぶかもしれません。そうすることで、あなたもお子さんも難しい話題について話がしやすくなります。「で、バートが姿を現わしたらどうする？」というように。こうすることで、共通の敵と戦うことに対して親子が同じ立場に立つことができます。

名前をつけることで子どもから自責の念を取り除いて、厄介な気質に焦点を当てることができます。子どもたちも、バートが姿を現わしたら嫌なのです。苦しい衝動が湧き上がってくるのを子どもが感じたときに、その感情の波に名前をつけることは、助けになることがあります。「バートがやってきたみたい」と言えばいいと教えてあげましょう。これは、自分の感情を認識してコントロールする一つの手段であり、状況を鎮《しず》めるのに役立ちます。

○「怒りの取り扱い方」を一緒に学ぶ

子どもが強い感情に対処している様子について書かれた本を読むのも、お子さんとの会話を弾ませるのに役立ちます。子どもは、本当に怒っている他の子（あるいはキャラクター）の話を読むことによって、怒りを感じるのは普通のことであり、大事なのは怒りの取り扱い方を学ぶことだと知ります。「他の子」に焦点を当てることで恐れが軽減し、あなたのお子さんも話しやすくなるかもしれません。それに加えて、本を読むことで子どもが怒りに対処するさまざまな方法を模索する機会が生まれます。

怒りについて書かれた子どもの本には、コーネリア・モード・スペルマンの『When I Feel Angry』や、モリー・バングの『ソフィーはとってもおこったの！』（原題：When Sophie Gets Angry – Really, Really Angry　おがわひとみ訳、評論社）などがあります。

○「あなたはどう思う？」と問いかけてみる

お子さんと問題解決の会話を始めるためには、

「○○がわかったわ。何が起こっているんだと思う？」

と聞くのがよいでしょう。あなたが目にした問題に名前をつけます。大変なこととか、難しいこととして表現しましょう。

「朝、あなたが着替えるのが大変なことがわかったわ。何が起こっているんだと思う？」

「ママがご飯よって呼んでも、あなたは自分がやっていることをやめるのが難しいことがわかったわ。何が起こっているんだと思う？」

このような感じで、焦らずに、お子さんを励ましましょう。これは二人にとって、心配事を伝え合うよい機会です。

お互いに自分の心配事について話す機会が持てたら、

「どうやったら問題が解決できるか考えましょう。何かいい考えはある？」

「どうやったら物事が改善できるか考えましょう。あなたはどう思う？」

と尋ねます。

ここが難しいところです。あなたは実際に子どもの考えの一つひとつに真剣に耳を傾け、検討する必要があります。中には現実離れした考えもあるかもしれませんが、すぐに却下してはいけません。二人にとってうまくいく解決策を見つけなければならないことを説明しましょう。例えば、あなたのお子さんが朝の混乱に対する解決策として朝食にチョコレートを食べることを提案したら、

「アイデアを思いついてくれて嬉しいわ！　でもママにとっては、それはあまりいい考えではないの。健康的な朝ご飯をきちんと食べてもらうのが、親としてのママの役割だからね。二人にとってうまくいく解決策を見つける必要があるわ。もっと考えてみましょう」

と伝えればよいのです。

○「押しつけ」は子どもの心に届かない

逆に、子どものほうが、あなたのアイデアは二人にとってうまくいかないと主張する場合もあります。こんなときは、ぐっとこらえてください。親として難しいところですが、これが協力的な問題解決なのです。

私の同僚や夫や友人が、私の考えは間違いなく最高だとすぐに認めてくれればどんなに嬉しいか。でも悲しいかな、たいてい彼らには彼らの考えがあります。何かを達成するには、協力し合って、お互いに納得できる前向きな方法を見つける必要があります。もし私が私のやり方を押しつけようとしたら、結果的に何かの行動につながる可能性は低いのです。本当ですよ、私は経験者ですから。食洗機に食器を並べるやり方でさえ、私の思い通りになったためしはないのです。

これはあなたのお子さんも同じです。あらかじめ考えてあった計画を実行するために、あなたが問題解決を口実にしたなら、子どもはそれを見抜いて「協力して解決策を探す」というアイデアを信用しなくなります。そのやり方は親の意見を一方的に強いる卑怯《ひきょう》なやり方だと見なされ、あなたとお子さんは膠着《こうちゃく》状態に陥るでしょう。

問題の核心として肝に銘じておかなければならないのは、**あなたのお子さんは生まれつき強い感情をうまくコントロールしたり困難な状況に対処したりするのが苦手だ**という事実です。お子さんと一緒にこのような問題に取り組むことは、親としてのあなたに、強い感情を呼び起こし、困難な状況になる可能性があります。親としては、子育ては親のやり方を貫くのが当たり前と思うかもしれません。

皮肉にも、子どもと協力して行なう問題解決が効果的な理由は、まさにそこにあります。どのようにして強い感情をコントロールし、困難な状況を乗り越えて解決に至るかを子どもに教えられるからです。主体的に問題を明確にし、どのように取り組むかアイデアを出し、実際に試してみて結果を検証し、適切に調整することを教えます。実はそれが、人生の偉大なルールブックになります。子どもと協力して取り組み、お互いの心配事を話し合い、一緒になって解決策を見つけることは、あなたのお子さんに「共感力」や「洞察力」という重要なスキルも与えることになります。

親御さんは、「幼い子でも本当に協力して問題解決ができるのか」と尋ねてきます。嬉しいことに、「できます」というのが答えです。

子どもはかなり幼い頃から小さな科学者のごとく、自分の世界を探検し、理解しようとしています（このジュースをテーブルから払い落としたらどうなるだろう？　とかですね）。三〜四歳になると、自分がとても腹を立てたときに小さな頭の中で何が起こっているかについて、親と一緒に考える能力が芽生えます。もちろん、この能力は年齢が上がり脳が発達するにつれて向上します。ある地点までは。十代になると退行するかに見えます。幼児と一緒に協力して問題を解決するほうが簡単なときもあります（おおむね冗談ですけどね！）。

STEP③「トライ・アンド・エラー」が子どもを大きく成長させる

さあ、あなたはお子さんと問題について話し合いました。二人とも自分の心配事を口に出す機会が持てました。そして、お互いが納得できる解決策を協力して考え出しました。それはあなたの第一希望ではなかったかもしれませんが、それに近いものです。

例えば、車に乗っている時間が長いとかんしゃくを起こす傾向にあることが問題だったとします。そのせいで祖父母の家までの自動車の旅は悲惨でした。話し合う中で、お子さんは、車の中で過ごす時間が長いほど窮屈《きゅうくつ》だと感じてストレスがたまることがわかりました。

「自動車旅行がとどこおりなく終わったら、おやつをあげる」というあなたの当初の計画は、うまくいきませんでした。たとえどんなにおやつがほしくても、情動性の高いお子さんにはそれをうまくやり遂げるスキルがまだ備わっていませんでした。

そして、「もう長時間の自動車旅行はやめる」というお子さんの提案は選択肢にありません。あなたは家族で実家の両親のもとを訪れたかったからです。

そこで解決策として、「途中のサービスエリアで休憩して、遊び場で遊ぶ」という計画を立てました。旅の時間が余計にかかるので、この計画はあなたの第一希望ではありませんでした。でも、これでうまくいくのであれば、いつものように家族旅行の最中に子どもが大暴れするよりはましでしょう。

計画は立てられました。さあ、どうしましょうか。

ここからが本番です。実行してみて、どうなるかを確認します。奇跡を期待してはいけません。一夜にして成功するわけがないのです。あなたのお子さんは遺伝的に急激な感情の動きが引き起こされやすいので、そうした強い感情をコントロールする能力を身につける過程でたくさんの練習や失敗を必要とするでしょう。頑張りましょう。小さな成功を祝い、ごほうびを与えます。**情動性の高い子どもへのごほうびが適切かつ有効である**のは、この場面です。

お子さんとのオープンなコミュニケーションは引き続き行ないましょう。物事が計画通り進まなかったときには、何が起こったかを伝えましょう。ただし、その場ではありません。みんなが落ち着いてからです。

「おばあちゃんの家に行く途中で休憩する計画は、あなたが怒らないで旅行をするのには役に立たなかったみたい。なぜだと思う？」

「あの計画では、昨日の夜、ちゃんとお風呂からあがれなかったみたいね。何があったのかしら？」

子どもを励ましてください。「あなたはきっと、もっとうまくできるようになる」と、子どもの能力を信じていることを示してあげましょう。練習が必要なことも念を押しておきます。子どもにはあなたの励ましが必要です。

お子さんが生来持っていないスキルを育んでいるのだと考えてください。もしピアノでベートーベンを弾けるようになりたければ、練習がたくさん必要になるのと同じです。

もし数週間のうちに改善が見られないなら計画を再検討し、一緒に新しい計画を考えましょう。子育ては「短距離走」ではなく「マラソン」であると自分に言い聞かせてください。私の息子は今、十三歳です。自分が幼い子どもを育てている真っただ中にいるときは、来る日も来る日も、子育てが永遠に終わらないのではないかと思ったものです。でも今では、息子の幼少期の常軌を逸《いっ》した数々の感情の爆発を笑い話にしています。

子どもと一緒に頑張るためにも「自分を大切にする」

現実には、怒りや恐れ、苦痛、フラストレーションといった感情を爆発させやすい情動性の高い子どもは、両親に多くの難題を突きつけます。もしあなたのお子さんが情動性の低い気質であれば、この点では幸運に恵まれていました。子どもが幼い頃、かんしゃくに耐える機会がかなり少なく、かんしゃくの程度も低い場合が多いでしょう。だからといって、子育てが大変ではないと言っているのではありません（大変でしょう）。ただ、あなたのどのような要求に対しても、断固とした「嫌だ！」が返ってきたり、靴が投げ返されてきたりする可能性は低いでしょう。

すべての気質にはプラス面とマイナス面があり、「よい」気性も「悪い」気性もないことはすでに十分述べてきました。これは事実です。でも実際には、**子どもの情動性がどこに位置するかは、子育てがどのくらい「楽」に感じられるかと大いに関係があります**。

情動性の低い子どもを持つ親御さんがこの章を読むことで、情動性の高い子ども相手に奮闘する親御さんをよりよく理解し、支援する一助になることを願っています。

桁外《けたはず》れに大きなかんしゃくを起こす子どもを持つあなたのお友達は、間違った子育てをしているわけではありません。適切なごほうびや罰を与えるのを怠っているわけでもありません。彼らの子どもたちは適切な行動を学ぶ必要があるのではなく、子どもはただ、非常に強い感情を急激に引き起こされやすい気質を遺伝的に受け継いでいるだけで、その感情の取り扱い方を学んでいる最中なのです。

情動性の高い子どもを持つ親がとりわけイライラしたり、精神的に打ちのめされたりするのはよくあることです。時には、わが子を恨むことさえあります。

私の親友の子どもを世話していたベビーシッターは、親友の誕生日に突然、辞めてしまいました。親友の娘が遊び場でかんしゃくを起こし、他の親の視線に耐えられなかったからです。

感情の起伏が激しい子どもを育てるのは大変です。自分の子どもに対してネガティブな感情を抱いてしまう罪悪感を手放す方法を学ぶことは、あなたの幸福と、あなたの親としての能力にとって、極めて重要です。

子どもに対して憤慨したとしても、あなたが悪い親ということではありません。あなたは、子どもに大声で怒鳴られたり、自分の求めに子どもが無反応だったり、最悪の場合は不快な反応を返してくることが嫌な、普通の人間だということです。

感情の起伏が激しい子どもを持つということは、家庭内に、もしかすると夫婦関係にも、予期せぬストレスをもたらす可能性があります。

だからこそ、自分で自分を大切にすることがとても大切なのです。感情表現の激しい子どもの子育ては通常以上に忍耐を必要とし、親が精神的によい状態にないと、なおのこと大変になります。

親の心の平穏を保つための「脳内独り言」

とりわけ扱いの難しい子どもは親からあまりにも多くの時間とエネルギーを奪うため、親は自分のために使う時間もエネルギーも残っていないように感じてしまいます。でも、**だからこそセルフケアが大切**なのです。

自分自身のために時間を使えなければ、いい親になることはできません。他者の世話をするためには、自分自身を大切にする必要があります。あなたのお子さんと協力して事に当たるのに必要な忍耐強さを身につけるために、自分の中心に何を置くべきか考えましょう。お子さんと一緒に問題解決に取り組んだプロセスと全く同様に、やってみようと思うことを一つか二つ選び、それを実行しましょう。

例えば、あなたはかつてヨガが大好きだったけれども、子どもとのけんかに気を取られるあまり、時間が取れなくなっているとしたら、朝、三十分早く起きてその時間を自分のために使いましょう。あるいは、読書が大好きだったけれど、今は疲れ切ってベッドに倒れ込んでしまい、『ニューヨーク・タイムズ』紙のベストセラーリストを最後にチェックしたのがいつだったかも思い出せないとしたら、読みたかった本を注文し、文学というささやかな気晴らしのために寝る前の十分を充《あ》てましょう。

目標が達成できなくても落胆してはいけません。早起きした子どもに朝のヨガを邪魔されても、きょうだいげんかが始まって泡風呂を早めに切り上げたとしても、深呼吸をして、翌日またトライしましょう。

「脳内の独り言」は、情動性の高い子どもを持つ親が落ち着きを保つのに有効な、とてもよい方法です。自分の〝マントラ（呪文）〟を決めて、あなたのお子さんが手に負えなくなっているときに深呼吸しながら頭の中で繰り返し唱えましょう。取っかかりによい言葉がいくつかあります。

「人生がちょっと大変な子どももいる」「この子もこんなふうに感じたいわけではない」

子どもが、もうとんでもなく手に負えないときに唱える言葉で私が個人的に気に入っているのは、「子どもを愛せよ、遺伝子を責めよ［息を吸って、吐いて］子どもを愛せよ、遺伝子を責めよ」です。マントラは、どんなものであっても、素晴らしい効果を発揮します。

最後に、感情の起伏の激しい子どもを相手に必ずしも簡単なことではありませんが、彼らの燃えるような魂に喜びを見出すのを忘れないようにしましょう！　子どもがかんしゃくを起こすという事実を嘆くこともできれば、情動性に対する見方を変えて、「将来、彼らの高い情動性がいかに役立つか」に目を向けることもできます。

育てるのが最も困難なタイプの子どもが、成人してとりわけ興味深い人物になっていることは多々あります。ピューリッツァー賞受賞者のハーバード大学教授ローレル・サッチャー・ウルリッヒは、「お行儀のよい女性が歴史をつくることはまずない」と述べています。

これはもっと広い意味で、すべての子どもに当てはまります。育てるのに最も難易度が高い子どもの中に、世界を変える人物がいるのです。子どもが足をドンドンと踏み鳴らしたり、いつまでも口答えしたりするときには、そのことを思い出しましょう。このような**強い感情は長じて、情熱的に何かを追い求める方向につながる可能性がある**のです。

あなた自身の「情動性」と「忍耐力のレベル」は？

子育ての大変さを左右する最後の要素は、あなた自身の情動性がどのレベルに位置するかです。お子さんの行動があなたをどのくらい動揺させるかは、あなたが生まれつきどの程度、苦痛、フラストレーション、不安を感じやすいかによります。お子さんの情動性が低くても高くても同じです。

子育てにはかなりの忍耐力を要しますが、情動性の高い方は生来、忍耐力を持ち合わせていません。感情の起伏が激しい傾向のある親は、自分の子どもの間違った行動に対して強く反応しやすい傾向があります。それは誰にとってもよくないことです。わかっています、私もそうでしたから。

深呼吸をする、冷静になるように集中する、強い感情にどのように対処するかという計画を立てる、計画通りにいかなくても自分をいたわり、次は改善を試みる、など、実際には、私たちの多くは、子どもに教えようとしているのと同じタイプの戦略から恩恵を受けられます。

あなたが情動性の高い方であれば、恐れることなく、同じく情動性の高いお子さんにそれを伝えてください。同じように強い感情に対処しようと取り組んでいる人物の手本として、躊躇《ちゅうちょ》せずに自分を活用してください。そうすることで、あなたのお子さんが自分は「どこも悪くない」ことを理解する助けとなり、成長の過程のモデルを示すことができます。

「手のかかる子」がいるときに、きょうだいが感じていること

複数のお子さんをお持ちなら、情動性が一人ひとり異なる可能性があります。中に情動性の高い子どもが一人いると、情動性の低いきょうだいにも困難が生じる場合があります。情動性が高い子のかんしゃくは、そのきょうだいにとっても恐ろしいかもしれません。感情の起伏の激しい子どもに、あなたは時間とエネルギーを余計に奪われ、その間、他の子どもは、放っておかれたように感じるかもしれません。子どもに対して異なる育児法を実行しなければならな

いという事実は、不公平と受け取られる可能性が高くなります。

きょうだい同士の違いをうまく乗り越える秘訣は、家族でオープンにコミュニケーションを取ることです。外向性の違いと同じように、きょうだい同士の情動性の違いを知ることは、共感について、すなわち互いの違いを理解し、尊重することについて子どもが学ぶ素晴らしい機会になります。

前述した情動性の高い子どもと協力し合って解決策を探すという戦略は、他の子どもにも価値ある教訓を与えます。他者の意見を尊重し、心配事についてオープンに話し合い、問題の解決策を考え、協力し合うというプロセスに役立つでしょう。

現実には、きょうだいは常に異なる扱いをされます。あなたの子どもは、子育ての違いに対して「公平（フェア）じゃない！」と反応するかもしれません。結局のところ、子どもは自分自身の〝遺伝的なレンズ〟を通してしか世界を見ることができず、彼らの未発達の脳は、他者の脳の働きが自分とは異なっているということを十分に理解できないのです。

でも、**「公平」と「同等」は同じ意味ではありません。**一人の子どもがサッカーに向いていて、もう一人の子どもが音楽に向いているのであれば、どちらもがそれぞれの道で秀でるように親はサポートするでしょう。一人の子どもが数学の勉強で特別に助けが必要であれば、あなたは手を貸すでしょうが、困っていないきょうだいには、数学の個人指導に参加することは求めないでしょう。

情動性の違いによって子どもは与えてもらうものが異なります。そして、それでよいのです。最高の子育てとは、それぞれの子どもにフィットするような服を個別にあつらえてあげるようなものです。ワンサイズでは全員には合いません。

ここまでのポイント

- 子どもに「望ましい行動」を身につけてもらう最も効果的なやり方は、悪い行動に罰を与えることに集中するのではなく、よい行動を促す取り組みをすることです。そしてそれは、子どもの情動性に合わせる必要があります。
- 情動性の低い子どもに対して、「ごほうび」と「罰」を与えることは、彼らの行動の形成にとても効果的です。
- 「ごほうび」は具体的に、熱意を込めて、その場で、一貫性を持って与える必要があります。一度に二、三の行動に集中し、正しい方向への小さな一歩にごほうびを与えます。罰はやや控え目に活用します。「罪に見合う」ことは、ほぼありません。「細かいことは気にしない」能力を培いましょう。
- 情動性の高い子どもは親をしばしばネガティブな気分にさせますが、彼らは温かく優しい親のしつけを最も必要としており、その恩恵を最も得るのです。感情の爆発が起こったときに親が行なう典型的な罰は行動を悪化させることが多く、改善はしません。

◆行動そのものではなく、極端な行動（かんしゃく、物を投げる、たたく）のトリガーに注目しましょう。

◆感情の爆発を減らすために、子どもと協力して感情的反応の背後にある原因を特定しましょう。そして、子どもが強い感情をコントロールするのを支援する計画を子どもと一緒に立て、問題を解決することができます。

◆情動性の高い子どもの子育ては大変になりがちです。子育ては短距離走ではなくマラソンであることを覚えておきましょう。そのためには、健康を保たなければなりません！　自分自身を大切にすれば、子どもと一緒に頑張るための精神的なエネルギーが湧いてきます。

CHAPTER 6

子どもの「自制心」を育む

――親が子どもに教える「重要なライフスキル」

「知能、健康、経済状況」に大きく関係すること

一九六〇年代、スタンフォード大学の研究者チームが、ある実験をしました。未就学児を対象に、マシュマロやクッキーなどのおやつを見せ、今すぐ一個食べるか、少し待ってから二個食べるか選ばせたのです。おやつを二倍もらうためには、おいしそうなおやつを前に最長で二十分間も座ったまま、実験者が戻ってくるのを待たなければなりません。結果は、大好きなおやつを待てる子と、今すぐ食べたい衝動に勝てない子に二分されました。この研究は**「マシュマロ実験」**として知られるようになりました。

この研究で最も興味深いのは、被験者の子どもが成長するまで追跡調査を行なった点です。その結果、幼児期に大好きなおやつを待てるかどうかで、成人後の人生におけるさまざまな側面について予測できることがわかったのです。

より長く待てた子どもは、思春期には学力が高く、社会性も学力も優れていました。誘惑に負けることが少なく、集中力があり、先を読む力や計画性にも優れていました。青年期では薬物の使用率は低く、高学歴で、肥満度も低かったのです。また、ストレスやフラストレーションに対処する能力も高く、目標を達成する力もありました。

「マシュマロ実験」は世界中で実施され、同様の結果が得られています。観察対象となる子どもの集団を幼児期から成人期まで追跡調査した研究においても、幼児期に測定された自制心のレベルによって、子どもの将来を予測できることがわかっています。ニュージーランドで行なわれた有名な縦断研究（継続的に行なわれる追跡調査）では、一九七〇年代初頭に生まれた千人の子どもの集団を出生から五十年近く追跡しました。その結果、幼少期の自制心は子どもの知能や社会階級以上に、身体の健康、薬物乱用の問題、経済状況、犯罪行為と関連することがわかりました。また、家族内においても、自制心が弱いきょうだいは強いきょうだいに比べ、成長後の人生は芳《かんば》しいものではありませんでした。

「二つ目のマシュマロをもらうために待てるかどうか」という単純なことが、どうして子どもの将来を左右するのでしょうか。そして、その場でマシュマロをほおばってしまう子どもを持つ親にとって、それは何を意味するのでしょうか。

マシュマロ実験は、子どもの「自制心（自己制御能力）」（エフォートフル・コントロール／effortful control）のレベルを測定することで将来を予測するものです。

自制心は、自分の行動、感情、衝動を制御する能力のことです。この能力が高い子どもは報酬が二倍もらえるまで辛抱強く待つことができ、低い子どもは研究者が部屋を出る前にマシュマロを食べてしまうのです。

自制心が弱い子どもは、衝動的、注意散漫とも言われ、強い子どもは良心的、頼りになると言われます。

自分をコントロールするというのは難しいものです。簡単にできるのであれば、皆が新年の抱負を守り、今頃はどんな夢でも実現できていることでしょう。「自制心（自己制御能力）」は遺伝的な影響を受けるため、人によっては自分をコントロールすることをより難しく感じることもあります。一人ひとりの自制心のレベルは受け継いだ遺伝子によって決まるのです。

マシュマロ実験が示すように、自制心の差は発達の初期に現われ、生涯を通じてさほど変化しません。しかし幸いなことに、自制心は鍛えることも可能です。私たちは生まれつき備わっていないスキルも身につけることができるのです。ただし「エフォートフル・コントロール」の文字通り、努力（effort）が必要ですが……。それでも、マシュマロに目がない子どもを持つ私のような親にとってそれは、希望があること、そして**子どもの自制心を伸ばすために親としてできることがある**という意味になります。

「自制心」を脳科学的に考えてみると……

行動や感情を努力して制御する能力は、脳の二つの主要な領域と関係しています。一つは**大脳辺縁系**で、「**ホットブレイン**（熱い脳）」と呼ばれます。脳の奥深くにある最も基本的で原始的な部分で、感情的、反射的で、無意識的に痛みや、喜び、恐怖などの情動的な刺激にすばやく強く反応します。赤ちゃんがおなかがすいたり痛みを感じたりするとすぐに泣くのはそのせいです。どこかが痛い、おなかがすいた、といったときに親の注意を引く方法を学ぶ必要はありません。その能力は生まれたときから備わっているからです。

ホットブレインが生まれた直後から機能しているというのは、進化の過程で非常に順応性が高かったことを意味します。幼児に自制心がないのもうなずけますね。高度に発達したホットブレインしかないのですから。幼児はブレーキのない小さな機関車のエンジンのようなものなのです。

そして、機関車のブレーキは、より複雑な第二の脳領域で額の裏側にある**前頭前野（クールブレイン**〈冷たい脳〉）からもたらされます。前頭前野の発達はゆっくりで、二十代半ばにならないと完成しません（女子に比べて男子は若干成熟が遅れることを示す証拠もあります。私たち女性にとって驚くことではありませんが）。

脳のこの「冷たい《クールな》」部分は内省的で、複雑な意思決定に関与しています。面白いことに、脳の発達が二十代半ばまで横ばいにならないことを最初に「発見」したのは科学者ではなく、保険業界でした。保険のデータベースでは、二十五歳を過ぎると交通事故が激減することが示されていました。十代の若者の車両保険料は非常に高く、二十五歳になるまでレンタカーを借りる条件が厳しくなっているのはこのためです。前頭前野が成熟してくると計画立案や意思決定といった複雑で高度な思考が可能になり、衝動的な傾向を抑えることができるようになるため、事故が少ない優良ドライバーとなれるのです。

さらに言えば、前頭前野は、脳の最も複雑で高度に発達した部分で、満足を先送りにして、長期的な目標を追求するといったことを助けます。すべての子どもは、成長と共に前頭前野が発達し、高度に自分を制御できるようになります。しかし、どれだけ発達するかは、その子特有の〝脳の配線〟によります。

自制心がどのように働くかは、「ホットブレイン」と「クールブレイン」という二つの脳の活動度合いに関係しています。マシュマロ実験では、マシュマロをすぐに食べてしまった子どもの脳と、倍のマシュマロがもらえるという報酬を待てた子どもの脳には、大きな違いが見られました。

すぐに食べるという選択をした子どもは、特に心をそそられる刺激があるとき、脳のホットブレイン領域がより活動的になっていました。快楽、欲求、即時の報酬に同調する脳の部位が支配的だったのです。反対に、より大きな報酬を辛抱強く待つことができた子どもは、計画や複雑な意思決定を司るクールブレイン領域である前頭前野の活動がより活発でした。

つまり、**マシュマロをすぐに食べてしまう子はエンジンが強く、二個もらえるのを待っていた子はブレーキが強い**ということです。

「今だけ・ここだけ」にフォーカスする原始的な脳

ホットブレインは悪者扱いされることもありますが、重要な役割をさまざまに担っています。「闘争・逃走反応」を司り、**即断を可能**にします。これは何万年もの進化を経て形成され、私たちの祖先が生き残るために不可欠なものでした。古代の人類には、理想的な洞窟《どうくつ》住居の計画を立てることよりも、野生動物に直面したときに即座に行動を起こすことのほうがはるかに重要だったのです。

現代ではライオンが突然襲いかかってくることなどめったにありませんが、侵入者に遭遇したら逃げ、ヘビを見たら飛びのき、何かが飛んできたら身をかわすなど、危険を避けるためのすばやい判断が必要なことには変わりありません。そういうときは、あらゆる可能性をじっくり考えるよりも、反射的に瞬時に決断できる脳のほうが役に立ちます。ホットブレインは、私たちの命を救ってくれるのです。

生存と生殖に重要な事柄にも、ホットブレインが反応します。ホットブレインは食べ物やセックスなどが生み出す満足感を好み、さらにそれを求めます。そうであるからこそ人類は、何世代にもわたって命をつないできたのです。報酬を求め、目先の欲求に注目するように調整された脳は重要なのです。

しかし、目先の欲求に応えることでトラブルに巻き込まれる可能性もあります。誘惑が多い社会においては特にそうです。ホットブレインは、「今、ここ」にある欲求に偏っており、今日の世界にはすぐに満足を得られる誘惑が山ほどあります。今、クッキーを食べるといい気分になれますが、そのうち太るかもしれません。友達と出かけるのは楽しいですが、学業の妨げになるかもしれません。スポーツジムに行くより寝ているほうが楽ですが、長い目で見ると健康的ではありません。

ホットブレインが活発になりすぎると、肥満や依存症といった、衝動のコントロールに関わる障害につながります。ホットブレインはたくさんの重要な機能を果たしていますが、同時に問題を引き起こすこともあるのです。

「目標達成」「計画」にフォーカスする理性的な脳

そこで、クールブレインの出番です。クールブレインは、先のことを考え、長期的な目標を達成するために難しい決断を下す手助けをしてくれます。報酬がなかなかもらえないと、すぐに満足感を得られないので、考える必要があります。ホットブレインは「マシュマロを食べなさい！」と言い、クールブレインは、「待てよ、長い目で見れば、マシュマロを食べないほうがいいだろう」と言うのです。

クールブレインによって、子どもはソファの上で飛び跳ねたいという欲求に打ち勝つことができます。それは親からやってはいけないと言われたからであり、そんなことをすれば（どんなに楽しくても）叱られますから。年齢が上がると、友達の誘いを断って翌日のテストに備えて勉強し、そのために成績が上がり、行きたい大学に合格し、よい仕事に就き、経済的に安定するというようなことまで、クールブレインが手助けをしています。

これらすべてを熟考するのは複雑なプロセスですよね。ホットブレインの「よし、やろう、パーティだ！　行くぞ！」に従ったほうがよっぽど楽です。

クールブレインが関わる自制心は、人生のさまざまな〝素晴らしい結果〟と関連します。将来に向けて計画を立てる能力は、あらゆる側面で役立つからです。自制心により、満足を先延ばしするという難しい決断をすることができ、その結果、健康、学業、学校、仕事など、あらゆる目標を達成することができ、トラブルも防いでくれ、将来的により大きな報酬を手にできるのです。しかし、子どもは脳がまだ十分に発達していないため、自制心をほとんど持たないまま人生を始めてしまうのです。

自制心とは「未来を予測」して行動する力

自制心が子どもの中でどのように作用するかは、他の気質的側面である「外向性」と「情動性」に関連しています。自制心が低く外向性の高い子どもは、衝動的で乱暴な傾向があります。「陶器店に闖入《ちんにゅう》した雄牛」という表現が英語にありますが、まさにそのイメージです。「友達を感心させるには木から飛び降りるのがいい」と考えるような子どもです。

そうした子どもの将来を、ちょっとのぞいてみましょう。

「自制心」が低く「外向性」の高い子どもは人と接するのが大好きで、自己コントロールする力はまだ身についていないため、十代でトラブルに巻き込まれる可能性が高くなります。思春期には仲間がより大切になり、ホットブレインによって楽しみを追い求めることに拍車がかかります。十代では勉強よりもパーティを優先し、飲酒や無防備なセックスをする可能性が高くなります。ただし、お子さんが小さいうちは、腕を骨折しやしないか、救急病院へ駆け込む羽目になるんじゃないかといった心配のほうが大きいでしょう。

一方、「情動性」が高く「自制心」の低い子どもは、特にかんしゃくを起こしやすい傾向があります。すぐにカッとなり、その強い感情をコントロールするのが苦手です。情動性は感情を制御する能力に関わるので、情動性の高い子どもの自己をコントロールする力が低いのはめずらしいことではありません。

ただ、このような子どもは、自制心について学んでいく中で感情をコントロールする能力が向上し、前章で説明した「問題解決のための共同作業」がよりうまくできるようになるという希望の光もあります。前頭前野が発達すれば自制心もうまく働くようになり、感情をコントロールする能力も向上します。時間が味方してくれるのです。

また、感情を制御する力が低い人が、必ずしもすべての状況において自分をコントロールできないとは限らないことに留意してください。状況次第では自分をうまくコントロールできることもあります。

自制心が必要になる状況はいくつかあります。あるときは、やる気を出すために（起きてジムに行く）、またあるときは、何かをやめるために（ケーキを食べすぎるのをやめる）、行動を起こす必要があるでしょう。退屈なこと（仕事、請求書の支払い）に粘り強く取り組まなければならないこともあります。また、本当に機嫌のいいとき（昇進して羽目を外した夜など）、本当に機嫌の悪いとき（上司に文句を言ったときなど）には、後悔するような行動に走らないように自制しなくてはなりません。子どももまた、さまざまな状況で自制心がどのように発揮されるかには違いがあります。

一般的に、私たちが思うほど、人の行動に一貫性はありません。前章を思い出してください。情動性の高い子どもは通常、特定の状況下で感情の起伏が激しくなるという話をしました。彼らはいつでも非常に感情的だというわけではないのです。

自制心の低い人も、他の人よりも自制心を発揮するのに困難を感じる状況があります。例えば、衝動をコントロールするのが難しい子どもの中には、学校の勉強は完璧にこなせるのに、ベッドの上で飛び跳ねたり家の中を走り回ったりしているとコントロールが利かなくなる子がいます。また、親の指示には従えるのに、何かに興奮すると歯止めが利かなくなったり、友達を見つけて道に飛び出したりする子もいます。

「ストップ課題」と「スタート課題」

自分の感情、行動、衝動を制御するという「課題」は、基本的に次の二つに集約されると考えられます。

やりたい（でもやるべきではない）ことをストップするのは難しい。
やりたくない（でもやるべき）ことをスタートするのは難しい。

「ストップ課題」とは、誕生日会で子どもが暴れ回って飾りつけを壊してしまうといったことです。「スタート課題」とは、友達と遊んだ後におもちゃを片づけるといったことです。

こうした課題も、特に自分の行動や衝動をコントロールするのに難しさを感じる子どもにとっては、**「未来（長期的には何がベストか）よりも現在（今すぐほしいもの）のほうが重要だ」と考える傾向**が関係しています。

クリストファーはパーティで友達と走り回るのに夢中で、おもちゃが乗ったテーブルがひっくり返ったら自分がどんな思いをするかということは考えもしません。ふざけて部屋中を引っかき回しているときには、親に叱られるんじゃないかなんてことは、これっぽっちも思わないのです。

イサベラはお人形遊びが大好きで、夕食の時間になってもやめられません。お片づけをして階下に行くのが嫌なのです。お人形の赤ちゃんをお風呂に入れるのに忙しくて、親が席を立ってイサベラの部屋までやってきて、お人形の服が床に散らかっているのを見たらどんなに怒るかということは想像できないのです。

幸い、こうした自制心の低い子どもでも、彼らが苦手とする状況でも自分をコントロールする方法を身につけられる戦略があります。自分をコントロールすることが必要となるどんな状況においても、**未来のことを考え、その未来をより現在に近づけようとする**姿勢は役立ちます。

中にはこれを自然に、簡単に行なえる人（自制心の高い）もいますが、それ以外の人は、自分をコントロールしていくには、さらなるツールが必要となります。

「自制心に課題のある子」への介入の仕方

自分を制御することに課題がある子どもは、ホットブレインに偏っていることを忘れないようにしましょう。彼らの脳は、「今、ここ」に集中しているのです。あなたが呼んだときに来なくても、どんなに止めても走るのをやめなかったとしても、必ずしも反抗しよう、無視しようとたくらんでいるわけではありません。彼らの**クールブレインはまだまだ「将来の自分への影響」を考えることが苦手**なのです。

自制心を身につけさせるには、こういった基本的なことを考慮し、子ども（と親）にとってマイナスではなく、プラスになるように活用することです。過熱したホットブレインをうまく利用して、クールブレインが仕事をできるようにするのです。そのためには、ホットブレインをだまして未来にもっと注意を向けさせ、今この瞬間にはあまり目を向けさせないようにする必要があります。

マシュマロ実験の考案者である心理学者のウォルター・ミシェル博士は、**未来用の脳をヒートアップさせ、現在用の脳をクールダウンさせる**のだと述べています。未来を「今、ここ」に持ち込み、現在の誘惑をコントロールする方法を編み出しましょう。本章では、「無理をせず」「未来をホットに、現在をクールに」という要素に焦点を当てた自己コントロールの方法をご紹介していきます。

その前に、自己コントロールに課題を抱えるお子さんをお持ちの親御さんに、ちょっとした朗報です。遺伝的に自制心に問題を抱えやすい子どもには、**「介入」**が最も有効だとされています。つまり**自制心が低い子どもほど、自己コントロールを身につける戦略で大きな改善が見られる**のです。さあ、さっそく見ていきましょう。

「たらする計画」で行動を「自動化」させる

何か手間のかかることを楽にするには、どうしたらよいでしょうか。「自動化」すればよいのです。

そのためには、**「たらする計画」**（〇〇したら、××する）が鍵を握ります。自分のことをコントロールするのが（親子双方にとって）難しいのは、本当に何かをしたい（したくない）瞬間にホットブレインに支配されてしまうからです。自分を制御する力に課題のある子どもの未発達なクールブレインは、「何がベストなのか」を筋道を立ててホットブレインに説明するチャンスに恵まれません。「たらする計画」は、クールブレインがよりよい行動へと導くのに必要な「筋道を立てて考える」工程をなくすばかりか、考える必要もなくします。

そのやり方は、**「○○が起こったら、××を実行する」**というシンプルなもの。トリガーとなる状況を認識したホットブレインにひと仕事してもらうのです。

「目覚まし時計が鳴ったらベッドから出る」「お母さんに靴を履くように言われたら履く」など、普段から課題のある状況と、あらかじめ計画した反応とを結びつけます。「○○したら」が起こるたびに、「～する」で応答するのです。何も考えず、その瞬間に何も決断しないことです。

○○が起こったら××を実行する。時間がたつにつれてそれは習慣になり、自己制御能力を必要としなくなります。

成功への鍵は、子どもの行動のうち、本当に力を注いで変えたいものにターゲットを絞《しぼ》ることです。「○○したら」はどんなものでもかまいません。内発的なトリガー（怒ったら、興奮したら）でも、外的なトリガー（ママやパパに呼ばれたら、道で犬を見かけてなでてあげたくなったら）でもいいのです。「××する」も思いつくものであれば何でもかまいません。状況次第です。大切なのは、親子双方が納得でき、自己コントロールの問題解決になる行動であることです。

○「たらする計画」は一度に二つまで

子どもが自己コントロールで苦労しているどんな状況でも、「たらする計画」は使えます。ただし、集中して取り組めるのは一度に二つか三つです。残念ながら、問題をいっぺんに解決することはできません。物事をじっくり考える手間を省かせようとしている、ということをお忘れなく。いくつもの「たらする」を同時に覚えなければならないとなると、子どもの脳には負担が大きく、肝心の「自動化」ができなくなってしまいます。

この「たらする計画」ですが、練習すればするほど確実に上達します。実践を重ねれば、確実に改善していくでしょう。「目覚ましが鳴ったら、ベッドから出ればいい」「家に入ったら、靴を脱ぐ」という具合です。

まずは、どんなときにお子さんが自分の行動をコントロールするのに苦労しているのか、リストアップすることから始めましょう。自制心とは、自分の行動、感情、興味や関心をコントロールする能力ですが、自制心において課題が現われるパターンはいくつかあり、子どもによってさまざまな形で現われることを覚えておいてください。

○「課題」がありすぎて困るときは……

次ページの表には、**子どもが自制心を保つのに苦労する場面**をいくつか挙げています。これらの多くは、子どもが強い感情を感じる状況です。自己コントロールが利かなくなるのは、イライラしているとき、怒っているとき、動揺しているとき、退屈しているとき、ハイテンションになっているとき、ふざけているときなどです。

強い感情はホットブレインの活動を高めるので、理性的に考える（クールブレインを使う）能力が損なわれるのは当然のことです。これは親も同じです。修理を頼んでいる業者さんがや

子どもが自制心を保つのに苦労する場面
退屈な作業（おもちゃの片づけ、家事の手伝い、歯磨き、着替え）がうまくできない
強い感情（怒り、フラストレーション）を抑えられない
やっていることを中断し、楽しくないことをすることができない
危ない行動（高い場所から飛び降りる、海へ飛び込むなど）
誘惑への抵抗（ごちそう、触れることができない何か）
過活動（家の中を走り回る、興奮すると過度に元気になる）

ってくるのが予定より一時間も遅れてイライラしていれば、つい子どもを怒鳴りつけてしまったりします。

一度に取り組めることは限られていることを忘れないでください。あなたが最もイライラしていること（簡単に言えば、最も気になること）のうち、上位一つか二つに絞りましょう。子どもが自制できない点を挙げればきりがないかもしれませんし、挙げたら圧倒されるかもしれません。

中には、「たくさんありすぎて、どこから手をつけていいかわかりません」とおっしゃる親御さんもいます。日記をつけることは、子どもの行動を把握する上で有効な手段です。子どもが自制心を失っていると思われる点を記録し、その中から**最も頻度が高いもの、最も困っているもの、危険をはらむもの**を選んで、まず始めてみましょう。

O「エネルギーの発散法」を考える

子どもが苦手とする分野を特定したら、そのトリガーとなるものを一緒に考え、名前をつけましょう。それによって、「○○したら」の部分がはっきりしてくるのです。「○

○したら」というのは内側からのトリガー（感情）である場合も、外的なトリガー（何かが起こる）である場合もあります。いくつか例を挙げてみます。

・きょうだいが何かをして自分がものすごく頭にきたら
・不公平なことが起こったら
・エネルギーがあふれてきたら
・目覚ましが鳴ったら
・お母さんに呼ばれたら

次に、「××する」を考えてみます。「○○したら」が子どもにとって、強い感情（怒りやフラストレーションなど）と関係しているのなら、落ち着けるような活動を選びます（これについては後ほど、『「その場で」できるクールダウン法（279ページ）』の項で詳しく説明します）。深呼吸したり、部屋に戻って静かで落ち着いた活動（絵を描く、本を読むなど）をしたりするのもよいでしょう。エネルギーがあふれてきたりハイテンションになってきたりしたら、よくない結果につながらないような「エネルギーを発散できる方法」を考えましょう。

・ジャンピングジャック（両手両足を開く、閉じるを繰り返すトレーニング）をする
・ゆっくりと深呼吸をする

・自分の部屋に行ってぬりえをする

「たらする計画」には、「まずは△△する」動作を入れてもよいでしょう。

例えば、こんな具合にです。

「呼ばれたら、まずは今やっていることをやめて、こっちに来なさい」
「きょうだいがおもちゃを取り上げたら、まずはママに言って、絶対にたたかないこと」
「歯を磨く時間だよと言われたら、まずはすぐに洗面所に行って、歯を磨こう」

「たらする計画」では、「○○したら」の状況になったら、すぐに、そして「絶対に××する」ことと、子どもに言い聞かせてください。問答無用。例外はなしです。

○「言葉のごほうび」で行動を習慣づける

最後に、「たらする計画」がうまくできたら、ごほうびを与えることが大事です（自制心について最後に取り上げたのは、これまでの章のまとめとなるからなのです）。褒めるときも、「ママが歯磨きって言ったら、超特急でできた！ すごい、すごい！」というように、大げさなほどに、その場ですぐに、ということをお忘れなく。

「たらする計画」を軌道に乗せるには、親子で一緒になって練習する必要があります。「○○

したら」の状況になったまねごとをさせ、すぐに「××する」を練習させます。そして褒め、また繰り返すのです。何度も練習して、その行動を自動的にできるようにするのです。そうすると**脳に、「○○したら」と「××する」が結びついた新たな配線ができる**ことになります。

例えば「たらする計画」が、「ママに呼ばれたら、すぐにしていることをやめてママのところに行く」というものであれば、子どもに自室でおもちゃ遊びをしているまねごとをさせ、ちょっと来てと呼び寄せ、すぐに遊びをやめてあなたのところに来る練習をさせましょう。

子どもが積極的に従ったら、今度は同じ行動を大げさにやる練習もさせてみましょう。例えば娘さんがおままごとをしている最中でも、道具を全部置いてあなたのところに走ってくるようにします。息子さんがチャンバラごっこをしていたら、刀を放り投げてでもすぐにあなたのところへ向かうようにします。それができたら、チアリーダーになりきって褒めてあげましょう。「わあ、ものすごく早かったね！」という具合にです。

また、「たらする計画」が、「頭にきたら、ゆっくり深呼吸を五回する」というものであれば、その練習をさせます。過去にカッとなってしまった出来事に似たシナリオを考えさせましょう。どんな気持ちなのか表現してもらってください。「どんどん腹が立ってきて、爆発しそうな感じなんだ」などと。それから「××する」を思い出させるのです。

練習ができたらすぐに褒めてあげましょう。楽しくできる工夫をしましょう。ホットブレインは快楽が好きなので、「たらする計画」の練習とよい感情とが結びつけば、その行動が定着しやすくなります。

「たらする計画」と、前章でご紹介した情動性の高い子どもの問題解決法がとても似ていることにお気づきになったでしょうか。「たらする計画」は感情のコントロールだけでなく、さまざまな自己コントロールの課題に応用できます。行動のコントロールが苦手な子にも、集中力のコントロールに問題がある子にも有効です。

未来の感情を「下見させる」効果

自制心を高めるためにもう一つ、**やがて起こる悪い結果を前倒しして引き起こす**という方法があります。

子どもは「今この瞬間」に夢中になっているのですから、おもちゃで遊ぶのをやめてパジャマを着なさいと言われても、すぐにやめることはありません。十分後にあなたが部屋にやってきて、寝る準備ができてないのを見て怒るなどという事態は想定すらしないのです。

ホットブレインは「今」に集中します。ですから、その場ですぐ未来の結果に意識を向けるように仕向けたいものです。そのためには、あとでどんな気持ちになるかを、まるで今起きていることのようにイメージさせる必要があります。

大人は想像力を働かせることで、こうしたことが上手にできます。配偶者に何か手伝いを頼まれたときにやりたくないなと思っても、無視するのは本当に失礼だし、けんかになりたくないし、という小さな声が頭の片隅にありますよね。これはクールブレインである前頭前野が働くからで、未来の一連の結果を論理的に考える手助けをしてくれているのです。

人気ドラマ『モダン・ファミリー』をもう一話見たいけれども洗濯をしなくてはならないときは、「明日、家族みんなに替えの下着がなかったら大変だ」と考えるのです。

しかし子ども、特に低学年の子どもは、そのような複雑な未来思考が苦手です。ですから未来の結果を「今、ここ」ではっきり感じられる工夫をしなくてはなりません。未来の結果に対して、より大きな感情を抱かせる必要があるのです。

そのためには一緒にロールプレイをするのがよいでしょう。ロールプレイをすることで、間違った選択をしたときに生じる強いマイナスの感情を引き出し、子どもがその方向に行きたくないと思うように仕向けます。**「感情の下見」をさせることで、ホットブレインを活発にさせるのです。**

○ 子どもの〝主体性〟が伸びる親の関わり方

例えば、こういう具合です。親に呼ばれてもなかなかおもちゃで遊ぶのをやめられないイサベラに話を戻しましょう。

親はまず、この問題行動について親子で話し合い、対策を考える際に「たらする計画」（呼ばれたら、まずは今やっていることをやめて、親のところに来る）を用います。そして、「呼ばれているのにおもちゃ遊びをやめないとどうなるか考えてみよう」と言います。イサベラはおそらく、「ママやパパがすごく怒ると思う」と言うでしょう。

そうしたら、「そうね。じゃあ、そうなったふりをしてみようか」と言い、イサベラにおもちゃで遊ぶまねごとをさせます。ちょっと来て、と親が言っても（シナリオ通り）そのまま遊び続けさせます。そして、親は部屋に入ってくるふりをして、真剣に腹を立てたときの声で自分がどれほど怒っているかを告げ、普段通りに罰を与えます。

「ちょっと！　ママが来てって言ったときに無視しちゃダメって言ったじゃない！　階段に座ってタイムアウトしなさい」

もう少し年が上の子どもには、自室で宿題の最中に携帯電話をいじり始めたというシナリオもよいでしょう。部屋に入るやいなや子どもが電話を手にしているのを見て、厳しい声で、「宿題してるって言ってたのにケータイいじってたのね！　今日はお友達の家に行かせてあげられないよ」と言います。

大切なのは、「親の言うことを聞かないと嫌な思いをすることになる」と、子どもにはっきりわからせることです。子どもはそのような思いをしたくはありませんし、罰を嫌がります。ロールプレイをすることで、結果をよりリアルで身近なものにするのです。

重要なのは、ロールプレイを行なった後、そのシナリオで「たらする計画」を練習することです。そして、子どもが望ましい反応をしたときには、思い切り褒めてあげましょう。

「すごいね！　呼ばれたらすぐに来てくれたね！」

「偉い！　遊び始める前に宿題を終わらせたのね！」

という具合にです。

もしも、「怒っているふりをするなんて意地悪じゃないでしょうか？」と思われたら、子どもは「ふりをしている」だけと承知していることを思い出してください。それでもロールプレイは感情の反応を引き出すので、将来的に自分の行動を努力してコントロールできるようになるはずです。

全員が怒っているときに本物の罰を受けるより、一緒に学んでいるときに怒られるふりをするほうがいいのです。そして、「たらする計画」の練習をして、褒め言葉をかけることで、ポジティブに締めくくることができるのです。

さらに、この対比（やるべきことに目を向けないと嫌な思いをすることになり、目を向けるといい気分になる）を通じて、子どもは自分の選択が全く異なる結果をもたらすことを強く認識でき、それによって自分をコントロールすることを学べるのです。

これは、**あなたが子どもに教えるべき極めて重要なライフスキル**です。子どもは自分の選択を通じて、自分の将来は自分で決めるのだということを学びます。親が決めてあげることは（いくらやってあげたくても）できませんが、こうしてよい判断ができるように導いていくことはできるのです。

子どもをクールダウンさせるいい方法

自制心を鍛える方法はもう一つあります。これは今この瞬間に自制心を必要とするときに、子どもをクールダウンさせる方法です。テクニックを紹介しましょう。

①誘惑を取り除く

これは親子共に用いることができる方法です。周囲の環境を整えて、**誘惑のトリガーとなるものを少なくする**のです。例えば、私はポテトチップスを買わないようにしています。家にあると、あっという間に一袋食べてしまうからです。また、わが家ではクッキーの容器を見えるところには置きません。子どもが見るとクッキーをほしがって泣くのがわかっているからです。子どもを迎えに行った帰り道、公園に寄り道して遊びたがるとわかっていれば、その時間のないときは別の道を通るようにしましょう。

誘惑が目の前にあると、それを避けるのは難しいものです。特に自制心に課題のある人にとっては大変なことです。誘惑を目の前から遠ざけることは葛藤を減らす最も簡単な方法の一つですが、特定の状況下でしか使えません。パーティの席で、目の前に大量のポテトチップスが置かれていることだってありますからね。

お子さんも同じように、自分ではどうしようもない環境に直面することがあります。ですから結局は、子どもの自制心を鍛えなくてはいけないのです。

②気をそらす

誘惑を取り除くことができない場合、**気をそらす**のも有効な手段です。これは子どもに対してよく用いられます。子どもが何かをほしがってぐずり始めたとき、「あら、見て、歩道用のチョークがあるよ。お絵かきしよう！」と言ったりします。

誘惑から注意をそらすことは、特に「たらする計画」がまだ難しい幼い子どもには、いつでも有効です。トリガーとなる状況を避けるのが一番簡単なやり方ですから。マシュマロ実験に参加した園児たちは、目をそらす、指で机をトントンたたく、変顔をする、足踏みをするなど、マシュマロから意識をそらすための愉快なテクニックをたくさん使っていました（YouTubeで見ることができます）。

③「壁のハエ」技法

自分の感情を、一歩引いて遠くから観察する方法があります、これは、苦悩を効果的に減らして幸福感を高めるセラピーや治療の要《かなめ》ともいえる技法です。認知行動療法の核となるもので、多くの心理的な問題に最も効果的とされる手法の一つです。また、たくさんのメリットがあることが証明されつつある「マインドフルネス」の最も大切な部分でもあります。自分の激しい感情から距離を置き、より客観的に自分を観察する方法を学ぶことで、**強くて厄介な感情が湧**

いてくるのを食い止めることができるのです。

子どもも、強くて厄介な感情が出てきてしまうことがあります（皆さん経験済みですよね！）。一歩引いた視点で状況を振り返ることを学ぶと、感情のコントロールができるようになり、自制心を高められます。子どもには、自分が壁に止まっているハエになってその場の成り行きを見ていると想像してもらうとよいでしょう。これはその場で役に立つことはまずありませんが、状況を「振り返る」のには適しています。実際には、次のようにします。

親：「ゆうべ、寝る準備のことでけんかになったのはどういうわけか、考えてみて。部屋の壁に止まったハエになって、見えたものを教えてちょうだい」

子どもを導きながら、会話を進めていきましょう。これが正しいやり方というものはありませんが、大切なのは、子どもが一人ひとりの行動や感情を客観的に語ること、それによって、誰が何をして、どう思ったのかをくまなく把握することです。

親：ハエはあなたが何をしてるのを見てるの？
子：おもちゃで遊んでる。
親：それで、ママは何をしてるの？
子：僕の部屋に向かって、「パジャマ着なさーい」って言ってる。

親：それで、ハエはあなたが何をしてるのを見てるの？
子：（くすくす笑って）まだおもちゃで遊んでる。
親：それからどうなったの？
子：ママが部屋に入ってきた。
親：それで、ハエはママが何をしてるのを見てるの？
子：大声で怒鳴ってる。
親：ママはどう感じてるみたい？
子：怒ってる。
親：どうしてママはそんなに怒ってると思う？
子：言うことを聞かなかったから。
親：その後、ハエは何を見てるの？
子：僕も怒鳴り散らしてる。

ユーモアを交えるのもよいでしょう。「あらら、ハエくん、とんでもないところに居合わせちゃったね、みんなが怒鳴ってるんだもんね」というように。

「壁のハエ」の練習のポイントは、**子どもが多角的な視点を身につけられるようにすること**です。正直なところ、人は自分の視点にとらわれることが多いものです。一歩下がって、第三者の立場で状況を観察することは、子どもが（そして大人も）怒りや傷ついた感情を克服するのに役立つという研究結果が出ています。前に進めるようになるのです。この方法は男子にも女子にも、そしてあらゆる境遇の子どもにも有効であることがわかっています。誰にとっても、見方を変えることは有益なのです。

④「その場で」できるクールダウン法

自制することが必要なのに、子どもがどうしてもその気にならないときのために、**落ち着かせる方法をいくつか用意しておく**とよいでしょう（コメディドラマ『となりのサインフェルド』ファンは、「Serenity now.（鎮まりたまえ）」のエピソードと言えばピンとくるでしょう）。親と同様、子どももこうした方法を必要としているのです。

自分をうまく制御できなくなりそうなときに、簡単に思い出せる方法を教えてあげてください。それは「たらする計画」の一部でもよいでしょう。

その場でできるクールダウン法には、深呼吸をする、十まで数える、レモンを絞るように手をぎゅっと握る、といった方法があります。また、「休憩したい」と言ったり、いつもやっている落ち着ける静かな活動（読書、ぬりえ、音楽を聞く）をしたりすることで、再び自己コントロールができるようになります。何が子どもの心に響くか、考えてみましょう。

私の息子はレモンを絞るように手を握ることは嫌がります。ばかばかしいと感じ、余計にイライラするのだそうです。その代わり、自室に行ってビーズクッションに座るほうが、気分を落ち着けて自制心を取り戻す方法としてははるかによいと気づきました。

親が「子どもの自制心を養う」ためにできること

これまで、子どもが自制心に苦しんでいる特定の分野に取り組むために実行できる具体的な方法について説明してきました。しかし、一般的な分野で**親として影響を与えられる**こともいくつかあります。これらは、子どもの自分をコントロールする能力にいい影響を与えることが知られています。

①規則正しく、健康的な生活

疲れていないときやおなかがすいていないときは、誰でも自制心が働きます。大人も子どももそれは同じです。これは誰もがなんとなく知っていることですが、時として、最も単純なことであるため見落とされているときがあります。**健康的な睡眠と食事の習慣**は、私たちをベストな状態に保ってくれます。寝る時間と起きる時間を決め、寝る前のルーティンを行ない、寝る直前には激しい遊びをせず、デバイスの画面も見ないようにすることで、子どもはぐっすり眠り、最高の状態で目覚めることができます（笑顔）。

みんなが買い物にうんざりしているようなら途中で切り上げる、食事を抜かない、いざというときのために健康的なスナックを車に積んでおく（私はグローブボックスにたくさん入れています。ほとんどは私の分ですが）といったことも、円滑な毎日を送るためによい方法です。

②ストレスレベルを把握する

ストレスは脳の発達に多大な影響を与えます。ストレスは私たちを「闘争・逃走モード」に入らせます。これは、脳の「ホットブレイン」機能が活性化することによって起こります。常にストレスのある状態で育った子どもは、脳の「ホットブレイン」機能が過剰に働くようになり、警戒心が強くなります。そのため、衝動をコントロールしたり、自制心を身につけたりすることが難しくなります。予測不可能で危険な世界では、進化によってホットブレインが優位に立つようになっているのです。

ですから、**親としてできる最も重要なことの一つは、子どもが安全で、安心でき、愛されていると感じられるようにすること**です。親がコントロールできる範囲内で、子どもの世界がより安定し、予測しやすいものになるよう手助けしてあげましょう。家庭内での激しい口論やDV、信頼できない大人、危険な地域などといったものはすべて、子どもの考える力や計画性を育むことを難しくし、そのため子どもたちは「今、ここ」に集中することを余儀なくされます。子どもにとっての慢性的な強いストレスを軽減できると、子どもによい影響があります。

③自律を促す

ストレスを減らすといっても、子どもの周囲環境のあらゆる面を管理しようとする必要はありません。むしろ、過保護は、子どもの自制心を低下させることにもなります。自律を支援し、奨励する必要があるのです。子どもは自らチャレンジし、その結果から学ぶことで、自分を律する力を身につけます。代数のテストと同じように、自制心を身につけることは、親が代わりにしてやれることではありません。自分で学ぶしかないのです。

自己をコントロールするスキルは、子どもの人生において代数より重要な役割を担います。ですから、自制心を育む練習をし、自律を身につける機会を与えてあげてください。もちろん、いつもうまくいくとは限りません。でも、だんだん上手にできるようになるはずです。

例えば、子どもは宿題を始める前にゲームをしていいかと聞くかもしれません。しかし、ゲームをやめて勉強モードに切り替えさせられるかどうか、あなたには自信がありません。それでもやらせてみることで、子どもの自分をコントロールするスキルを試す機会になります。子どもにチャンスを与えることで、制約を設けることから生じる反発、口論、憤《いきどお》りを避けることができます。もしうまくいかなかった場合、子どもはこれがまだ努力しなければならない課題であることを学び、自制心を高めるために親子で話し合うきっかけをつくることができます。

④自然な成り行きを見守る

子どもが自制心を身につける方法の一つは、罰を経験することです。親は子どもを守ることが役割のように思えて、罰を与えることはなかなかうまくいきません。しかし、罰を経験することから〝守って〟いては、長い目で見ると子どもを傷つけることになります。なぜなら、子どもの脳は行動と結果の因果関係を理解できないからです。例えば、朝、子どもがふざけていてカバンを忘れても、学校まで届けるのはやめましょう。一日くらい教科書を忘れても、この世の終わりではありませんし、その不快感を味わうことで、今後、学用品を持っていくことに集中する可能性が高まります。

選択には結果が伴うこと、そして選択肢は自分で選べること、よい選択をすればよい結果になり、悪い選択をすれば悪い結果になることを、子どもたちは身をもって学ぶことができます。行動と結果の因果関係を理解させることで、この基本的な洞察力を養い、自分にはどんな結果を手にするか決める力があることを認識させましょう。

⑤ダメージコントロールのタイミングをつかむ

子どもには自分でコントロールするのが難しい課題があります。そのような課題においては自然な成り行きを見守るわけにはいきません。もし、あなたの子どもがある特定の分野において自制心がほとんどなく、問題になりそうな場合は、**被害を最小限に抑える方法を考える**のが最も賢明です。プールの周りをフェンスで囲んだり、海辺で幼児から目を離さないようにしたりといったこともその一つです。小さな子ども（あるいは自制心に課題のある子ども）は、正しい判断を確実に行なうことが難しいときがあります（例えば、水に飛び込む前に「自分は泳げない」という事実をよく考えない）。そんなときの親の役割は、「彼らを守ること」の一択であり、「チャレンジしてほしい」と期待することではありません。

このことは、命に関わらないような小さなことにも当てはまります。私の同僚の発達心理学の教授は、娘さんが一歳くらいのときに、決まって食べ物を投げてしまう時期があり、それは衝動のコントロールが未熟な時期だとわかっていました。そこで、家族はキッチンテーブルを部屋の奥に移動させ、布張りの家具はすべて〝射程圏外〟に置くようにし、食べ物をきちんとお皿に載せたままにする練習を娘と一緒にじっくりと行なったそうです。

⑥本やテレビを活用する

子どもは観察することで学びます。すべての子どもはまだ自己コントロールの発達段階にあるため（中には早熟な子もいます。自制心の高いお子さんをお持ちの親御さんはラッキーですね！）、子どもが自制心を身につけるための情報はたくさん出回っています。「子どものための自己コントロールの本」とパソコンで検索すれば、子どもと一緒に読めるような、自己コントロールについて理解を深める内容の物語が何百と出てくるでしょう。お話をつくるのが上手な人なら、さまざまなタイプの架空の子どもを主人公にした物語をつくってもよいでしょう。

『セサミストリート』の二〇一三年と二〇一四年のシーズンは、マシュマロ実験を行なった心理学者のウォルター・ミシェルが助言を行ない、クッキーモンスターが「クッキーを食べたい」という欲求をコントロールできるようになる様子を見ながら、子どもが自己コントロールの方法を学べるように工夫された内容になっています。生き生きとしたストーリー展開は、「よい選択をすればよい結果が待っている」ということを子どもが理解するのに役立つでしょう。

⑦「遊び」を取り入れる

子どもに人気のある遊びの多くは、自制心を養うのに役立ちます。「だるまさんがころんだ」は、鬼が後ろを向いて十まで数える間、子どもはゴールに向かって動き、鬼が振り向いたら動きを止めなければなりません。そのときに動いてしまったら鬼に捕まってしまいます。

「サイモン・セッズ」（Simon says）という命令ゲームでは、「サイモン（鬼）」になった子どもの命令に従わなければなりません（例えば「サイモンさんが言いました。鼻を触れ」「サイモンさんが言いました。片足跳びをしろ」というように）。ただし命令に従うのは、「サイモンさんが言いました」のフレーズが頭についている場合に限ります。単に「鼻に触れ」と言っただけなのに子どもがその動作をしてしまったらアウトです。こうした遊びでは、衝動をコントロールする練習ができます。しかも都合のいいことに、子どもたちは楽しみながら自制心を養っていることに気づいていないのです。

⑧親の背中を見せる

子どもは、他人がどのように自分を律しているかを観察することによっても多くを学びます。子どもが私たちの感情のツボを刺激するとき、私たちはどのように反応するでしょう。誰しも、強い感情を経験すると、その感情がホットブレインを活性化し、熟考するよりもむしろ反射的に行動してしまうことがあります。自制心がどの程度まで自然に身につくかは人それぞれです。

どんなときに自己コントロールが困難になるのか、自分なりによく考えてみましょう。特に子どもとの関わりの中で、自分のトリガーとなるものを考えてください。子どもがあなたの自制心に挑んできたときにどう対応するか、前もって決めておくとよいでしょう。ここで取り上げたテクニックは、すべて大人にも有効です。「たらする計画」「クールダウン法」「自分の感情から距離を置く」等々、私たちがよりよい、落ち着いた親になるために使える方法です。

正直なところ、私も息子と接するとき、ホットブレインに支配されてしまうことがあります。自分で自分の感情をコントロールできなくなる瞬間は誰にでもあります。親しい友人が最近、コロナの影響で自宅待機となった長い一日の終わりに、娘がその日に終わらせるべき宿題をチェックしたところ、白紙であることに気づいたという話をしてくれました。パソコンに課題が保存されなかったのかも、いや、そんなことはないでしょう、でもそういうこともあるし、という激しい言い合いとなり、あげく「宿題はどこにあるか、はっきり言いなさいよ！」と怒鳴ってしまったそうです（実はもっとひどい言い方だったらしいのですが）。

せっかくの計画が台無しになることもあります。それが人生というもので、子どもにとってもそれは大切な教訓となります。自分自身がコントロールを失い、後になって反省するような暴言を吐いてしまったら、そのことを子どもに正直に話しましょう。（皆が落ち着いてから）何が起こったかを話してあげてください。この機会に、「人は誰でも間違いを犯す」「間違いを犯したら謝る」「将来はもっとうまくやるように努力する」ということを伝えましょう。**親の背中を見せて、子どもに自制心を学んでもらう**のです。

「自制心が強すぎる」と何が起こる?

一般的に、自制心が強いのはよいとされます。本章で説明したように、それは人生におけるさまざまなよい結果につながります。しかし、自制心が非常に強い子どもは、時に「自己コントロール過剰」になってしまうことがあります。つまり、**慎重になりすぎてリスクを取りたがらない**ことがあるのです。また、自己コントロール過剰な子どもは、頭が固くて融通が利かないこともあります。予定が変更になると困惑してしまうこともあります。また、ルールに縛られない子どもたちとの衝突が起こり、仲間との関係がぎくしゃくすることがあります。

子どもがこのような傾向を持っている場合、その子の苦手な部分を一緒に解決してあげるとよいでしょう。慎重な子どもには、新しいことに挑戦するよう優しく声をかけてあげることです。小さなことから始め、居心地のよい場所から一歩踏み出したら、褒めてあげましょう。

子どもの柔軟性のなさが問題を引き起こしている場合は、5章の「情動性」で説明した問題解決法を使ってみてください。自分と同じような自制心を持った子どもたちにイライラしている場合は、人の性格には個人差があること、すべての性格には長所も短所もあることを話すいい機会です。よい面と悪い面を一緒に考えることで、世の中にはさまざまな個性の持ち主がいることを理解できるようになります。

必要なのは「計算されたリスク」の取り方を学ぶこと

この章を読んで、「でも、マシュマロを食べてしまうのはなぜそんなに悪いことなんだろう」とお考えになったかもしれません。「carpe diem」（カルペ・ディエム：その日をつかめ）、つまり「今を生きろ」ともいわれるではありませんか。

実は、目の前にあるチャンスを生かすことが最善のこともあるのです。予想がつかない環境であったり、将来の報酬について相手が約束を守るかどうかわからない場合、いわゆる「やっちまえ（マシュマロを食べちまえ）精神」を働かせることは理にかなっています。

実際、マシュマロ実験では、他の人が約束したことを守ってくれた経験がある子どもほど、待つ傾向があることがわかっています。後で二つマシュマロをあげるという約束が守られると確信できなければ、食べられるチャンスに一つ食べてしまったほうがいいのです。

また、**チャンスがあればすぐに飛びつくことが有利に働く場合もあります。**経営者やリーダーは、衝動的な側面を持ち、リスクを取ることを恐れない傾向があります。しかし、リスクを取りすぎると大変なことになります。その場、その場で直感に従うと、トラブルに陥る可能性があります。ドラッグ、ギャンブル、無防備なセックス、ポテトチップスを一袋全部食べてしまうなど。その瞬間にやりたいことをやることが、長い目で見て最善ではない状況はたくさんあります。ですから、ある程度のリスクを取ってチャンスに飛びつくのはよいことですが、重要なのは、適切なバランスを見つけ、**計算されたリスクを取る方法を習得すること**なのです。

男子と女子で自制心に「差」はある?

これまで男女の違いについてあまり触れてきませんでした。それは、ほとんどの気質には性差が存在しないためです。ただし、自制心については例外です。集団として見た場合、女子は男子よりも自制心のスコアがはるかに高いのです（男の子の親なら皆、知っていることでしょう！）。

これは、学校では一般的に女子のほうが集中力があり、従順で、自制心が強いと認識されていて、観察結果が多数得られていることからも裏付けられます。席に座っている時間も長く、課題もきちんとこなします。衝動のコントロールに関連する障害（子どものADHDや攻撃性、大人になってからの薬物使用の問題など）を持つ割合も、女子に比べて男子のほうが高いことがわかっています。男女間のこうした平均的なレベルの違いが、生物学的なものからくるのか、社会的なものからくるのかは不明です。おそらくその両方が組み合わさっているのだろうと思われます。

自制心については、平均して女子は男子よりもより高レベルを示すことを覚えておくのも重要ですが、男女とも釣り鐘型分布（正規分布）を示し、女子も男子も一部の子どもたちは釣り鐘型分布の一番端に位置し、大半は中間に位置していることも覚えておいてください。

「できるはず」なのに「やらない」から親はイライラする？

子どもは皆、自制することに苦労しています。もう、しないと約束したのに、すぐにきょうだいをたたいてしまう。片づけを頼まれたのに無視しておもちゃで遊んでしまう。私たちをイライラさせる子どもの行動の中でも、自制心の欠如からくるものはいつも上位にきます。

イライラの原因は、「できるはず」なのに「やらない」ことを選択しているように見えることにあります。つい先ほど、あなたに向かって、「手は人をたたくものじゃありません」とか、「おもちゃは仲良く使います」と言ったのに、そのルールを守らないように見えるのです。

これは「期待のギャップ」といって、脳の発達に関する研究で、自制心を育むことができるとされている年齢に達しないうちに、自分の子どもはもっと高い自制心を持つことが可能であると親が信じていることから起こります。つまり、**子どもが自分のために律義に（そして純粋に）ルールを暗唱できるからといって、彼らの脳がそれを実行する能力を持っているとは限らない**のです。ホットブレインは完全に機能していますが、クールブレインの発達は、まだまだこれからで、だから、衝動をコントロールするのがものすごく難しいわけです。

そのうえ、脳は遺伝子のコードによって一人ひとり異なるプログラミングをされています。

例えば、自制心に課題のある子どもは、生涯にわたってホットブレインが優位に働くのです。

本章では、子どもがより自制心を身につけるための方策を取り上げましたが、これらは魔法のようなものではありません。「たらする計画」は優先順位の高い分野をターゲットにすることができますが、何千年にもわたる進化のプログラミングに逆らっていることを忘れないでください。特に自制心に課題のある子どもは、「今、ここ」に反応するように脳がつくられているのです。行動を自動化するには時間がかかりますし、あるときはうまくいったとしても、時には失敗してしまうことがあります。そんなときこそ、私たち親が自分をコントロールすることを実践してみせましょう。深呼吸をして、子どもの脳はまだ完成していないことを思い出してください。これは、「子どもはわざと悪いことをしているのではなく、脳がまだ発達途上なのだ」という、あなたがクールダウンすることにもつながります。

私の場合も、「座ってなさい」と何度も言ったのに幼い息子が十回も椅子から立ち上がったとき、正気を保つのにまちがいなく役立ちました。また、説教したり怒鳴りつけたりすることが子どもに自制心を教える上でいかに効果的でないかということもよくわかります。そうしたところで脳が早く成長するわけではありませんし、自分の能力を超えたふるまいができなかったからと罰することは、子どもたちを嫌な気持ちにさせるだけです。

マシュマロの実験では、四歳以下の子どものほとんどが二個目のマシュマロを待ちきれませんでしたし、中にはすぐにおやつをほしがる傾向がある子どももいるのです。彼らがあなたを「もう限界！」というところまで追い込んだとしても、子どもが自分のことをコントロールできるように導くことを続けましょう。

ここまでのポイント

◆自制心・自己制御能力（エフォートフル・コントロール）とは、自分の行動、感情、衝動、興味・関心をコントロールする個人の能力のことです。この能力は遺伝的な影響を受け、発達の初期にその違いが現われますが、同時に調整可能なものでもあります。

◆自制心は、ホットブレイン（大脳辺縁系）とクールブレイン（前頭前野）という二つの重要な脳領域の発達に関連しています。ホットブレインは「今、ここ」に集中し、クールブレインは「意思決定と計画」に関与します。

◆クールブレインは発達に時間がかかるため、ほとんどの子どもが何らかの形で自制心に悩まされます。うまく自制できない子どもは、ホットブレインへの偏りが年齢が上がっても続いています。

◆自制心を鍛える方法にはいくつかあります。例えば「たらする計画」「結果のロールプレイング」「クールダウン法」などです。

◆子どもは意図して反抗的な態度を取ろうとしているわけではなく、脳が「今、ここ」に偏っているだけだということを念頭に置いて、子どもと一緒に我慢する（自制心を養い続ける）ことが大切です。

CHAPTER 7

子どもの〝世界〟を広げるために

――人との関わりで〝遺伝子の相乗効果〟を生む

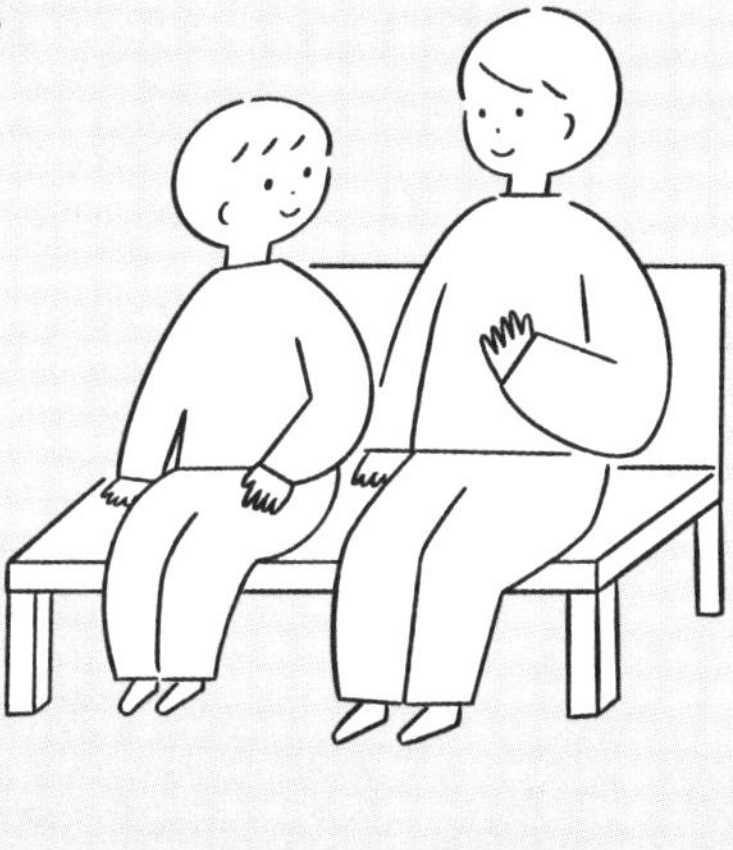

「子どもが安心できる環境」の整え方

この時点で、あなたは自分の子どもについて、その生まれつきの傾向や脳の働きについて理解を深めていることでしょう。そして、自分自身のこと、自分の生まれつきの傾向や脳の働きについても、さらによくわかってきたことでしょう。こうした知識を利用して子どもの気質に合った環境を整える方法も学んできました。子どものニーズに合わせて柔軟に子育てを行ない、子どもが最高の自分に成長する過程をサポートすれば、家庭内の不要なストレスや争いを減らすことができるのです。

しかし、子どもの人生において大切な大人は、あなただけではないはずです。共同養育者、配偶者や恋人、祖父母、教師、ベビーシッター、スポーツチームの監督といった人たちも、**子どもが安心して育っていく環境を生み出す役割を担っている**のです。こうした人たちも、子育てやしつけについて自分なりの考えを持っていることでしょう。

この章では、子どもの人生において大切な人たちとの相性をよくするための対話法と、子育てに関わる人たちの間で育児の方針や信条が違っているときに、どのように対処するか、その方法について説明します。

本章の前半では、共同養育者との会話を取り上げます。ここでいう共同養育者とは、子どもの養育に関わる重要な大人すべてを指す広義の言葉です。後半は、特に学校における会話と、教師とのパートナーシップの構築について取り上げます。

ここで紹介する内容は、習い事のコーチやベビーシッターなど、頻繁ではないにしろ、子どもにとって重要な役割を担う人たちとの会話にも応用できます。

「子育ての考え方」に見解の相違があるとき

あなたが結婚しているか交際相手がいるかする場合、配偶者や恋人は子どものしつけや日々の生活において大きな役割を担っているはずです。多くのカップルがそうであるように、子育ての方針が全く同じとは限りません。離婚している場合や交際が破局した場合、育児に関して合意に至るのはさらに難しいでしょう。また、家庭によっては祖父母や親戚なども育児に携わることがあります。

ここでは「**子育てパートナー**」という言葉を、**子育てに参加する可能性のあるさまざまな大人の総称**として使います。では、**子どもにとって大切な大人たちが、子育てについて全く異なる考えを持っていた場合**はどうしたらいいのでしょうか。

もしかしたら厳しいしつけをされて育った人は、子どものニーズに合わせるというスタイルについて、新世代の生ぬるいやり方だと考えているかもしれません。もしかしたら、彼らなりの「正しい」子育てについて強い考えを持っていて、柔軟な子育てを信用できないのかもしれません（手始めに本書を読んでもらうとよいかもしれませんね）。

また、情動性の高い子どもがかんしゃくを起こしているときに、子育てパートナーが「もっと厳しいしつけが必要だ」と言うこともあるでしょう。あなたがしつけをしないせいで、子どもが暴れたり常識はずれの行動を取ったりしていると思い込んでいるのかもしれません。

片方の親は相手が寛容すぎると考え、もう片方の親は相手が厳しすぎる、あるいは融通が利かないと考える、というのはよくあることです。

このようなすれ違いは家庭内のストレスの原因になりかねませんが、それをどのように乗り越えていけばよいのでしょうか。

まずは、子育てのスタイルに関する研究についてご紹介しましょう。

四つの「子育てスタイル」――あなたはどのタイプ？

心理学では子育てのスタイルを、**「優しいか、冷たいか」**（反応の度合い）と、**「甘いか、厳しいか」**（要求の度合い、コントロール）の二軸で分類して考えます。

それぞれの軸で、親は高いレベルから低いレベルまでのどこかに当てはまります。この二軸のどこに位置するかによって、**「権威型」「迎合型」「独裁型」「放任型」**と呼ばれる四つの子育てスタイルに分類されます。

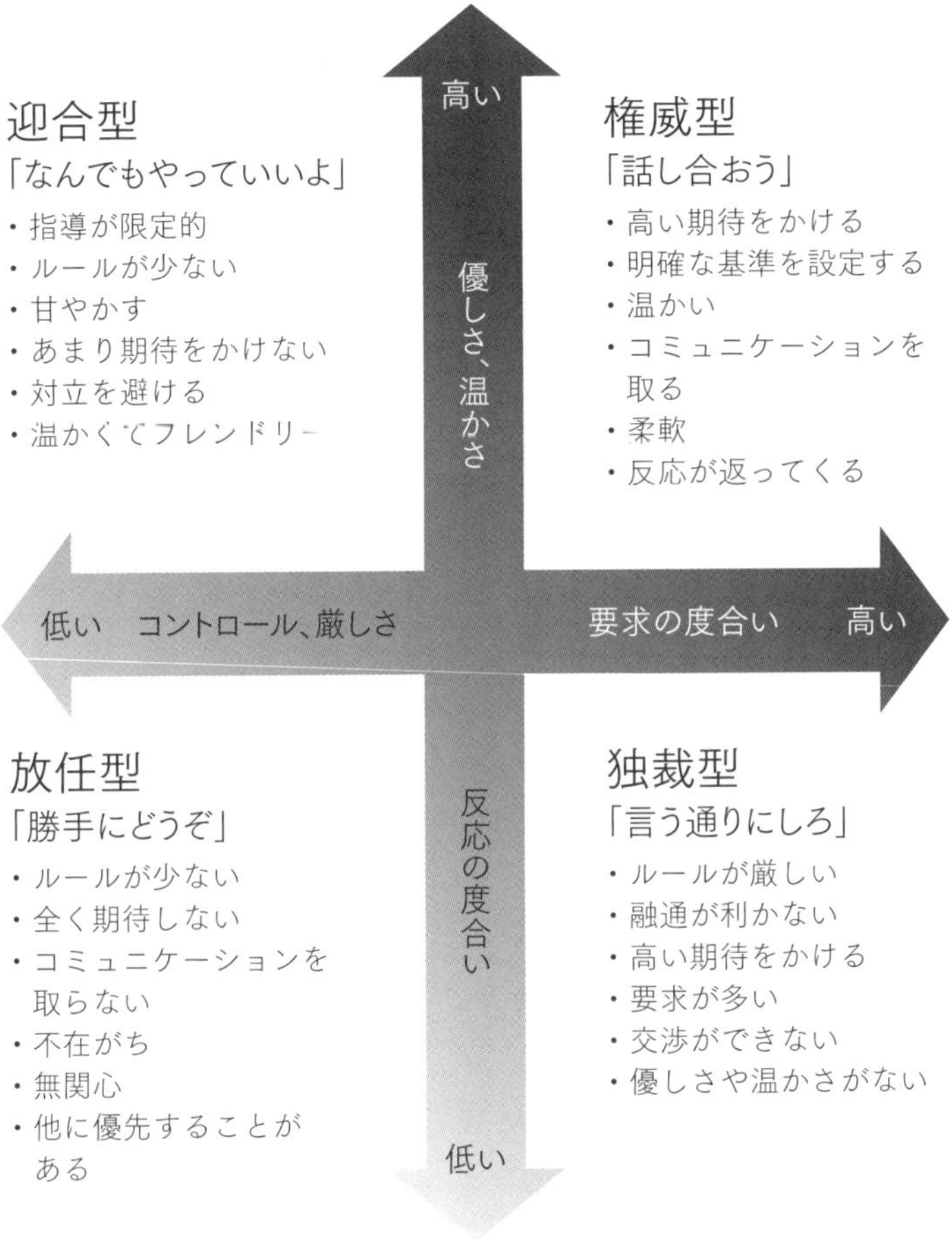

出典:「権威型は常に最適な子育てスタイルか。スペインの家庭にみるエビデンス」フェルナンド・ガルシア、エンリケ・グラシア著『Adolescence』44巻173号（2009年春号）101-31

「権威型」の親は、「優しさや温かさ」と「要求」の度合いが高いレベルにあります。子どもに対して高い期待をかけ、明確な基準を持ち、その期待を穏やかに伝える親です。ルールを決め、その根拠を説明します。そして、目標や活動を決めるのに子どもの意見を取り入れます。

「迎合型」の親は、「優しさや温かさ」の度合いは高いのですが、子どもへの指導や指示は限定的です。ルールが少なく、子どもがルールを破ったときにも寛容です。迎合型の親は子どもと友人関係になりたがる傾向があります。あまり厳しくはなく、子ども自身に物事を考えさせる傾向があります。温かく包み込むような親ですが、子どもが親に従うことはあまり望んでいません。

「独裁型」の親は、権威型の親と同じように「要求」の度合いが高いですが、「優しさや温かさ」の度合いはそれほど高くはありません。子どもの意見をほとんど聞かず、厳しいルールを設定し、強制する傾向があります。そのルールは柔軟性に欠け、違反すると罰します。交渉は許されないと考えています。コミュニケーションは親から子への一方通行になりがちで、子どもは文句を言わずにルールに従うことが期待されます。

「放任型」の親は、「優しさや温かさ」も「要求」も度合いが低く、子どもに対し、ほとんど指示を出さず、制限を設けず、好きなようにさせる傾向があります。コミュニケーションは希薄です。ルールや期待もほとんどありません。また、このような親は子どものそばにいなかったり他のことで頭がいっぱいだったりします。極端な例ではネグレクトになってしまうこともあります。

「育児スタイルの違い」の現われ方

こうした育児スタイルが、典型的な育児の場面でどのように展開されるかを見てみましょう。五歳のイーサンが母親と買い物をしています。イーサンは時間がかかりすぎていると感じています。イライラして、紙パック入りのジュースを床に放り投げ、ジュースが床一面にこぼれてしまいました。ここで、それぞれのタイプの親がどのように対応するかを見てみましょう。

権威型の親（毅然と、しかし優しい声で）：イーサン、買い物に疲れたのはわかるけど、夕食の材料を買わなくちゃならないのよ。物を投げてはいけないって話し合ったでしょ。怒ってるときに物を投げちゃダメだよ。こぼれたジュースはどうするの？

迎合型の親（いたずらっぽい視線を送る）：イーサン、そんなことしちゃいけないってわかってるでしょ。でも買い物って退屈よね。さっさと終わらせて家に帰ろうね。晩ごはんをつくってあげるね。

独裁型の親（声を張り上げ、厳しい口調で）：イーサン、こんなことは絶対に許しません！　帰ったらすぐに自分の部屋に行きなさい。デザートもなし！

放任型の親：（ジュースを放り投げたことにすら気づかない）

さて、十年の年月がたちました。また別のシナリオがあります。十五歳になったイーサンが、夜の十二時までと決められたはずの門限を過ぎて帰宅しました。

権威型の親：イーサン、門限について話し合ったし、それが十二時であることもわかっているよね。ちゃんとした理由もなく三十分も遅れるなんて許されないことだよ。一緒に決めた通り、帰りが遅かったから明日の晩は友達と出かけてはいけないよ。次から時間を守る方法を考えよう。

迎合型の親：イーサン、次は遅れないようにしてちょうだいね。

独裁型の親（声を荒らげる）：イーサン、門限を破るなんて絶対に許されないわ！　いったい何を考えてるのよ。親に逆らうなんてとんでもない。私がいいと言うまで外出禁止！

放任型の親：（そもそも門限がない）

このシナリオを読んで、おそらく自分の子育て中の対応に思い当たる節があるのではないでしょうか。あなたはどのような子育てをすることが多いですか。おそらく四つのスタイルのいずれかに当てはまるでしょう。しかし、どのスタイルにも少しずつ当てはまる部分があるかもしれません。また、状況によって、あるいは対象となる子どもによって、もしくは成長段階によっても、さまざまな子育てスタイルを採用することもあるでしょう。

これは1章で説明したように、子どもの行動が親の対応を左右することが多いからです。例えば情動性の高い子どもには、最初は親が「悪い」行動をやめさせようと、独裁型の子育てをするようになるかもしれません。その後しばらくすると、何をやってもうまくいかないと諦め、より迎合的な育児になることがあります。

権威型は、子どもに適切な境界線や制限を設けると同時に、子どもが失敗から学び、自分で考える力を育みます。**「優しさや温かさ」と「管理や統制」の双方を兼ね備えた権威型の子育ては、成績がよい、社会性がある、攻撃性が低い、不安やうつになりにくい、問題行動が少ないなど、数えきれないほど多くのよい結果を子どもにもたらす**と考えられています。

イーサンがかんしゃくを起こしてジュースを放り投げたときの権威型の子育てをひもといて、なぜこの方法が子どもの発達に特に役立つのかを見ていきましょう。

「イーサン、買い物に疲れたのはわかるけど、夕食の材料を買わなくちゃならないのよ。**［共感し、子どもの気持ちを認めつつも、やるべきことを再確認し、なぜその行為が必要なのか説明する］**

物を投げてはいけないって話し合ったでしょ。怒ってるときに物を投げちゃダメだよ。**［この問題について以前に話したことがあることと、家族のルールが何であるかを子どもに思い出させる］**

こぼれたジュースはどうするの？ **［嫌みな言い方ではなく、自分の行動に責任を持たせ、正すように促す。不適切な行動を、その子どもが悪い子だからではなく、過ちとして扱う。子ども自身が解決策を考えるように仕向ける］**」

もちろん、スーパーでジュースのパックを放り投げてしまったというたった一つのエピソードにどう対処するかで、その子の将来が決まるわけではありません。誰にも最善の子育てができない瞬間はあるものです。私の子どもがしつこく押し問答を続け、しまいには私が「なんだっていいの！　言うことを聞きなさい！」と怒鳴り返してしまったこともあります（権威型のいいところは何一つ発揮されていませんね）。それでも、権威型の子育てスタイルを貫き通すことが子どもにとって好ましい結果をもたらすと示唆する研究がたくさんあります。

見る人によって「わが子の印象」は変わる

さて、ここで注目すべき点があります。子育てに対する見方には、私たち自身の遺伝的な気質が反映されます。これは、子育てに関わる人に言えることです。気質によって、子どもたちが私たちの子育てをどう見ているか、私たちが親として自分自身をどう見ているか、子育てパートナーをどのように見ているか、そしてパートナーが私たちの子育てをどう見ているかが変わります。一人ひとりに固有の遺伝的性質は、子どもの行動に対する捉え方や、ある行動を問題視するかどうかといったことにも影響を及ぼします。

こうした点についてひもといてみましょう。まず、子どものふるまいが問題であるかどうかに関して、あなたと子育てパートナーとの間で意見が合わないことがあります。小児発達研究では、子どもの行動を両親、教師、その他の養育者など複数の人から聞き取ることがよくあります。そこで一貫して見られるのは、**子どもの行動について周囲の大人たちが必ずしも同じ見方をするとは限らない**ことです。

これは、子どもたちが相手や環境によって異なる行動を取ることにも理由があると思われます。息子の友達の親御さんから、「お宅の息子さんはとてもお行儀がよくて礼儀正しいですね」と言われると、「それ、本当にうちの子ですか?」と驚いてしまいます。私にも常にそういう姿を見せてくれたらいいのにな、とも思います。同じような経験をされた方は多いのではないでしょうか。

学校の先生から、「この子は勉強ができるし、素直だ」と絶賛され、「いったい先生はどこの子と間違えているのだろう」と思ったことはありませんか。

子どもにとって、「最高のふるまい」を続けるのはとても疲れることです。特に子ども本来の傾向に反している状況においてはなおさらです。だからこそ、学校ではよい子でいられても、ひとたびわが家という安心できて、「最高のふるまい」をしなくとも愛されているとわかっている場所に帰ると、気が緩んでしまうのです。


一方、2章で述べた通り、**「同じ行動でも人によって受け止め方が違う」**こともあります。児童心理学者の友人は、幼い娘さんに関する気質調査票を作成し、夫とベビーシッターにも回答してもらったそうです。皆の回答は、全員が全く別の子どもを育てているとしか思えないほど違いがあったそうです。

トーマス・アッヘンバッハという児童心理学者は、子どもの行動が人によってどう捉えられるかという研究の第一人者です。ある研究では、母親、父親、教師、同級生、精神保健福祉士、子ども本人など、子どもの行動について複数の情報提供者から得た回答から二百五十以上の事例を分析しました。

その結果、子どもを異なる立場で観察した人の一致度（平均相関係数〇・二八）よりも、似たような状況で観察した人（共同養育者など）のほうが、子どもの行動に対する評価が一致する（平均相関係数〇・六）ことがわかりました。また、子ども自身による自分の行動の評価は、他人からの評価と〇・二二しか一致しませんでした。この結果から、**同じ子どもの行動でも、人によって全く異なる捉え方をすることが明らかになった**のです。

そのため、子どもの行動に対してどう感じるかや、その行動が問題であるか否かについても、また、パートナーの子育て方針をめぐっても、「考えが合わない」ということが生じます。

つまり、あなたは自分がこういうスタイルで子育てをしていると感じていても、パートナーや子どもは違った受け止め方をすることもあるわけです。自分では明確な境界線と期待値を持つ温かい親だと思っていても、パートナー（や子ども）にはそう見えていないかもしれません。

子育てパートナーと一緒に次の演習をしてみてください。297ページでご紹介した四象限の図にある子育てスタイルの軸（優しさや温かさ／要求の度合い：低〜高）を二枚の紙に描き写します。あなたとパートナーはそれぞれ、自分が当てはまる部分と、もう片方の親やパートナーが当てはまる部分について、自分の紙に×印をつけていきます。

この方法により、共同養育者／子育てパートナーはそれぞれ、自分ともう一方の親／パートナーのスタイルを評価することになります。二人とも終わったら、どこに×がついたか比べてみてください。一致していますか？　お互いの子育てに対する認識は、どのくらい近いでしょうか。

私も息子の父親とこの演習を行なってみたところ、目からウロコでした。息子が幼い頃、私たちの子育てスタイルはかなり対立していました。しかし自分自身を評価してみると、二人とも自分は権威型だと考えていました。私は自分自身について、「優しさや温かさの度合い」がやや高く「要求の度合い」は低いと評価しました。そして、息子の父親は自分自身を、「要求の度合い」がやや高く「優しさや温かさの度合い」が低いと評価していました。それでも二人とも、自分は「理想的な」権威型だと見なしていたのです。

しかし、お互いに対する評価は一致しませんでした。私は彼を「独裁型」だと考え、彼は私を「迎合型」だと思ったのです。つまり、私については「優しさや温かさの度合いが高い」という点においては私と彼の考えは一致していましたが、「要求の度合い」については評価が分かれました。そして、彼については「要求の度合いが高い」という点においては考えが一致していましたが、「優しさや温かさの度合い」については意見が分かれたのです。

では、どちらが正しいと思いますか?

もちろん、この分野で博士号を持っている私に決まっているじゃありませんか。

……という冗談はさておき。本音を言わせていただくと、私は長い間、自分のほうが最高の子育て法を「客観的に」正しく理解しているのだと思っていました。皆さんも内心では、自分のやり方こそが「正しい」やり方だと思っているのではないでしょうか。自分の考えがベストだという思い込みは、脳の働きからくるものです。自分自身にとっては本当に正しいことなのです。それが自分自身にとっての現実なのですから。

これこそが、子育てが難しい理由の核心だと言えるでしょう。**私たちは、自分の見える世界**

に基づいて、子育てに対する思い込みを根強く持っているのです。何もないところでの子育ては、ずっと簡単でしょう。現実社会では、子育てに関わるすべての人が、愛について、境界線について、ごほうびと罰についてなど、さまざまな考え方を持っています。

「子育てについての話し合い」を生産的に行なうコツ

では、先ほどの四象限の評価をしたときに、お互いがつけた「×」の場所がかけ離れていたらどうすればいいのでしょうか。まずはそれを糸口にして話し合いましょう。一項目ずつ、相手の子育てに対する自分の評価を交互に検討し合いましょう。

優しさや温かさが足りないと思うのはどういう点でしょうか。要求度が高いと感じるのはなぜでしょう。お互いが自分をきちんと認識できるように、具体例を挙げてもらうようにします。

より厳しい（緩やかな）ルールがなぜ重要だと考えているのでしょう。柔軟性を重視する（しない）のはなぜでしょうか。

こうした点について生産的な話し合いを行なうためには、次の五つのステップが重要になります。

①相手の意見に耳を傾ける

話し合いの目的は、相手に間違いを認めさせたり自分の意見を押し通したりすることではなく、相手の立場を理解しようと努めることです。相手が話しているときや例を挙げているときに、なぜそのような間違った解釈をしているのかなどと口を挟まないでください。あなたがすべきことは、**相手の発言に真剣に耳を傾け、その視点を理解しようと努めること**です。

意見の異なる相手と会話をするとき、相手が話している間はずっと、頭の中で相手が間違っている理由を考え、反論を準備していないでしょうか。こうした姿勢は討論会では有効かもしれませんが、子どもを共に育てていく者同士の結束を固めるのには全く役立ちません。

相手の言っていることすべてに（または一つも）同意できるわけではないかもしれませんが、相手の世界観に対する理解を深めることは可能でしょう。最初はそれだけでいいのです。**相手の物の見方について学ぶ**のです。それが正解かどうかを決めつけたり論じたりする場ではありません。あくまでも耳を傾け、学んでください。

②共通点を見つける

ここからが共同作業の始まりです。合意できることはありますか。子どもと温かい関係を築くことが重要であると同意できたとしても、それが何を意味するかはお互いに異なるかもしれません。ある程度のルールや境界線が必要であることは納得できても、具体的なルールやその実施方法については意見が分かれることもあるでしょう。もしかしたら、子どものかんしゃくや特定の行動が嫌いだということしか一致点がないかもしれません。まずは共通点を見つけるところから始めましょう。

③相違点をリストアップする

互いの相違点を「言語化」することに意味があります。今まで見て見ぬふりをしてきたことに光を当て、解決に向かうのです。子育てスタイルの相違点を挙げるときには、自分を主語にして話すようにします。

例えば、「あなたはサリーが悪さをしたときに絶対に叱らない」と言わず、「私は、子どもが親の期待することを理解するためには、罰を与えることが重要だと思う。私はあなたが叱るところを見たことがない」と言いましょう。相違点を挙げながら、「なぜ」と問いかけ、相手の考え方についていてさらに学び続けましょう。

重要なポイントは、**どちらも相手の見解に反論するのではなく、相違点を書き出すだけ**であることを念頭に置くことです。

④相違点に対する解決策を考える

ここが正念場です。二人の共通点、つまり子どもに対する願いや悩みはすでにリストアップできていましたね。そして、子どもへの接し方について相違点のリストができました。前述の、異なる気質の子どもとの「適合度」をよくするための方法を参考にしながら、自分たちが納得して実行できる行動をいくつか考えてみてください。

パートナーは、子どもの情動性に関連したしつけの方法を変える気はないけれども、自制心を高めるために「たらする計画」はやってみたいと思うかもしれません。子どもの気質に応じて推奨されるさまざまな育児法を一覧にし、どの方法なら自分たちも実行できるかを考えてみてください。特定の戦略に相手が強く反対している場合は、いったん保留にして、同意できるものから始めてください。

⑤評価し、軌道修正をする

科学者として、研究者として、こんなことは言いたくありませんが、子育ては科学であると同時に芸術《アート》でもあります。研究データを参考にすることはできますが、研究者はどんなに頑張っても、ある時点のある子どもの結果に影響を与える無数の要因を完全に把握することはできません。

子どもの行動は、遺伝的素質、家庭環境、地域環境、文化、学校、同級生、きょうだい、周囲の大人、これまでに体験した出来事など、さまざまな要因が複雑に絡み合って生み出されます。子どもは複雑な存在です。そして、子育てもまた同様に複雑なものです。

子育てにはさまざまなパターンがあり、「見る人によって違う」ものです。つまり「よい親」になる方法はたくさんあり、権威型の枠の中でも、親なりにルールや戦略に違いがあります。実際、子どもの個性に応じて親はその枠の中で動き回り、さまざまなアプローチを取るはずです。「子育てに正解はない」と言う通り、本書でも本当にさまざまなやり方をご紹介しています。**子育ては試行錯誤の連続**なのです。

「子どもは複雑、子育ても複雑」と頭の中で唱えると、パートナーと一緒に子育ての戦略を考えられるようになります。**客観的に見て、誰もが絶対に「正しい」わけではないことを心に留めておけば、お互いが納得できる方策に向かって歩み寄れる**でしょう。

何事も一生続ける必要はないことを忘れないでください。やってみたいことを決め、実行し、様子を見ましょう。ここで科学の登場です。パートナーの子育ての方針にあなたが気乗りしない場合でも、子どもに危害が及ばない限りは一定の期間、試してみることにし、その期間が終わったら再び話し合い、結果を一緒に検討するようにしましょう。

子どもが新しいルールに慣れるまで十分な時間をかけてください。子どもはルールが変わったり新しいことが始まったりすると反抗しがちなので、少なくとも数週間は、新しい習慣を身につけ、反応を見る時間を確保すべきです。

子どもの「順応性」をもっと信頼していい

相手の子育てに対する考え方を把握したからといって、必ずしも同意しなければならないわけではありません。相手の考え方やその背景を理解しても、自分のやり方のほうが優れていると思うこともあるでしょう。相手を自分の言いなりにしようとすると、かえって家庭内に緊張が生じます。そうではなく、時には意見の相違をよしとすることが最善の道かもしれません。

確かに、子育ての方針について同意できれば理想的です。しかし、基本的には同意していても、実際には意見が食い違うこともあります。

現実問題として、片方の親にとってうまくいくことが、もう片方の親にとってはうまくいかないこともあるのです。あなたのパートナーも同じ方法を試みているのに、異なる性質をもって臨んでいるため、子どもには別の形で伝わってしまう場合があります。

子どもは賢いものです。大人にはさまざまなスタイルやあり方があることを、すぐさま理解します。そして、意識していてもいなくても、それぞれの大人に合わせたふるまいを学んでいます。これは実のところ、**生きていく上で大事なスキル**なのです。ですから、パートナーとの間で方針が多少違っていたとしても、過度に心配する必要はないでしょう。

私と元夫は、両家で一貫して守るべきルールや方針（息子は両家を行き来しています）があることと、それぞれの子育てスタイルに基づいて片方のみが実施するものがあることにも気づきました。例えば、私は両家で共有できるシール表やごほうびのシステムを望み、元夫は好き嫌いのある息子に対して厳しいルールを望んでいました。結局、どちらも相手のやり方を採用する気はありませんでした。それは、お互いに相手のやり方が性《しょう》に合わないからです。一方、宿題やメディアの利用に関しては両家で同じポリシーを持ちたいと強く思い、お互いが納得できるガイドラインを作成することができました。

最初の頃は、私たちは育児チームとして一貫性がないのではないかと心配しましたが、最終的にはうまくいきました。息子は順応し、最終的には息子のおかげで、私たちの子育てのスタイルが当初よりもずっと似通ったものになりました。

お子さんが大きくなったら、297ページで紹介した「子育てスタイル」の四象限の図に、それぞれの親が該当すると思うところに×印をつけてもらうとよいでしょう。意外な発見があるかもしれません。しかし、心の準備はしておいてください。お子さんの視点は間違いなくあなたとは異なるでしょう。この演習を一緒に行なう場合は、先に述べた第一のステップ「相手の意見に耳を傾ける」を必ず守ってください。演習の目的は「相手の立場を学ぶこと」であって、相手が間違っていると指摘することではありません。

これはかなり難しいことです。私は最近、十三歳の息子に実際にやってもらいました。息子は私の「優しさや温かさ」を、思ったより低いと評価しました。彼が言った理由はなるほどと思いましたが、私には特に正しいとも公平だとも思えませんでした。

「ぼくが腕を骨折したのに病院に連れて行ってくれなかったこと、覚えてる？」

と言うのです。私は本当は、

「冗談でしょ？　出張でいなかった一回だけのことは覚えてるのに、病院や医者に付き添った何倍もの時間はスルーなんて！　ママはとっても優しくて心の温かい人間なのよ！」

と言ってやりたかったのですが、必死にこらえました……というのは嘘です。白状します。たぶん、つい口から出てしまったかもしれませんね。本当は、

「そっか、そういう見方もあるんだ、面白いね。私はあなたがけがをしないように、いつもそばにいることはできないし、生きていれば必ずそういうことが起きるものよ。私の役目は、あなたが愛されているっていつも実感できて、何かあったときに手を貸してあげられるようにす

ることなの。だから私は自分では優しくて温かい人だと思っているのよ」と伝えるべきでした。

この演習は、**考え方を共有する手段として活用**することが大切です。しかし、必ず意見が一致するわけではありません。ですから、あらかじめお断りしておきます。親として**「参考になる」**ことはありません。例えば、あなたが権威型の子育てを目指しているにもかかわらず、子どもがあなたを独裁型だと感じている場合、子どもの意見をもっと取り入れる方法があるのかもしれません。子どもが意思決定のプロセスに参加できるような柔軟性のあるルールはないでしょうか。

あなたが権威的だと感じているやり方には、「親を尊敬することが大切だ」という、あなた自身のご家族の価値観が反映されているのかもしれません。子どもにそれを継承させたいと願うのも理解できます。

しかし、おそらくあなたは、子どもが「常に大人に服従する人間」ではなく、「自分の頭で考える力を身につけた人間」に育ってほしいと考えているはずです。率直な言い方をする子どもは親のルールに疑問を呈しているように見えるかもしれませんが、親子で子育てについて話し合うことで、お互いの立場を理解できるようになります。

ただし、「参考になる」というのは、子どもがあなたの子育てに口出しするということではありません。私は十代の頃、親にもっと寛容になってもらいたいと願っていました。両親のルール（門限があったんです！）を独裁的だと感じていたのです。しかし両親は、十代の私がどこで、誰と、何をしているかを把握することにこだわる、単なる「良識のある親」だったのです。

発達心理学者として（そして今やティーンエイジャーの親として）、私は自分が若かった頃には気づかなかった、**親の監視の重要性**を実感しています。子どもの脳は未熟なため、発達の過程で彼らの認識が変化することを念頭に置いてください。

もう一つ、「時間の経過」に伴う変化について考えてみましょう。お子さんの気質は、発達段階によって異なってきます。そのため、成長するにつれて、親（または他の大人）との適合の度合いが異なってくる場合があります。

例えば、幼児期に自己をコントロールする力が低いと、騒いだり家財道具を壊したりすることがあります。このような事態は、例えば入念にデザインした家に心地よさを感じる親にとっては非常につらいことですが、もう片方の親にとってはさほど気にならないことかもしれません。しかし、ティーンエイジャーになっても自制心に課題を抱えている場合、アルコールや薬物を試すなど、リスクの高い行動につながる可能性があり、親にとっては対処がはるかに難しいかもしれません。

ですから、自分の気質と子どもの気質が相容《あいい》れないと感じたり、自分の子どもがもう一方の親とうまくいっているのをうらやんだりすることがあっても、時間がたてば子どもとの相性のよさは変わる可能性があることを知っておいてください。

「学校が楽しみになる」ようなサポートを

子どもの気質は、彼らが「世の中を渡っていく方法」に影響を与えます。もちろん学校生活においても、他の生徒との関係、学校でのさまざまな問題の処理方法、教師との関係などに影響を及ぼすでしょう。

「外向性」の高い子どもは、クラスで友達をつくるのに苦労しないでしょうが、「外向性」の低い子どもは初対面の人と打ち解けるのに時間がかかります。「情動性」の高い子どもは、ある活動から次の活動へと移行する際に苦労することがあります。「自制心」の低い子どもは席に座って学習することが苦手かもしれません。子どもの性格の違いによって家庭においてそれぞれの課題が生まれるように、学校でもそれぞれの子どもがさまざまな試練に直面します。

学校では、他の生徒と交流し、「何をすべきで、何をすべきでないか」を学ばなければなりません。話してよいときと静かにしなければならないとき、席に座っていなければならないときと動き回るのが適切なときがあるのです。

子ども一人ひとりの性格が違うことは、学校の教室を一度でも訪れたことのある人なら一目瞭然《いちもくりょうぜん》です。答えをすぐに口に出してしまう子、黙って座っている子、先生の話に集中できる子、すぐに飽きてしまう子、じっと机に向かっていられる子、椅子の上でいつも跳ねている子、すぐに友達ができる子、一人でいる子、などなど、さまざまな子がいます。

学校では、一人ひとりの気質の違いが、「うまくやっていけるかどうか」や「手にする成果」に影響を与えるでしょう。そして、学習面においても社会的な活動においても、うまくいったときや成果を上げたときには、先生や友達から、さまざまなフィードバックを受け取ります。このフィードバックは、よくも悪くも、子どもたちの自分に対する見方や周囲の人々との接し方に影響を及ぼします。自分のことを頭がよく、好感が持てる人間だと考えるでしょうか。他人を友好的で信頼できる存在と見ているでしょうか。

あなたの子どもに合った「学習スタイル」は？

子どもの生まれ持った性質は、学習に直接、影響を与えることがあります。例えば、自己をコントロールする力に課題を抱え、授業に集中することが苦手な子どもは、学習内容を理解するのが難しいかもしれません。また、間接的に学業に影響を与えることもあります。例えば授業中に秩序を乱す可能性もあり、それが教師からの評価にも影響を与える可能性があります。その結果、特別な教育プログラムが必要と判断されることもあるでしょう。

一学級の生徒の数、教室の広さ、日々の時間割など、教師がコントロールできないことはたくさんあります。しかし、席順（誰をどこに座らせるか）、授業構成（少人数の活動か大人数の活動か）、教室の移動（多いのか少ないのか）、行動の管理方法など、教師が微調整できることもあるはずです。このような調整を行なうことが、子どもたちにとってストレスの少ない環境を整えることにつながっているのです。

例えば外向的な子どもには、大人数でのグループ活動やクラス全員が参加する授業計画を好む教師が適任かもしれません。しかし内向的な子どもは、このような大きな集団の中で埋もれてしまう可能性があります。でもその代わり、個人作業や少人数のグループ作業のときには、生き生きと活動できるかもしれません。また、自己をコントロールする力に課題を抱える子どもは、一日中席に座って学習することが求められる教室ではうまくいかないかもしれませんが、活動的で拘束の少ない教室では、とてもうまくいくかもしれません。

つまり授業形態一つとっても、子どもによって合う、合わないがあるということです。ある教室では問題を起こすような気質の子でも、別の教室では生き生きと過ごせるのです。

教師と子どもの「相性」をどう考えるか

もちろん教室の特性だけでなく、教師にも違いがあります。教師にはそれぞれの気質があり、それが生徒との接し方や体験に影響を与えます。

外向性が高く、エネルギーに満ちあふれている教師もいますし、外向性が低い教師、内向的な教師もいます。また、情動性が高い教師は、教室での問題行動に対してイライラし、対応が難しいと感じるかもしれません。また、流れに身を任せ、ありのままを受け止めることができる教師もいます。授業中に何度も暴言を吐く子どもは、ある教師にとっては「ちょっとうるさいだけ」かもしれませんが、別の教師にとっては「ひどく腹立たしい存在」かもしれません。また別の教師は、その子の過剰なまでの言動に愛おしさを感じるかもしれません。

教師と生徒の相性がよい場合も、そうでない場合もあります。例えば外向性の低い教師は、同じく外向性の低い生徒が見過ごされていないかどうか、特に気配りすることがあります。しかし外向性の高い教師は、なぜ内向的な子どもは授業中にもっと発言しないのか、彼らは勉強に意欲や能力がないのではと思うかもしれません。

家庭環境も重要です。暴れん坊のきょうだいに囲まれて育った教師は、自制心の低い子どもを理解し管理することに何の問題もないかもしれませんが、別の教師は彼らの行動に大きな動揺を覚えるかもしれません。

教師が生徒をどのように受け止めているかが重要であることを示す説得力のある証拠があります。ある研究では、「子どもの気質」と「教師がつけた成績」との間には相関関係があり、この相関関係は、教師が主観的な成績評価をする場合（例えば「選択式の問題」とは対照的な試験、課題について評価する場合）に、より強くなることがわかっています。教師は、どの生徒が最も「教えやすい」のか、「将来、有望なのか」について思い入れがあり、**こうした先入**

観が子どもの学力評価に影響を与えるのだというのです。

さらに、子どもたちと教師との言葉のやりとりそのものが、子どもたちの「勉強ができるか」「人としてどうか」といった自己評価に影響を与えます。否定的な意見を多く述べる教師は子どもに対し拒絶感を与え、学業への意欲をそぎ、自尊心を傷つける可能性があります。逆に、子どもたち一人ひとりを受け入れ、長所を伸ばし、課題を解決するために一緒に取り組む教師は、子どもたちに「自分はこれが得意だな」といった気持ちを抱かせ、意欲を高め、そのことによって成績向上につながる好影響を与えられるのです。

優れた教師は、子どもの気質の違いを認識することが、子どもたちの学びの助けになることを理解しています。子どもの気質の違いに合った対応を心がけることが家庭で親の助けとなるのと同じように、教室においても個々の気質に応じた対応をすることでストレスを軽減し、教室での問題を減らすことができるのです。

「気質」と「環境から要求されること」との間にミスマッチがあると、子どもは非行に走りがちです。ある子どもにとっては、混沌《こんとん》とした教室がストレス要因かもしれませんし、別の子どもにとっては、教室があまりにも整然としすぎていることがストレス要因になるかもしれません。また、授業中に教師が仲間の前で発言するよう呼びかけると、うまく反応できない子もいますし、根気よく努力したことを個人的に認めてほしい子もいます。

親と同じように、子どもの行動（席に座らない、授業中に発言しないなど）を、子どもの気質による個人差ではなく、意図的なものとして教師が捉えてしまうと、その子を罰してしまう可能性が高くなります。子どもの性格を理解しないと、子どもが「能力を欠いている」のではなく、「やる気が欠けている」と認識してしまうのです。

「子どもと相性の悪い先生」に対して親ができること

では、親はどうしたらいいのでしょうか。二〇二〇年の新型コロナウイルスの大流行で、親が突然子どもの家庭教育の役割を押しつけられた際に多くの親が深く理解したように、教師は働きすぎで給料も低いことが多いのです。親は自身の子どもの気質と格闘する一方で、教師はさまざまな気質を持つ子どもたち全員に目配りをし、それぞれの個性に合ったやりとりをしなければなりません。しかも、その組み合わせは毎年変わるのです。そのうえ、子どもたちの感情や行動の発達に気を配りながら学習指導をする責任があります。教師は大変な職業です。

お子さんのことを誰よりもよく知っているのは、あなたです。もし、お子さんが学校生活の中で特別な困難を抱えていると思われる場合は、遠慮なく先生に相談してください。問題が起こる前に積極的に話し合うことができれば、それが一番です。**「子どもの生まれつきの性質」という文脈で話をすることで、教室でどのようなことが起こるかを、教師に前もって知らせておく**のです。

私は、学年の初めに、その学校にとって最も適切な場で、このような話をするようにしています。例えば新学期の前に先生に会える「オープンキャンパス」がある学校もあれば、新学期の初めに保護者会がある学校もあります。その機会に、学校での子どもの行動や成績に影響を与える可能性のある気質の特徴について、教師に知らせておくとよいでしょう。学校の先生と一対一で話す時間がない場合は、先生の希望する連絡方法に応じて、いつでもメールを送ったり、電話をかけたりしましょう。

以下は、こうした対話の進め方の例です。

「こんにちは、先生、私の娘、テイラーは今年あなたのクラスにいます。テイラーは生来内向的なので、時々クラスで発言するよう励ます必要があることをお知らせしておきたいと思います。彼女は少人数の授業ではとてもうまくいくのですが、クラス全員の前で手を挙げることに気おくれしてしまうのです」

「ジェームスはエネルギーに満ちあふれています！　まだ自制心に欠けているため、時々、ぼやいたり口を挟んだりするのを我慢するのに苦労しています。そんなときは、何か積極的なことをすると集中できるようです。例えば、去年の担任の先生は、彼に学校の事務室に行く用事を与えたり、教室の後ろで書類を整理させたりしていました」

「ブリアンナは、生まれつき本当に感情的な子です。イライラすると大変なことになります。彼女が家で落ち着くために、私たちが見つけた方法は……」

このように話すことで、先生はお子さんの生まれつきの傾向を理解できます。そして可能であれば、あなたが家庭で行なっている、あるいは過去にうまくいった課題解決のアイデアを提供するとよいでしょう。これは、あなたが先生に「指図をする」ということではありません。また、家庭で取り組んでうまくいっていることや、去年の担任の先生が行なってくれたプログラムを伝えれば、今年の担任の先生も同じように対処してくれるだろう、という意味でもありません。

学校の先生たちは、私たちと同じように、たくさんの「やるべきこと」を抱えています。「教室の運営方法」を担任に指図するのではなく、**「子どもを理解し、うまく扱うための有益な情報を提供しますよ」**という姿勢で会話すれば、学校の先生たちからよりよい反応が自分に（ひいては、子どもに）返ってきますよ、ということです。

気質別「学校生活で困りがちなこと」と「改善法」

保護者の中には、このような話し合いをすることで、教師が自分の子どもに対して持つ印象が変わってしまうのではないかと心配される方もいます。しかし実際には、教師は、あなたが話そうが話すまいが、子どもの性格をよくも悪くも見抜こうとしているのです。そのため、後手に回るより先手を打ったほうがいいのです。多くの場合、教師がコントロールできる範囲での修正で問題を軽減することができます。

事前に教師に相談することで、子どもの成長をサポートする体制を整えることができ、クラス全体に問題が生じるような状況に陥ることは避けられます。

お子さんのどのような傾向が、学校での問題につながるかを考えてみてください。

切り替えが苦手な子ですか？　静かに座っていることが難しいでしょうか？　人よりも刺激がストレスになりますか？　大きな集団が苦手ですか？

お子さんの性格や苦手な分野について担任の先生と積極的に話し合い、対処法や問題を最小限に抑える方法を一緒に考えることは、お子さんが学校でうまく過ごすための準備になります。

結局のところ、先生も保護者も、**「子どもが成功することを願う」という共通の目標を持っているの**です。ここでは、学校におけるさまざまな気質や特性に関連する一般的な問題を紹介しますので、ご自分のお子さんについて考える際の参考にしてください。

- **外向性の高い子ども**は、他の子どもと一緒にいることや新しい活動に参加することを楽しむ傾向があり、学校の環境になじめます。しかし自制心に課題のある子が一緒になると、授業中に答えを口走ったり、仲間に話しかけたりするのを我慢できず、困ってしまうことがあります。外向性が高く、自制心に課題のある子どもには、家庭にいるときと同じように、学校にいるときにもセルフ・コントロールを鍛える方法を活用するのが効果的でしょう。

・**外向性の低い子ども**は、学校では目立たないために忘れられがちです。特に、なかなか発言の機会がないような大人数の教室の中や、外交性がより高い子どもたちの集団の中にいれば、なおさらです。教師が子どもの無口な性格に気づかなければ、集団の中で積極的に参加しないため、意欲や知能が低いと受け取られることもあります。このような子どもは、少数の親しい友人を好むため、毎年クラスが変わると孤立してしまう可能性があります。

・**自制心に課題のある子ども**は、学校では静かに机に向かい、勉強に集中し、友達と話さず、先生の邪魔をしないなど、自制心を発揮しなければならないことがたくさんあるため、苦労することが多いようです。お子さんと一緒に自制心を高める対策を考えることは、学校生活でも役に立ちます。

・**情動性が高い**と、学校生活でさまざまな問題が生じることがあります。情動性の高い子どもは、ストレス、フラストレーション、恐怖を感じることが多く、学校ではそのような感情を引き起こす場面がたくさんあります。感情が高ぶるトリガーがわかれば、子どもにとって困難な特定のシナリオを考える助けになります。例えば、情動性の高い子どもは、活動の切り替えを要求されたり、修学旅行や学芸会など、自分の快適な領域から外れた新しい活動に参加するよう求められたりすると、苦痛を感じやすくなることがあります。

情動性の高いお子さんについて、もう一つ重要なことがあります。それは、家庭での問題行動が、学校でのストレスに関連している場合があることです。

息子が小学校低学年の頃、朝は一緒に楽しく過ごしていたのに、学校に行こうと車に向かうと、突然バッグを置いて家に戻り、「学校には行かない」と言い出したことがありました。私は唖然《あぜん》として、いったいどうしたんだろう、と思いました。

そして、このようなことが起こるのは、登校後すぐに私が大事な仕事の打ち合わせに向かわなければならないときが最も多いようでした。私がイライラしたり焦《あせ》ったりして、最高の子育てができなかったのは言うまでもありません。

時と共に私は、息子にこうした感情の爆発が起きるのは、車に向かう間に息子が学校に関連する何かを思い出して不安になった結果であることを発見しました。宿題を忘れていたことに気づいたり、苦手な課題に取り組むことになっていたりといったことです。

また、恐怖心の強い情動的・内向的な子どもにとって最悪なのは、学芸会の練習の日でした。私は何年もの間、息子の先生と、この恐るべき学芸会と、それがわが家にもたらす大混乱について何度も話し合ってきました。言うまでもなく、本番の舞台で不機嫌そうな岩（そう、ある年の学芸会では岩の役を演じました）を見て、私はこれ以上ないほど誇らしく感じました（そして、ほっとしました）。

子どもには、その場に応じた対応をしなければなりません。そしてそれには、時には主役ではなく、岩の役を演じる子どもを見て喜ぶことも必要です。

たいていの教師は、子どもを成功に導こうとする親の協力を歓迎します。しかし、みんながみんなそうとは限りません。

子育てパートナーや祖父母などにも見られるように、教師の中にも、自分のやり方に固執し、子どもの行動を管理することについて強い意見を持ち、さまざまな子どもに柔軟に対応して自分のスタイルを変更しようとはしない人もいるのです。悲しいことに、保護者の積極的なパートナーになろうとしない教師もいます。

そのような教師に出会ったとき、そして明らかに相性がよくない（あなたにとってもあなたの子どもにとっても！）ときでも、あなたは家庭で子どもと一緒に学校での課題に対処するための戦略を立てることができます。忘れないでください、これもまたいずれは過ぎ去ることですし、翌年にはまた先生が代わります。

「子どもの大切な人」と上手につきあう

スポーツチームの監督、祖父母、近所の人、クラブ活動の指導者など、子どもの成長に関わる大人はたくさんいます。そうした大人たちと、あなたの子どもとの相性は、全く予測できないようなかたちで子どもの成長に影響を及ぼします。親として、彼ら一人ひとりに子どもの性質に合わせた対応を取るように望むこと、子どもにとってベストと思われる子育てのスタイルで接してほしいと願うことは、もちろん無理な相談です。

では、子どもの性格について話し合う価値がある場合、そのタイミングはどのように判断すればよいのでしょうか。これは、生まれつきの傾向がさまざまな場面で問題を引き起こす子どもを持つ親にとって、より大きな懸念材料となります。明確な正解があるわけではありません（そんなのは無理ですよね！）。

私の場合、子どもと多くの時間を過ごすことになる人がいて、その人と接する環境が子どもにとって困難なものになると思われる場合、積極的に話をすることにしています。しかし、子どもと接する時間が短く、問題が生じる可能性が低いと思われる場合は（と言っていると、たいてい問題が起こるのですが）、様子を見ながら、問題が生じたときだけ対処することにしています。

私たち夫婦が旅行に行くときに祖父母が一週間、泊まりがけで子どもたちを世話しに来る場合は、積極的な会話をします。年に一度、ちょっとした旅行で訪れる祖父母であれば、ベストを尽くしてほしいと願うのみです。

放課後に子どもを見てくれるベビーシッターには、（たいてい採用を決める前に）じっくりと話をします。たまに来るだけのベビーシッターには、寝かしつけの手順について簡単に説明するだけかもしれません。

ここまでのポイント

◆親の子育てスタイルは「優しいか、冷たいか」と「甘いか、厳しいか」の二軸で分類できます。

◆親の子育てスタイルは、親自身の遺伝的影響を受けた気質を反映しています。これは、子どもが親の子育てスタイルをどう捉えるか、自分自身が自分の子育てスタイルをどう捉えるか、子育てパートナーのスタイルをどう捉えるか、逆にパートナーが自分のスタイルをどう捉えるか、といったことに表われます。

◆一緒に子育てを担う「子育てパートナー」たち一人ひとりが、お互いの「子育て観」を理解しようと努力することはとても大切です。

◆それぞれの親の気質は、子どもの気質とさまざまなかたちで影響し合うので、片方の親が採用している子育てのやり方を、もう片方の親が試すとうまくいかない、ということがあります。

◆子どもの気質的な特性は、学校でうまくやっていけるか、環境になじめるかといった「適合度」に影響を与えます。

CHAPTER 8

子どもの行動や心の問題とどう向き合う？

――「SOSのサイン」に気づくために知っておきたいこと

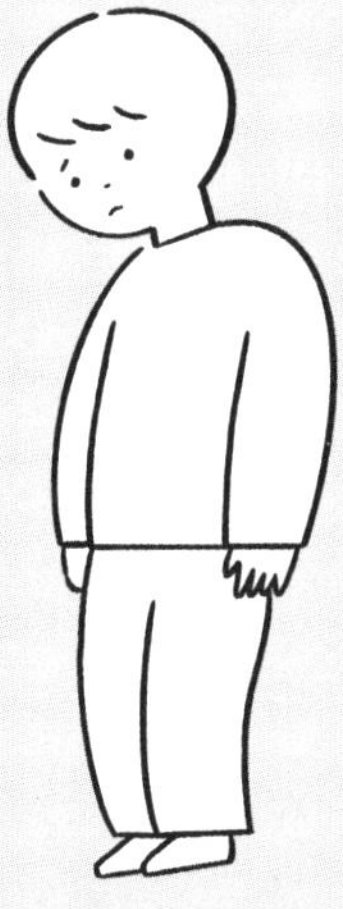

「普通」って、なんですか？

私は親御さんから「うちの子が障害を持っているかどうかは、どうすればわかるのでしょうか」と尋ねられることがよくあります。情動性の高さは、いつ不安に変わってしまうのでしょうか。衝動性はどの程度から過剰とされるのでしょうか。この子はかんしゃくが激しいのですが、普通ですか。うちの子は自制心が低いのでしょうか、それとも注意欠如・多動性障害（ADHD）なのでしょうか。多くの親がこういったことで悩んでいます。

臨床心理学の博士である私でさえも、例外ではありません。息子のことで同じような悩みを抱えていましたが、**何が「正常の範囲内」かを判断するのは難しい**のです。なぜなら大勢の子どもと触れ合う職業（教師や保育士など）に就いていなければ、参考になる比較対象の数が少ないためです。

子どもに関して、「普通」とはいったい何なのでしょう。うちの息子は一年間、とても寝心地のよい自分のベッドがあるのに、そのすぐそばで床に枕を置いて寝ていました。私も小さい頃、何カ月もバナナだけ食べていた時期がありました。子どもの「普通」を見極めるのは難しいですね。

「行動特性」はどこからが問題になるのか

ある行動が正常範囲内であるのか、それとも臨床的に問題があるのかを判断するのはとても難しいのが現実です。その大きな理由は、明確な答えがないからです。人間の行動特性を集計すると釣り鐘型のグラフが描かれ、どのような特性であっても高い人から低い人までいますが、多くの人は中間に位置します。統計学では、この変動パターンを釣り鐘型分布（正規分布）と呼んでいます。

つまり、ある特性において高い値を示す人がいることは、定義上、正常なことなのです。そのスペクトラム（連続体）のどこに位置するかには遺伝的な素質が影響します。不安障害、うつ、注意欠如・多動性障害（ＡＤＨＤ）などの臨床的障害を定義するとき、私たちは実際、グラフの曲線のどこかに線を引き、不安や悲しみ、衝動性がこの線より上であれば問題と見なせばいいと考えがちです。しかし、「正常な行動の変種」と「行動障害」の間に明確な線引きはできません。**子どもに障害があるかどうかを示すリトマス試験紙やバイオマーカーはない**のです。

専門家でさえ、ある行動がどのレベル以上なら障害と見なされるのか、あまり明確な定義を持っていません。行動障害は、精神科医や心理学者からなる委員会が臨床的判断と専門知識をもとに作成したチェックリストに基づいて診断されます。アメリカでは、米国精神医学会発行の『DSM－5 精神疾患の診断・統計マニュアル』（日本精神神経学会日本語版用語監修、医学書院）に基づいて診断が行なわれています。改訂のたびに、疾患の定義が少しずつ、時には大きく変化しています（かつては同性愛も疾患に分類されていました）。十～十五年ごとに改訂されていて、二〇一三年発行の第五版は一九九四年以来、十九年ぶりの改訂版となりましたが、そのプロセスには何百人もの研究者や臨床医が参加し、何年もかけて議論し、激論を戦わせます。また、世界保健機関は、「国際疾病分類（ICD）」において、障害の定義について、DSMとわずかに異なる独自の見解を示しています。ICDもDSMと同様のプロセスで改訂され、現在は二〇一九年に第十一版が公表されています。

このように、行動障害というのは、不正確で常に変化し続ける方法で定義されています。わかっているのは、**行動や感情の問題は、子どもには非常によく見られる**ものだということです。推定値にばらつきはありますが、およそ五人に一人の子どもが診断可能な精神疾患の基準に当てはまっています。米国科学・工学・医学アカデミーの最近の報告によると、子どもに最も多い障害は不安症で、六歳から十七歳までの子どもたちの約三〇％が患《わずら》っていると推計しています。また、注意欠如・多動性障害（ADHD）や反抗挑戦性障害（ODD）などの行動障害については約二〇％が、うつについては約一五％が患っているとされています。このような障害の基準に当てはまる子どもは、恐怖、フラストレーション、衝動性がかなり高く、生活に重大な問題を引き起こしています。

心理学者は、子どもの行動や感情の問題を、**「内在化」**と**「外在化」**の二つに分類しています。この用語は子どもが感情的な問題を内に秘めるか、外へ出すかを表わしています。内在化は不安やうつのような、子どもが内面で経験する問題を指します。外在化は子どもが外に発する問題、つまり問題行動を起こしてしまうことを指します。ADHDとODDは外在化障害の例です。

内在化と外在化という用語は、こうした行動がひとつながりに連続しているものだということに気づかせてくれます。つまり障害とは「遺伝的要因」を区別するものではなく、人間の行動の一つの極であり変種の一つである、ということなのです。**精神疾患を遺伝的に受け継ぐ人はいません。私たちはただ、人とは違った脳の機能を受け継いでおり、その働きが極端な場合、課題が多くなりやすい**ということなのです。

情動性の高い子どもは、もともと恐怖やフラストレーションを感じやすいため、内在化障害と外在化障害の両方に対するリスクが高くなります。中には、内在化に傾きやすい子もいます。恐怖と動揺を内に向け、その結果、不安やうつを発症しやすくなります。また、生まれつきイライラしやすい傾向が外在化すると、たたいたり物を投げたりと、攻撃的な行動を取ることがあります。こうした行動が深刻な場合は、反抗挑戦性障害（ODD）と呼ばれる外在化障害の基準に当てはまる可能性があります。

自分の感情をコントロールすることに課題のある子どもは、衝動を抑えることが難しく、外在化障害、特にADHDのリスクが高くなります。年齢が上がるにつれて薬物使用障害のリスクも高くなります。

子どもたちによく見られる症状について

ここから、子どもたちによく見られる内在化障害と外在化障害について説明します。それぞれに関連する症状をよく理解していただきたいと思います。

さまざまな症状を段階的に解説していきますが、精神障害の基準に当てはまるからといって、子どもがどこか「おかしい」というわけではないことを忘れないでください。お子さんは遺伝的に、釣り鐘型分布の端のほうに位置する脳の配線を受け継いだというだけなのです。そのため、**環境に適応し、うまくやっていくのに少し手こずる**ことがありますよ、ということです。

そして、課題解決に向けたより強力な行動的介入や、場合によっては薬物療法によって、脳の機能を極端でないレベルにまで下げ、日常生活を、よりうまく送れるようにするなど、特別な手助けが必要になることがあります。

さまざまな症状を見ていく中で心に留めておいていただきたいことがもう一点あります。それは、ある精神障害の診断を受けた子どもは、他の障害も併発している可能性が高いということです。これは**併存性**と呼ばれています。多くの行動や感情の問題は併存しており、それぞれを分離して捉えることは難しいということを指しています。

一般に、不安など内在化問題のある子どもは、うつなどの他の内在化問題のリスクが高くなります。同様に、反抗挑戦性障害（ＯＤＤ）などの外在化障害と診断された子どもは、注意欠如・多動性障害（ＡＤＨＤ）など、別の外在化障害のリスクも高くなります。これは、内在化障害のすべてが遺伝的影響を受けるからです。つまり、複数のタイプの内在化を引き起こす共通の遺伝子が存在するということです。外在化障害も同様で、さまざまな外在化問題のリスクを高める遺伝子が存在します。

行動の問題は、ある分野の問題が別の問題を引き起こすという連鎖《カスケード》を生み出すことがあります。例えば、ある子どもが不安のために友達をつくることができないとしたら、それは孤独を生み、ひいてはうつを引き起こすかもしれません。逆に、不安のために激しい欲求不満や怒りを感じ、挑戦的で反抗的な態度を取るようになる子もいます。こうした場合は、行動の問題を早期に発見して助けを求めることが重要となります。

内在化障害　～内面に向かう問題～

○不安障害——子どもにも大人にもよく見られる

不安は、子どもにも大人にもよく見られる最も一般的な精神疾患です。幸い、不安障害は十分治療可能です。しかし不安を抱えている人の多くは、治療を受けることなく過ごしています。

不安がいろいろな面で日常生活の大きな妨げになっているにもかかわらず、多くの人が、不安を抱えて生きる必要がないことに気づいていないのです。ずっとそうやって生きてきたため、悲しいことに、不安と共に生きる運命だと思い込んでしまっています。そこで、不安について詳しく考察していきましょう。お子さんにどのような兆候《ちょうこう》があるか、知っていただきたいと思います。

不安症の人は、日常生活に支障を来すほど高いレベルの心配や恐怖を感じます。不安症の子どもに対し、「そのうち治る」とか、単に「強くなればいい」と思い込んでいる人もいます。しかし、不安はそんなことで解決できる問題ではありません。むしろ時間がたつにつれて悪化する傾向があります。ですから、早めに対策を講じることで、子どもは恐怖心をコントロールする術《すべ》をいち早く身につけることができるのです。

病的な不安を経験した人でない限り、不安を抱えた子どもがなぜ「克服」できないのかを理解するのは難しいかもしれません。なぜなら、私たちの誰もが何かしらの不安を体験したことがあるからです。新しいことに挑戦するとき、または先がどうなるかわからないときなど、緊張したり不安になったりするでしょう。舞台でパフォーマンスをしたり、大勢の前でスピーチを披露したりする前に少しナーバスになるのは普通のことです。

さまざまな状況でどの程度の不安を感じるかは、遺伝的な体質（生まれつき恐怖や心配を感じやすい体質かどうか）と人生経験が影響します。何十回となく講演をすれば、おそらく最初の講演に比べてそれほど不安を感じなくなるでしょう。けれども、前回の講演がうまくいかなかった場合は、次はもっと緊張するかもしれません。これらは人間の経験としてごく普通のことなのです。

信じがたいかもしれませんが、ある程度の不安は、実はよいことなのです。うまくいかなかったらどうしようと不安になるからこそ、試験勉強をしたり、演劇の練習をしたりするのです。恐怖は進化の過程で培われてきたものです。用心深くなることで、人類は生き延びることができるのです。もし原始人が恐怖心を持たなかったら、ライオンやトラやクマに食べられてしまったでしょう（あら大変！）。悪いことが起こる可能性を認識する能力があるからこそ、私たちは安全でいられるのです。私たちが生き続けるために必要な行動特性は、次の世代に受け継がれます。だからこそ、人類はある程度の恐怖と不安を持ち続けているのです。

しかし、不安症の子どもの脳は、過度に心配する側に傾いています。扁桃体《へんとうたい》と呼ばれる、恐怖や脅威を感知する脳の部位が過活動状態にあるため、不安な子どもはあらゆるところに潜在的な危険を感じるようになるのです。このような子どもの脳は、これから起こり得る悲観的な結果を異常に警戒し、悪いことが起きるのではないかと必要以上に恐れるのです。ですから、不安症の子どもは海を見ると、「危ない！　サメだ！」と考えるのです。

6章で出てきましたが、前頭前野は通常、冷静で合理的な反応を司る脳の部分であり、状況に応じて恐怖反応を整理するのを助けます。つまり、サメによる襲撃は非常にまれであり、監視員が目を光らせていることにも気づくのです。しかし、不安症の子どもの前頭前野は、過度に活性化した扁桃体にはまるで歯が立ちません。このような子どもの扁桃体は「危ない！ サメだ！」と絶叫し続け、他のすべての情報をかき消してしまいます。こうなると不安は歯止めが利かなくなり、身を守るどころか、脳の機能を妨害し始めるのです。

不安は厳密には一つのものではなく、以下のようなさまざまな種類があります。

- **全般性不安障害**――学校のことから友達、スポーツに至るまで、あらゆることに対する過度の心配
- **限局性恐怖症**――特定の対象や状況に対する理不尽で激しい恐怖（犬や飛行機に対する恐怖など）
- **社交不安障害**――社会的状況や行為に対する強い恐怖
- **強迫性障害（ＯＣＤ）**――意思に反した侵入的思考（強迫観念）と、結果的に生じる不安を軽減させようと儀式的行動（一連のタッピングなど）を頑なに繰り返すこと
- **パニック障害**――突然襲われる激しい恐怖。心拍数の上昇や息切れなどの生理的症状を伴うことも多い
- **心的外傷後ストレス障害（ＰＴＳＤ）**――衝撃的な出来事を経験したり目撃したりすることによってもたらされる著しい恐怖や不安

具体的な症状は不安障害の種類によって異なります。そのため、きちんと診断し、それに応

じた治療計画を立ててくれる専門家に相談することが重要です。しかし、子どもが不安障害に苦しんでいることを示す一般的な兆候をいくつか挙げてみましょう。

＊お子さんは、多くのことに対して過剰な不安を抱えており、それが度を超えているように見えますか。
＊心配しない日よりも心配する日のほうが多いですか。心配事が家族の生活に影響を与え始めていますか。
＊不安をコントロールするのが難しいですか。説得したり状況を説明したりしても、不安は相変わらず消えませんか。
＊お子さんの不安は、学校に行ったり友達と遊んだりすることに悪影響を及ぼしていますか。家族の日常生活や活動に支障を来していませんか。
＊頭痛や腹痛を訴えたり、学校やお出かけの時間になると「気分が悪い」と言い出したりといったことがよくありますか。
＊眠れない、怖い夢を見るといったことがよくありますか。
＊他人に腹を立てられることや、人からどう思われるのかを過度に気にしていますか。
＊学校やスポーツ活動への参加を嫌がりますか。
＊ストレスの多い状況で、悩んだり怒ったりしやすいですか。
＊普通の状況でも、不安を感じている子どもを慰《なぐさ》めるのにかなりの時間がかかりますか。

＊常に「もしも」の心配をしていて、一緒に話しても改善されないことがありますか。

以上の質問に一つでも「はい」と答えたら、専門家に相談することを検討してください。最後に、子どもの中には、特に男子は、不安な気持ちを行動に移したり、悪さをしたりすることがある、ということを心に留めておいてください。「学校に行くのは本当に不安だ」と言う代わりに、スクールバスに向かって歩きながら教科書を投げ捨て、「学校には行かない、行かせようったって無理だぞ！」と反抗的に宣言したりします。根底にある不安に対してイライラやかんしゃくで反応する子どもは、親の共感を引き出すどころか、罰を受けたり、親の怒りを呼び起こしたりしかねません。

こうした行動が「不安の裏返し」であることに気づけるまでに時間がかかることもあります。社会的な状況（学校に行く、スポーツやキャンプに参加する、子どもが恐れる学校の演劇）において子どもの感情が爆発するのであれば、実はそういった行動の根本的な原因は不安なのかもしれません。

○うつ――「持続的な悲しみ・落ち込み」にとらわれる

人は誰しもが悲しんだり落ち込んだりしますが、抑うつ障害のある人は、日常生活に支障を来すほどの持続的な悲しみを抱えています。不安と同様に、実際には抑うつ障害にもさまざまなタイプがありますが、抑うつについて語るとき、通常は大うつ病性障害（ＭＤＤ）を指します。MDDでは、抑うつ状態が二週間以上続きます。幼少期における抑うつは、不安障害に比べるとそれほど一般的ではないため、ここでは簡単に説明します。しかし、不安障害のある子どもの多くは、その後、多くの場合十代で抑うつ障害を発症します。抑うつは、男子よりも女子に多く見られます。

子どもがうつに苦しんでいることを示す一般的な兆候は、以下の通りです。

＊お子さんは、頻繁に悲しんだり涙を流したりしますか、あるいは泣くことが多いですか。
＊以前は楽しんでいた活動への関心が薄れていませんか。
＊社会活動や友人関係を避けていますか。
＊集中力が低下していますか。
＊絶望的な表情をしていますか。
＊自尊心が低下しているように見えますか、あるいは自分に厳しいですか（例：自分はダメ人間だ、友達なんかできっこない、自分は醜い）。
＊食事や睡眠のパターンに大きな変化はありますか。
＊自殺願望を口にしますか。
＊イライラしたり、かんしゃくを起こしたりしやすいですか。
＊意欲が低下していますか。
＊明らかな原因もなく、多くの痛みや苦痛を訴えていますか。

抑うつ症状のいくつかは、不安障害の症状と重なっていることに気づくでしょう。例えば、怒りっぽくなる、睡眠の乱れ、頭痛や腹痛などです。抑うつと不安障害は厳密に言えば別々の障害ですが、このことから、どちらもまた遺伝的影響を受けているということがわかります。

人は皆、内にある恐怖、心配、苦痛などといった強い感情を内側に向けようとする素因を受け継いでいます。この性質が不安となって現われる人もいれば、抑うつとして現われる人もいます。また、同じ人でも、ある時点では不安、またある時点では抑うつというように、時間の経過と共に現われ方が異なる場合もあります。そのため、早い段階で助けを求めることが非常に重要です。

認知行動療法（CBT）は、不安やうつ病（およびその他の心理的症状）に対する治療法として確立され、科学的な裏付けがあり、有効であることが証明されているものです。自分の思考パターンを認識し、否定的な考えや心配をコントロールすることを学び、行動反応を修正することを助けます。このようにして、自分の脳が生まれつきどのようにプログラムされているかを理解し、よりうまく対処できる術（と、それに伴う新しい脳の連携）を身につけることができるのです。

例えば、脳が「危ない！　サメだ！」と叫んでパニックに陥るのではなく、心配性の脳（抑うつの場合はマイナス思考の脳）が過剰に働いていることを認識し、前頭前野の反応を強化することによって、より合理的で適応的な新しい反応をつくり、生まれ持った傾向に歯止めをかけることを学びます。

外在化障害 ～外に向かう問題～

○反抗挑戦性障害（ODD）――強い感情と敵対的行動パターン

ODDは、子どもの行動障害の中で最もよく診断されるものです。ODDの子どもは、情動性が高く、感情や衝動のコントロールに課題がある傾向があります。フラストレーションや怒りを抑えるのが苦手で、強い感情に対して自分をコントロールすることが困難です。ODDは、否定的で敵対的な行動パターンが六カ月以上続く状態と定義されています。子どもがただ一時的に反抗的な態度を取っているのではなく（反抗期はどの子にもあるからです）、問題行動が長期にわたり繰り返される場合に診断が下されるため、六カ月という期間が設定されているのです。子どもが次の基準の少なくとも四つを満たしている場合、ODDだと見なされます。

＊お子さんは、しょっちゅうかんしゃくを起こしますか。
＊怒りっぽくて、すぐイライラしますか。
＊しばしば大人と口論しますか。
＊頻繁に大人の要求や規則に逆らったり、従うことを拒んだりしますか。
＊意図的に他人を苛立たせていますか。

＊自分の失敗を他人のせいにすることが多いですか。
＊やたら意地悪だったり、執念深かったりしますか。

どんな子どもでも、時には悪さをします。ＯＤＤと診断されるのは、問題行動の期間と程度が、子どもの年齢と発達段階において一般的に観察されるよりも大きい場合です。繰り返しますが、これは、その子に何か「問題」があるということではなく（子どもが感情を爆発させることを恐れる親は、そう心配するかもしれませんが）、単にその子は情動性が高く、それをコントロールする能力がまだ備わっていないというだけなのです。

ＯＤＤの治療には、5章で紹介した情動性の高い子どものための対処法を集中的に行なうことが有効です。また親も協力することが大切です。そうすれば、自分の子どもが人をあざむいたり反抗したりしているのではなく、能力に欠けているのだと理解できます。トリガーを見つけて、一緒に問題解決の方法を構築しましょう。

ＯＤＤと診断された子どもは、衝動性が高いためかんしゃくや破壊的な行為が多発し、ＡＤＨＤのリスクが高まります。また、ＯＤＤの子どもは将来的に不安症やうつになる割合が高いと言われますが、これは、子どもが極端な行動を取ったときに生じる負のフィードバック・ループのためと思われます。仲間同士、家庭内、学校内での行動が問題を引き起こし、子どもは孤立感や絶望感を内在化して不安やうつに至る可能性があるのです。このため、早めに専門家に相談することが大切でしょう。

○注意欠如・多動性障害（ADHD）――じっとしていられず、ミスが多い

ＡＤＨＤは、行動抑制障害、脱抑制障害と呼ばれることもあります。つまり、ＡＤＨＤの子どもは、自分の衝動をうまくコントロールできないことを意味します。男の子は、女の子よりもＡＤＨＤの基準を満たす可能性が高いです。ＡＤＨＤの子どもは、退屈な作業に集中して取り組むことができず、結果をよく考える前に行動してしまう傾向があります。同年代の子どもに比べて多動で、落ち着きがありません。ＡＤＨＤの子どもの多くは注意力と多動性・衝動性に問題がありますが、どちらか一方の問題が目立つこともあります。

以下は、「不注意」の問題の一般的な兆候です（診断には、リストの六つ以上に当てはまる必要があります）。

＊お子さんは、細かいことに注意を払わなかったり、うっかりミスが多かったりしますか。
＊課題や遊びに対する集中力が続かないことが多いですか。
＊話しかけられても、話を聞かないことがしょっちゅうありますか。
＊学校の課題やお手伝いを最後までやり遂げることが難しいですか。
＊課題や活動を順序立てて行なうことが苦手ですか。
＊長時間、集中し続けなければならない課題（学校の勉強など）を避けたり嫌がったりしますか。

＊課題や活動に必要なもの（教材、鉛筆、本、道具、財布、鍵、書類、眼鏡、携帯電話など）をよく紛失しますか。
＊気が散りやすいですか。
＊日常生活の中で物忘れすることが多いですか。

以下は、「多動性・衝動性」の症状です。少なくとも六つの症状が六カ月以上持続し、症状が混乱を引き起こすほどで、子どもの発達段階に不釣り合いであることが診断の条件です。

＊お子さんは、よくそわそわしたり、手や足をたたいたり、席でもじもじしたりしていますか。
＊座っているべきときに、よく席を立ちますか。
＊してはいけない状況で、走り回ったり高いところによじ登ったりしますか。
＊遊びや余暇活動におとなしく参加できないことが多いですか。
＊じっとしていられず、何かに駆り立てられるように動き回りますか。
＊絶えずおしゃべりしていますか。
＊質問が終わらないうちに答えを口にすることが多いですか。
＊順番を待つのが苦手ですか。
＊話に割り込んだり人の邪魔をしたりしますか（会話やゲームなど）。

上記の行動基準を満たすことに加え、ＡＤＨＤと診断されるには、行動が二つ以上の設定

（自宅と学校の両方、親と他の養育者の両方）で見られることが必要です。さらにその症状が、家庭や学校で、また、友人との間で問題を引き起こすなど、その子がとどこおりなく生活することを妨げている必要があります。

「障害」と「気質」のボーダーラインはどこ？

前述したそれぞれの疾患の症状のリストに目を通していただくと、これまで見てきた「遺伝的な気質の違いから生じる行動」と、症状の一部が重なり合っていることに、読者の皆さんはおそらく気づいたことでしょう。

例えば、非常に活発でおしゃべりが多いのは、外向性の高い子どもによく見られます。しかし、それはADHDの基準でもあります。フラストレーションをためやすい、すぐにカッとなる、というのは情動性が高いことを示していますが、ODDの症状でもあります。同様に、恐怖心が強い、イライラしやすいというのも情動性の高い子どもの特徴ですが、内在化障害として挙げられる症状の一つでもあります。自制心に課題のある子どもは自己コントロールが苦手で、これもADHDの中核をなす症状です。

ここまでで、「では、いったいどこまでが気質で、どこからが障害なのだろう」と思われる方もいらっしゃるでしょう。このような疑問に悩んでしまったのなら、臨床の場で障害と診断されることは絶対的な真実ではない、という現実にぶつかったのです。行動特性の特徴を強く示す子どもたちは、定義上は過度な性質を持ち、〝平均的な人〟のために準備された環境においては、課題に直面しやすいかもしれません。障害という診断は単に、課題の多い行動パターンを取りますよ、ということを表わしているだけなのです。

ですから、お子さんの取る行動が問題を引き起こし、心配になっている場合は、「この子には障害があるのだろうか」と悩むのはやめていただきたいと思います。これはあくまでも独断的で不正確な基準値であることを忘れないでください。その代わり、一度、医師やカウンセラーに相談に行かれてはいかがでしょうか。

私は、子どもの問題行動について相談するかどうかで悩む親御さんをたくさん見てきました。そんなに難しく考える必要はありません。親として、私たちは子どもを専門家のもとに連れて行くタイミングを常に判断しています。

咳《せき》をしたり、けがをしたりしたら、そうするでしょう。喉の痛みや発熱などの症状を見て、それが医者に行くほど深刻なものなのか、それとも家でチキンスープを飲ませ、愛情を注いで治してあげるべきものなのかを判断するのです。医者に行く前に診断する責任は親にはありません（何が問題なのか推測はできるかもしれませんが）。何かがおかしいと感じたら、専門家の助けを求めるのです。

子どものメンタルヘルスに関しても全く同じです。不安が収まるまで待つべきか、精神科医へ連絡するべきかを判断するのです。かんしゃくを起こすたびに専門家と面談する必要はありませんが、恐怖心を伴う暴発が続くようであれば、もっと詳しく調べる必要があるでしょう。

専門家の支援を受けるかどうかを決めるには、**その行動が何らかの問題を引き起こしているかどうか**が最も重要な判断基準となります。お子さんの行動が、あなたとの関係、友達との関係、先生との関係に支障を来していないでしょうか。

お子さんは、学校で何度もトラブルを起こしていませんか。何度も友達から仲間外れにされたことがありますか。本書（あるいは他の本）で紹介されている方法を一生懸命実行しようとしているのに、うまくいっているように感じられないでしょうか。一つでも「はい」と答えたら、専門家の手を借りてみてください。

もう一つ考慮すべきことは、お子さんの行動に変化があったかどうかです。普段は明るく元気なお子さんなのに、突然、部屋にこもりがちになったり、友達に会いたがらなくなったり、好きだった遊びをしなくなったりした場合は、深く掘り下げて原因を探ってみる価値があります。もし異常な行動が続くようなら（一般的な目安は一カ月以上）、医療機関に相談することをお勧めします。

最後に、お子さんが自分自身や他人に危害を加えるような兆候を見せた場合は、すぐに助けを求めてください。ただし、「代表になれなかったら死にたい」というようなメロドラマ的な発言をしたからといって、すぐに精神科医に電話しなければならないわけではありません。親としての直感を働かせましょう。本人や他人に対する脅威が現実的だと感じたら、手を差し伸べるのです。

専門家を探すときのチェック項目

「よくわかりました。でも、子どものために支援が必要になったら、いったいどこから始めればいいのでしょう」とあなたは考えるでしょう。

簡単な答えがあればいいのですが、残念ながら医療者の質にはかなりばらつきがあります。資格を持っているというだけでは、その人物があなたの子どもに最も効果的な治療を提供してくれるとは限らないのです。精神医学と心理学において医療者の質がまちまちなのは、おそらく、精神疾患は他の疾患のような「本当」の病気ではないという偏見が生み出したものでしょう。

しかし、今やメンタルヘルスの問題に対する認識は、かなり進んでいます。現在では、精神疾患は他の疾患と同じように遺伝的な影響を受けていることがわかっていますし、エビデンスに基づいた治療法も確立されています。ですから、あなたのお子さんにも、きちんとした治療を受けさせたいものです。

現実には、メンタルヘルスの専門家を探す際には、こちらも賢い選択をしなければなりません。下調べをする必要があります。残念ながら、待合室がきれいかどうかや施設の雰囲気では、よい医療者かどうか（科学的に裏付けされた治療法を提供しているかどうか）は判断できません。ですから、候補者として考えている人にきちんと質問をする必要があります。以下のような質問をしてみましょう。

*どのような治療を勧めますか。
*その治療を裏付ける科学的証拠はありますか。
*治療法の選択肢は他にありますか。
*なぜこの治療法が別の方法よりも有効なのでしょうか。

科学的な裏付けのある治療を行なう人を探すことが第一ですが、その人はあなたと親密な協力関係を築くことになる人です。したがって、臨床医に対するあなたの印象も考慮することが適切です。治療がうまくいくかどうかは、医療者との信頼関係にかかっているという証拠もあります。

ただし、あなたと波長が合うからといって、お子さんとも相性がいいとは限りません。私にはあるお気に入りの医療者がいましたが、私の息子はその人が私にそっくりだと思い、彼にとっては「ママのアドバイス」を二重に受けているように感じられたようです。

迷っているなら今すぐ支援を受けてください

結論はこうです。助けを求めるべきかどうか迷っている方は、ぜひとも専門家に連絡をしてください！　あなたは、その問題行動は自然によくなるのではないか、コントロールする方法を見つけることができるのではないかと思い、その時を待っているのかもしれません。これは最初の流れとしては当たり前です。

しかし、本を読んだり、自分で行動計画を立てようとしたりしてもうまくいかない場合は、遠慮なく専門家に支援を求めてください。早ければ早いほど、子どもは問題をコントロールする能力を早く身につけられるのです。

自分が批判されるのではと心配する親もいます。専門家に会うことに神経質になっているのです。

親が先延ばしするもう一つの理由は、子どもがレッテルを貼られるのではないかという懸念です。例えば、ＡＤＨＤや不安障害と診断されるのを親が嫌がるのです。病名がつくことによる偏見を心配しています。私の経験では、ほとんどの医療者は、とにかく家族や子どもの問題を支援してあげたい、その思いでいます。

臨床医は診断に伴う問題を深く理解しています。子どもの問題行動のすべてを間違いなく診断できるわけではないとわかっています。また、多くの臨床医は、未就学児の診断に慎重です。

子どもが診断を受けることに伴う懸念と、子どもの行動や感情の問題を治療せずに放置することによる弊害とを比較検討しましょう。不安、抑うつ、ODD、ADHDなどの行動や感情の問題は、対処しなければ、親との関係、友達をつくる能力、学校での成績にまで深刻な悪影響を及ぼします。そうなると子どもはますます落胆し、問題をさらに悪化させます。勇気を出して支援を受けることで、こういった負のスパイラルを断ち切り、親密な友人関係を築き、学校での成績を上げ、何より重要なことに、親であるあなたとよりよい関係を築くスキルを子どもに身につけさせることもできます。

診断を受けることで、自分が経験していることが「現実」であると確認することができる子どもも（大人も）います。多くの人が同じ問題に苦しんでいるということを認識でき、子どももその家族も、悩んでいるのは自分たちだけではないんだということ、そしてそこには治療法があり、状況を改善できることも自覚できます。多くの人にとって、診断は実際に希望をもたらします。特に、3章で説明した「しなやかマインドセット」を使ってアプローチした場合はなおさらです。

現実には、誰もが子育ての支援を必要とすることがありますが、本を読んだり、友人と話したりすることで十分な人もいます。しかし、より困難な気質を持つ子どもを持つ親は、特にその気質によって子どもの生活や家族がうまく回っていない場合、躊躇なくさらなる助けを求める必要があります。科学的根拠に基づいた方針を立ててくれる専門家を見つけることは、お子さんの能力を高めるために必要な命綱となります。

ここまでのポイント

◆行動や感情の問題は、子どもにはよくあることで、不安障害や行動障害（ADHD、ODDなど）が最も多く、次いで抑うつが多いとされています。

◆精神疾患は定義が曖昧《あいまい》です。「正常な行動の変種」と「行動障害」の間には、明確な線引きがあるわけではありません。

◆子どものために支援を必要とするかどうかの最大の指標は、その行動が何らかの問題を引き起こしているかどうか、言い換えれば、その行動が家庭、友人関係、学校において困難な状況を引き起こしているかどうかです。

◆お子さんの行動や感情の問題に対して早く助けを求めれば求めるほど、お子さんはより早く問題を克服するためのスキルを学び始めることができます。ですから待つ必要はありません。子どもの行動や感情の問題の多くは、放置しておくと時間と共に悪化していきます。

CHAPTER

9

わが子に与えられる「最高の贈り物」

――「親とはこうあるべき」から自由になる

親が肩の力を抜けば、子どもも楽になります

わが家には、こんなお決まりのジョークがあります。

「校長室に呼び出された回数は、二十数年に及ぶ私の学生時代よりも、子どもを持ってからのほうが断然多い」

もちろん、かつて思い描いていた人生計画にはなかったことです。心理学の分野でオールAの成績優秀な学生だった私でもそうなのです。あなたのお子さんが必ずしも親の期待通りに育っていなかったとしても、悩んでいるのはあなただけではありません。私自身、子どもたちは完璧でないにもかかわらず、世間からは「子どもの行動に関する専門家」と考えられています（夫からはいまだに「なんだか笑っちゃうよな」と言われています）。

親として最善を尽くすこと。あなたが果たすべき責任はそれだけです。あなたのお子さんがどんな行動を取ろうと、その責任はあなたにはありません。

ちょっと待って、何ですって？　わが子なのに、その行動の責任が自分にない……？　どこか間違っているように感じられるかもしれません。でも、体をよじらせる幼児を車のチャイル

ドシートに座らせようとした経験がある人なら、誰でもわかるはずです。体の大きさにかかわらず、相手に何かをさせるのは、非常に難しいことなのだと。

わが子を手助けし、教え導くことは、親であるあなたの仕事です。でも、そうした教えを実行するのは子どもの仕事なのです。だから自分自身に対して、周囲にいる他の親たちに対して、もっと寛容になりましょう。すんなりとは受け入れられないかもしれませんが、**親にとって、最終的に子どもの行動の多くは制御不可能**なものなのです。

私たちは子どもを指導したり、大人になる手助けをしたりすることはできますが、彼らをコントロールすることはできません。結局のところ、**子どもがどうふるまって、どんな人間になるかは、彼ら自身の選択で決まるのです。**これこそ、私たちが繰り返し思い出す必要がある事実にほかなりません。わが子が成長するにつれ、子どもの運命をコントロールする力は彼ら自身にあるという事実を忘れ、つい以前の「親とはこうあるべき」という役割に逆戻りしそうになるからです。

「手のかかる子」は親の育て方のせいではない

ここでちょっと想像してみましょう。私たち全員が**「親はわが子の行動をコントロールできない」**という基本的な事実を受け入れている世界では、子育てはどうなっていると思いますか。

その世界では、私たちは子どもに心を尽くしているものの、わが子が店内でかんしゃくを起こしても大きな罪悪感に駆られることがありません。お誕生日パーティの席上でわが子が部屋の隅で不機嫌そうにすねていても、周囲からダメな親と判断されるのではないかという重圧を感じることもありません。

「親はわが子の行動をコントロールできない」という事実が受け入れられている世界では、私たち親同士が助け合っています。意見を自由に交わしますが、誰一人として同じ子はいないことに気づいています。保育園で親同士が集まっているときに、一人の親が別の親から教えてもらった「魔法のようにうまくいく行動チェック表」をわが子に試し、かえって裏目に出てしまったとしても、みんなで不思議がったり、笑ったりするだけです。「その親のやり方が悪かったに違いない」などと決めつけることもありません。子育てに関する自分なりのアイデアを提案こそすれ、それが福音《ふくいん》であるかのようにとうとうと語ったりもしません。ある子に当てはまることでも、別の子（その子のきょうだいも含めて）には当てはまらない場合があることを理解しているからです。

わが子が手のかからない行儀のいい子だった場合、「本当に運がよかった」と考えます。子どもの気質と同じく彼らの行動もまた、親の育て方とはほとんど関係ないと気づいているからです。だからこそ、「手のかかる子」を持つ親の気持ちに寄り添おうとします。子どもの気質や行動の傾向が、遺伝子の賽《さい》の目で決まるものだとわかっているからです。同じ親として、衝動性や攻撃性の高い子どもを持つ親たちを勝手に判断するよりも、むしろ支援しようとします。

そんな世界は非現実的だと感じたとしても、それは私たちがフロイトや自分の母親たち、その他「子育ての達人たち」に、「親とはこうあるべき」という考えを植えつけられてきたからにすぎません。人が科学と共に進化し、自閉症の原因（もちろん冷たい母親のせいではありません）に関する見方を変えてきたのと同じように、そろそろ「子どもの行動」に関する見方を変えるべきときです。子どもが完璧でないからといって、親を非難するのはもうやめるべきなのです。子どもの行儀が悪かったとしても、それは親の子育てが間違っているせいではありません。

当然ながら、中には他の子より衝動的だったり、感情的だったり、反抗的だったり、欲求不満に陥りやすかったりする傾向の子もいるでしょう。そういった一人ひとりの気質の違いを生み出す要因を「科学的な視点」から見つめることで、私たちは一方的に判断を下すのではない、より支援的な子育て文化を生み出せるのです。

子どもが「花開く」ための〝ほどよい子育て〟

子どもの発達に関する文献には「**ほどよい」子育て**という概念が登場します。**「私たちは、親として緻密《ちみつ》な子育て計画に従う必要はない。ほどほどでいい」**という考え方です。スーパーペアレントとして「最高の子育て」をしたところで、その子が「最高の人間」に育つとは限りません。

例えば、もともと背の低い遺伝子を持って生まれた子どもにいくら食べ物を与え続けても、見上げるような長身に育てるのは不可能でしょう。ただ反対に、子どもを栄養失調にさせ、背が伸びないようにすることなら可能です。

とはいえ、通常の範囲内の環境である限り、子どもはそれぞれの遺伝情報に従って成長していくことになります。私たち**親の仕事は、彼らの遺伝情報がきちんと花開くように「ほどよい」子育てをすること。**ただそれだけなのです。

誤解のないように、一つ言わせてください。「ほどよい」子育てとは、「私たちの親としての行動はさほど重要ではない」という意味ではありません。親とは、いろいろな意味において重要な存在です。

ただし、それは私たちの多くが心配しているような意味とは違います。おしゃぶりをいつから使わせるか、トイレトレーニングはどうするか、テレビを見ている時間をどの程度まで許すかといったことで、子どもがどんな人間になるかが決まるのではありません（とはいえ、子どもを四六時中テレビの前に座らせておくのは感心しません）。

どうか覚えておいてください。私たちの子どもにはすでに、十分に発達するための遺伝情報がプログラミングされています。人間になるための無数の特性が、驚くべき複雑さで配列されているのです。

マスコミや私たちの親たち、親の友人たちから何を吹き込まれようと、私たちが親として苦悩している大半のことは、さほど重要ではありません。**何よりも重要なのは、わが子がどんな**

人間になるかという全体像です。そして、その全体像を決める重責を担っているのは、子どもの遺伝子なのです。

それでもなお、私たちが偉大な親になるための方法ならいくらでもあります。「ほどほど」よりも優れた親になることだってできます。偉大な親になるためにまず必要なのは、あなたの子どもは遺伝情報によって成り立っているという事実をはっきり認識することです。その上でわが子を受け入れ、心から愛することで、あなたは彼らが「最高の自分」に成長するよう手助けし、たとえ成長した子どもがあなたの当初の予想とは違う人間だったとしても認められるのです。

子どもは独自の遺伝情報を持っていることを理解すれば、あなたは親としてわが子に柔軟に対応でき、彼らが「最高の自分」に成長する手助けができるのです。彼らの強みを認め、その強みをさらに伸ばすようサポートしたり、彼らが試練に直面したときは乗り越えられるよう協力したりできます。親としてわが子をコントロールできる点とできない点を理解すれば、その知識を活用して、子どもの可能性を最大限に引き出す手助けができるのです。

もしことあるごとに「うちの子には背が高くなってほしい」と言い続け、わが子に無理にたくさん食べさせようとしても、その子が背の低い遺伝的な素質を受け継いでいるとすれば、かえって子どもにみじめな思いをさせるだけです。わかりやすいように身長を例に出しましたが、これは子どもの行動面でも当てはまる真実にほかなりません。

最終的に「親はわが子の行動をコントロールできない」

本書を読んだことで、あなたが「新たな力」を得たように感じられていたら嬉しいです。何しろ、今のあなたは科学を味方につけています。自分のお子さんをよりよく理解し、その独自の遺伝子が彼らの発達にどう関わっているかも知っています。あなた自身の遺伝子型がどのようにあなたの気質や傾向、わが子への関わり方に影響を及ぼしているかも理解しています。「完璧な子育て法などない」とわかっているため、子育てに関する重圧も前より和《やわ》らいでいるはずです。親として自分のお子さんに柔軟に対応し、不満やストレスを減らして、一人ひとりにとって一番大切なことに意識を集中させられます。自分が親として最善を尽くしているのを知っている一方で、最終的に親にはわが子の行動や人生における結果をコントロールできないし、それらに関する責任もないと理解しているのです。子どものどのようなサインに注意をするべきか、助けを求めるべきタイミングはいつかも、もはや知っています。

でも、もしかすると、あなたは茫然《ぼうぜん》としているかもしれませんね。「自分は親であるけれど、わが子の行動や人生における結果をコントロールできない」という考え方に衝撃を受けている人もいるでしょう。仮に手がかかるお子さんだった場合、「自分には、どうしようもできないのだ」という無力感に襲われるかもしれません。「自分の思い描いた通りの子どもに育てられないなら、どうして子育てにこんなに時間と労力をかけなければいけないのか」と疑問を抱いた人もいるでしょう。

もしそんなふうに感じているなら、今話しているのがわが子ではなく、自分のパートナーや親友であると想像してみてください。あなたはパートナーや親友に対してもかなりの時間を費やしてきているはずですが、それほど多くの時間を一緒に過ごしているのは、あなたが彼らを愛し、関係を築きたいと考えているからです。決して彼らを「こちらの望み通りの人間に変えたい」「自分の鋳型《いがた》にはめたい」ともくろんでいるせいではありません。

たとえ円満な結婚生活を送っていても（またはどうにか結婚生活を続けていても）、あなたは過去のある時点でその種の考えを捨て、お互いの欲求や願望、個性を考慮しつつ、なるべくストレスをためずに二人の関係を築いていくコツを学んでいるはずです。これは夫だけでなく、長くつきあう親友との関係にも当てはまる真実と言えるでしょう。

パートナーや親友と同じく、あなたの子どもも一人の人間です。なるほど、彼らはまだ小さいし、成長するためにあなたの手助けを必要としています。それでも、彼らもまた独自の個性を持つ一人の人間であることに変わりはありません。あなたはこれから子どもの人となりを知ることになります。あなたにとって「好ましい」と思えるところもあれば、「あまり好ましくない」と思えるところだってあるはずです。

人生においてあなたが愛している他の人たちと同じように、あなたのお子さんも、「これから関係を築き上げる機会を与えられた相手」にほかなりません。その関係がどのようなものになるかは、主にあなたが**ありのままの彼らを受け入れ、心から愛せるかどうか**にかかっているのです。

「何が子どもにとって正しいか」を見極められるか

よい子育てとは、「どれだけたくさん手をかけられるか」という話ではありません。成長の過程で明らかになっていくことに対して、どんな手助けをすることがあなたの子どもにとって（つまり、彼らの遺伝情報にとって）、適切でふさわしいかを理解する、ということなのです。

子どもの発達には、「永続性」と「変化」、両方の特徴が見られます。遺伝の影響は成長の全過程を通じて永続しますが、現われてくる気質や行動は年齢によって変わっていくのです。また、あなたが子どもをどのようなかたちで励まし導くかや、環境などの要因によっても、変わっていきます。そして、仲間や先生、コーチとの関係や、その他、人生で出会う出来事――その中にはあなたが影響を及ぼせることも、及ぼせないこともあるでしょう――などによっても、変わっていきます。

私の場合、親になって一番難しかったのは「わが子に関する大半のことが自分の手では制御不可能だ」という事実を認め、それでも受け入れて生きていく術を学ぶことでした。

二十代でまだ子どももいなかった頃、同世代の友達とよく、幼いわが子をバックパックの中に入れて今と変わらずにハイキングやキャンプを楽しんだり、できれば世界中を旅したりしてみたいねと、壮大な夢を語り合っていたものです（当時、私はアラスカに住んでいました）。実際に夢を叶《かな》えた友達も何人かいましたが、それ以外の友達は結局身動きが取れずに家にこもりきりでした。泣きやまない赤ん坊やかんしゃくを起こしがちな幼児を抱えて旅行などできる状態ではなかったり、発達障害の子どもがいたりしたためです。

「失敗させること」も親の大事な役目

子どもを思い通りにしようとすることは、その子の「持って生まれてきたもの」という動かしがたい事実を無視する、ということです。そんなことをしても、あなたもお子さんも欲求不満が高じるばかりです。親であるあなたが干渉しすぎると、最悪の場合、子どもの成長そのものを邪魔し、お子さんとの関係がうまくいかなくなるケースも考えられます。

結局のところ、子どもに必要なのは、自分の気質と傾向にどう対処するかを彼ら自身が学ぶことなのです。その過程で彼らを手助けしてあげることこそ、親としてあなたにできる最善策の一つと言えるでしょう。この中には、子ども自身にいろいろと決めさせ、その決断次第で彼らの体験がよくも悪くもなる、と教えることも含まれます。もし、彼らに何かを試して失敗させる機会を与えなければ、「人生を好転させていく方法」を学ばせることもできません。

あなたは親として、わが子の成長の道すじを見守り、サポートしてあげられます。年齢が上がるにつれ、子どもが下す決定の重みも、その決定によって生じる事態の重要性も増すものです。だからこそ、若いときからそうした経験を積む必要があります。いくらわが子を愛していても、私たちが親として常にそばにいられるとは限りませんし、むしろいるべきではないのです。

そう考えると、**わが子に与えられる最高の贈り物とは、彼らを十分に解放し、本当の自分自身になれるようにすること**と言えるでしょう。彼らに備わっている独自の遺伝情報を「歌わせ」、その歌が私たち自身のものとは異なるかもしれないことに気づき、たとえそのコンサートが参加したくない類《たぐ》いのものだったとしても、とにかくわが子のコンサートを心から楽しむことです。

もっとお伝えしたいこと

親である皆さん、私たちが一緒に続けてきた旅路は、ここで終わるわけではありません。どうか私のウェブサイト（danielledick.com）をのぞいてみてください。さらなる資料や情報、小さいながらも独自の遺伝子を持つあなたのお子さんを育てるために役立つトピックを紹介しています。

解説

ほとんどあらゆる子育ての問題を解決してくれる本

竹内　薫

二十年ほど前、ラジオ番組のナビゲーターを務めていたとき、同僚が飛行機の機内での出来事をツイッター（現X）でつぶやいていた。

〈運悪く、近くの席に親子連れがいて、子どもが騒ぐわ騒ぐわ。親はほとんど知らんぷりで、どう考えても教育がなっておらん！

何度もエヘン、エヘンと咳払いをしてみたが、親子とも気づかない。私の隣の男性が少し大きな音で舌打ちをした。すると、母親が急に気づいたようで、ようやく子どもを窘《たしな》めた。まったくどんな子育てをしているのだ〉

そんな内容だったかと思う。つぶやきというよりは、ぼやきに近かった。

続いて、もう一つ別のエピソードをご紹介しよう。

〈飛行機の機内で、小学校低学年くらいの子どもが、大きな声で母親に駄々をこねていたが、突然、座席に膝をついて後ろ向きになり、後部座席で『The Child Code』という本を読んでいた初老の紳士（ミスターT）と目が合った。

紳士は咄嗟《とっさ》に「変顔」をして見せた。子どもは、遊びが始まったと考え、変顔で返した。子どもと紳士との遊びは五分ほど続き、さすがに心配になったのか、子どもの隣に座っていた母親が立ち上がって、紳士に謝った。

「すみません、うちの子がご迷惑をおかけしてしまって」

紳士は、変顔のまま、母親と話し始めた。

「元気のいいお子さんですね！」

「いいえ、もう落ち着きがなくて、手に負えません。お休みのところ、本当にすみません」

「いやいや、どうか、謝らないでください。赤ちゃんは泣くのが仕事ですし、子どもは遊ぶのが仕事です。私みたいに、お子さんと変顔合戦をやって、楽しく、いい気分になる大人も多いことを知っておいてください」

すると、周りの乗客のうちの何人かが、賛意を示すかのように、うんうんと頷《うなず》いてみせた〉

少子化が大問題とされる日本において、二つのエピソードのどちらが、明るい未来につながるか、この本の読者であれば、即座に理解していただけることと思う。

それでも、子育ての問題をすべて親に押しつけるマインドを持った人は存在する。この本は、科学的な立場から、そういった時代遅れのマインドをきっぱりと否定する。現代科学は、**子ど**

もの気質は遺伝の結果であり、親の頑張りには限界があると教えてくれる。

飛行機の機内で騒ぐ子も、おとなしくしている子も、遺伝の結果、そういうふるまいをするのだ。親は、介入することで、「飛行機や電車の中で三十分は我慢できる」といったスキルを子どもに学ばせることはできるかもしれないが、騒ぐ子をおとなしい子につくり変えることはできない。

この本は、親が「開き直ること」は科学的に正しいのだと教えてくれる。

ちなみに、著者のダニエル・ディックは、インディアナ大学で心理学の博士号を取得した後、米国立衛生研究所（ＮＩＨ）の研究資金を獲得しながら、心理学と遺伝学の境界領域の研究を続け、数々の学術賞を受賞している。現在は、ラトガース大学教授、生物医学・健康科学およびブレインヘルス研究所、ラトガース中毒研究センターの所長を務めている。最新の心理学と遺伝学に基づく、科学的な育児法の第一人者だといえる。

子育ての根底にある「サイエンス」を極めて明快に解説！

この本の内容を順を追って見ていこう。

まず、序章とＰＡＲＴ１（1章、2章）では、子どもの遺伝の「サイエンス」が語られる。つまり、最初の部分はバリバリの科学書なのだ。でも、通常の科学書と違い、ほとんど専門用語は出てこない。また、極めて少数の大切なことだけを平易な言葉で伝えようとしている。

「子育てが難しいのは、祖父母世代や友人、小児科医などがよかれと思ってしてくれるアドバイスが、子どもの成長に影響を与える最大の要因の一つである遺伝子（DNA）を無視しているからです」p.14

「子どもは、『子どものために』と行動する親がなんでも思い通りに書き込めるような〝白紙の状態〟ではありません。子どもの本当の姿、つまり、子どもが持って生まれた唯一無二の遺伝子の「コード」を親が認識すること。そうすれば、子どもの本来の気質に寄り添う形で影響を与えることができ、子どもが最高に輝く手助けをできるのです」p.32

序章は、これから本書で語られる内容が要領よくまとまっている。親が抱える問題とその原因、そして解決法が簡潔に書かれている。

DNAの配列が三十億個もあるために、さまざまな気質を持った子どもが生まれてくる。同じ家庭に生まれたきょうだいでも、その性格やふるまいは、かなり違う。「育ち」にばかり焦点が当てられるが、**実際には「生まれ」の部分が大きく、その個別のコードを親が認識することで、子どもは輝くことができる。**なんと、明快なメッセージだろう。

1章では、「相関」を「因果関係」と読み違える誤りが指摘される。そろそろ雨が振りそうだから頭のいいシャーマンは雨乞いをするのであり、シャーマンが雨乞いをしたから雨が降るわけではない。アイスクリームが売れると犯罪率が高くなるが、それは相関であり、因果関係

ではない（共に暑さが本当の原因だ！）。それと同じで、

「親の育て方が原因で子どもがそのように育ったのか、あるいは子どもの気質が原因で親がそういう育て方をしているのか、判断できる情報が何もない」p. 41

のである。**相関はあるかもしれないが、なんでも親のせいだ、という誤った因果関係に飛びついてはいけない。**

そして、科学の教えるところでは、

「**母親の行動が子どもに影響を与えたのではなく、むしろ逆だった**」p. 43

というのだ。このことは、自閉症、世界の十二の文化圏を代表する九カ国での研究、養子研究（特に統合失調症）、双子研究などから明らかだ。そして、行動遺伝学の第一法則と第二法則が紹介される。

第一法則　人間の行動特性はすべて遺伝的である
第二法則　同じ家庭で育ったことの影響は、遺伝子の影響よりも小さい

私がとりわけ頷いてしまったのは、

「**しつけの厳しい親は攻撃性に関連する遺伝子を持つ可能性が高く、子どももその遺伝子を受け継いだ可能性が高い**」p. 46

という件《くだり》だ。われわれは、どうしても、遺伝よりも親のふるまいに原因を押しつけがちだが、

実際には、親にも子どもにもコントロールできない「遺伝」が原因だとしたら？　最近、経営するインターナショナルスクールで、まさにこのような事例に遭遇したこともあり、いろいろと考えさせられる。もともと私が学校を始めたのは、グローバル化と人工知能の時代にあって、日本の学校の多くが時代遅れになっていると感じたからだった。何よりも科学教育がおろそかにされている。そこで、七年半前に未来の社会を見据えて新しい学校を開校した。この本は、科学と教育の両方に足を突っ込んでいる私の目から見ても、非常に勉強になる。

「人間の遺伝子は約二万個しかなく、そのほとんどが目や耳、腕、動脈といったものを担当しています。人間の生態や行動様式のすべてに一個ずつ遺伝子が存在したとすれば、あっという間に数が足りなくなってしまいます」p. 67

「遺伝子は、ある特定の行動やふるまいをプログラミングしているのではありません。そうではなく、遺伝子は私たちの脳の形成・発達に影響を与えることで、行動に影響を与えているのです」p. 70

不安も苛立ちも注意力も記憶力も、さらには、「社会的な影響をどのように読み解くか」も、朝型か夜型か、アルコールが好きかどうか、ADHDや薬物問題まで、脳の配線を通じて、遺伝が決めている！

つまり、あなたの家族の誰かがアルコール依存症になったり、ADHDで精神科にアドバイスをもらったりするのも、生まれつきということだ。

子育ての根底にある遺伝について学ぶと、もはや、親の出番などないように思われるが、必ずしもそうではない。まるでラジオの音量を調整するように、**親は「子どもの遺伝的傾向をチューニングできる」**のだから。

「子どもは親の期待通りには育たない」科学的根拠

3章からは、サイエンスの解説から一歩踏み込んで、子育ての実践に必要な三つの要素が紹介される。**著者が「ビッグ・スリー」と呼ぶ「外向性」「情動性」「自制心」**である。

子どもの気質をこの三つの視点から見ることに的を絞っているのが、本書の最大の特徴だと思う。巷《ちまた》にあふれる子育て本は、あまりにたくさんの視点について解説することで混乱を招いたり、逆に、たった一つの視点からすべてを論じることで無理が生じている。その点、三という数字は、複雑すぎず、簡略すぎず、ほとんどすべての子育て中の親、教師、そして保育士が現状を正しく把握するのに最適な数字だ。

そのビッグ・スリーについては、ライラとミラ、クロエとゾーイ、ヘイデンとジェイデンのエピソードで説明されるが、六人とも、「ああ、自分もこんな子どもたちを知っているなぁ」と思い当たる節がある。

私がひとりの親として、とりわけ著者の言っていることに共感したのは、次の箇所だ。

「私たちはつい、自身が望むものを子どもに与え、自分が好きなものは子どももも好きだろうと自然に思い込んでしまうものなのです」p.115

子どもは親の遺伝子を半分ずつ受け継いでいるが、脳の配線は大きく異なることがあるから、親の期待通りに育つとは限らない。いや、むしろ、育たないほうが当たり前なのだ。

私は自分が理数系で作家をやっているため、娘に数学の才能があるか、文才があるか、どうしても気になってしまう。あるいは、写真が好きなので、映像的なセンスがあるかどうかも気になる。

私の妻は、非常な読書家で演劇が好きで、元スポーツインストラクターで、社交ダンスやフラダンスをやり、今はブラジリアン格闘技のカポエイラをやっている。

うちの娘は、はたして、どちらの才能や趣味を受け継いでいるだろうか？

娘は算数や数学にはさほど興味がなく、写真の構図もあまり考えていない。本はそれなりに読むが、スマホをいじって動画を見たりカラオケをやっているほうが好きなようだ。フラダンスとカポエイラはやっているが、本人の関心は、主にアウトドア活動にある（小五の段階で信越トレイルの踏破証明書を持っていた！）。

それでも、娘には、私と似た気質がある。それは「自制心の高さ」だ。私も娘も亀のようにコツコツと好きなことをやり続ける。そして、娘には、妻と似た気質もある。それは「外向性の低さ」だ。自ら人前に出ることはあまり好きでなく、ごく少数の友人と深くつきあうのが好きなのだ。

つまるところ、娘は、私と妻の遺伝子のシャッフルにより、私とも妻とも似ていて異なる人間なのである。そして、思春期を迎えた娘は、その遺伝的な傾向に従い、自らの道を選び始めようとしている。

ところで、この本が一番盛り上がるのは、読者がビッグ・スリーに慣れたところで出現する**「質問リスト」**だろう。あなたの子どもは、外向性が高いのか低いのか、情動性が高いのか低いのか、そして、自己制御能力が高いのか低いのか？　そして、親であるあなたにも同じ質問が浴びせかけられる。

「人望の厚い上司になれ」——科学的な育児のコツ

4章から6章までは、ビッグ・スリーについて、一つずつ深掘りがなされる。

まず、外向性について、面白い知見が披露される。外向的な子どもは「擬態」、つまり人まねの能力が高いのだという。この能力が進化の過程でどのように外向性と結びついたのか、ふしぎではあるが、常に「外」にアンテナを張っているという意味では、当たり前なのかもしれない。

外向性が低い子どもにもメリットがある。アインシュタインもそうだったらしいが、創造性や深い考察につながるというのだ。確かに、クリエイティブな才能を発揮する芸術家や学者には、内向的な人が多い気がする。

また、世の中の四分の三の人々は外向的で、内向的な人は四分の一しかいない、というのも驚きだ。いったい、誰がそんな数を数えたのだろう。

もちろん、外向性が「中間」の子どもだっている。私はどちらかというと内向的だが、テレビなどにたくさん出演していたことからもおわかりのように、人前に出て和気藹々《わきあいあい》とコミュニケーションを取ることもある。うちの娘も内向的に見えるが、表舞台に出るときは出るから、もしかしたら「中間」なのかもしれない。

次に、情動性についても、いろいろと考えさせられることが多い。特に、情動性の高い子どもが、「罰せられる」ことが多いことには心が痛む。なぜ、子どものしつけと称して、虐待まがいの親の「おしおき」が後を絶たないのか。

私は、これまで自分の学校で、百人の保護者と接してきたが、ごくまれに子どもを殴ってしまう親がいる。精神科医や児童相談所と連携して、子どもを殴っても効果はないし、犯罪行為なのでやめるよう指導するのだが、もともと情動性が高い親で、自己制御能力も低い場合、子どもを守るためには警察まで介入しないとうまくいかないこともある。

「親が罰を与えることで、子どもは、自分の思い通りにしたいとき、自分の意思を誰かに押しつけたいとき、誰かの行動が気に入らないときは、『怒鳴って、殴って、罰すればいい』ということを学ぶのです」p.194

まさにこれである。このような親は、学校にも怒鳴ってくるので、家庭内がどうなっているかは推して知るべしである。

「おしおき」の代わりに「ごほうび」を与えることが、科学的な育児法として正しい。褒めることで、情動性の高い子どもも、最低限のスキルを身につけることができる。熱意を込めて、具体的に、その場で、一貫性を持って。

「人はみな、温かく、物わかりがよく、応援してくれる上司が好きです。人は時に間違いを犯すことがわかっていて、ミスから学ぶ猶予《ゆうよ》を与えてくれ、それについてくどくど言わない上司が好きです。そのような上司の下で働く従業員は幸福度と生産性が高いことを、研究結果が示しています。これは子どもにも当てはまります」p.201

子育てのコツとして、人望の厚い「上司」になれ、というのは納得がいく。著者は、自らの体験のせいか、そしてまた、困っている親が多いせいか、情動性の高い子どもへの接し方について細々《こまごま》としたアドバイスをくれる。著者の言葉に耳を傾け、実行することで、子育ては確実に改善するだろう。

「目の前のマシュマロを我慢できるか」で子どもの将来が決まる!?

ビッグ・スリーの最後は自制心である。誰もが知っているマシュマロ実験が紹介される。子どもたちにマシュマロを与えるが、一定時間、待つことができた子は、もう一個もらえる、というシンプルな心理学実験だ。驚くべきことに、目の前のマシュマロを食べるのを待てるか待てないかで、その子どもの将来が左右されるという。

街なかを歩いていたり、車を運転していたりすれば、自制心のない大人がわんさかいることに気づかされる。横断歩道の信号が変わる前から、もじもじし始め、待ちきれず、まだ赤なのに渡り始める。あるいは、混雑気味の二車線の道路で、車線変更を繰り返しながら一台でも多く前の車を追い抜こうとする。そんなことをしても、目的地に到達する時間は、あまり変わらず、下手をしたら事故につながりかねないが、そういう「待てない」大人は、長期的な展望が欠如しており、「今、ここ」しか頭にない。仕事場でも同じことが起きているだろうから、なかなか大変な人生なのだろうと思う。

マシュマロ実験が示しているのは、自制心のない子どもは、自制心のない大人になる、ということ。しかし、そこには救いもある。早めに自己制御能力を育てる努力を始めれば、「待つ」スキルを身につけることは可能なのだ。

自制心を理解する上で欠かせないのが、ホットブレイン（大脳辺縁系）とクールブレイン（前頭前野）のせめぎあいという脳の仕組みだろう。なぜ、ホットブレインが存在するのか、ふしぎな気もするが、もともと野生動物から逃れる必要があった人類の遠い祖先は、「今、ここ」の危機を脱するために、何も考えずに行動する必要があった。だから、信号や渋滞が待てない人々の脳は、人類の生き残りを賭けた進化の結果なのだ（やれやれ）。

子育てに関わるすべての人に読んでほしい「最良の科学書」

先ほど、この本でいちばん盛り上がるのが「質問リスト」だと書いたが、7章では、夫婦で互いに相手の子育てスタイルを考える課題が登場する。私は自分が「迎合型」で、妻は「権威型」と「独裁型」の中間だと考えていたが、妻は自分のことを「権威型」で、私は「放任型」と感じているらしい。互いの子育てスタイルが異なっていても問題はないが、子どもに与える影響を考え、夫婦で話し合う必要があるだろう。

「子どもの行動は、遺伝的素質、家庭環境、地域環境、文化、学校、同級生、きょうだい、周囲の大人、これまでに体験した出来事など、さまざまな要因が複雑に絡み合って生み出されます」 p.310

子育てがうまくいっていない親の一つの特徴として、すべてを学校（教師）の責任にする、という行動がある。これは私が学校を運営してきて、何度も遭遇したパターンだ。自らと子どもの遺伝的な気質と向き合うことをせず、何でも学校のせいにできれば、気が楽だろう。だが、それでは、子どもの将来はめちゃくちゃになってしまう。

もちろん、学校や教師の側にも問題がある場合は改善が必要だ。教師は、得てして、素直で良い子を優遇してしまう。

「教師は、どの生徒が最も『教えやすい』のか、『将来、有望なのか』について思い入れがあり、こうした先入観が子どもの学力評価に影響を与える」 p.319〜320

著者は、学校の教師の大変さにも気づいている。親は自分の子どもの気質に振り回されて大変かもしれないが、教師は、たくさんの気質の子ども「たち」と向き合う必要がある。

著者が述べているように、教師は、ほとんどのタイプの気質の子どもを見ているので、（自分の子どもしか見ていない）親よりも、子どもと気質の全体像がよく見えるものだ。私がこの本の内容に信頼を置いている一つの理由は、著者が専門家気取りで机上の空論を振り回すのではなく、教師には見えるが、（専門家であっても、家庭で自分の子どもだけを見ている）自分には見えないことがあると素直に認めている点にある。著者は、第三者の視点で冷静に、子育ての科学を論じている。

この本は、最新科学の根拠に基づき、**子育ての「遺伝的」な要素がいかに強いかを教えてくれ、具体的な実践のコツを伝授してくれる。**子育てに困っている親だけでなく、学校の教師や幼稚園の教諭や保育園の保育士にも、さまざまな気質の子どもへの指導や、困った保護者への対処法を考える上で、極めて有用だ。実際、私は、この本を読むことを自分の学校の全教員に勧めている。

この本は、子育てに関わるすべての人の心を軽くし、子どもの未来を輝かせてくれる。ほとんどあらゆる子育ての問題を解決してくれる、最良の科学書である。

THE CHILD CODE

by Danielle Dick, Ph.D.

This edition published by arrangement
with Avery, an imprint of Penguin Publishing Group,
a division of Penguin Random House LLC
through Tuttle-Mori Agency, Inc., Tokyo

原書の巻末に掲載された註記は、
三笠書房ホームページ内で閲覧・ダウンロードしていただけます。
https://www.mikasashobo.co.jp

THE《ザ》 CHILD《チャイルド》 CODE《コード》
「遺伝《いでん》が９割《わり》」そして、親《おや》にできること

著　者――ダニエル・ディック
監訳者――竹内　薫（たけうち・かおる）
発行者――押鐘太陽
発行所――株式会社三笠書房
〒102-0072 東京都千代田区飯田橋3-3-1
https://www.mikasashobo.co.jp
印　刷――誠宏印刷
製　本――若林製本工場

ISBN978-4-8379-5816-1 C0030

本書へのご意見やご感想、お問い合わせは、QRコード、
または下記URLより弊社公式ウェブサイトまでお寄せください。
https://www.mikasashobo.co.jp/c/inquiry/index.html